JN433508

다빈치
*Da vinci*
글쓰기

## 다빈치 글쓰기

**초판 1쇄 인쇄** 2019년 2월 18일
**초판 1쇄 발행** 2019년 2월 25일

**지은이** 강숙아 · 김정관 · 최유희

**발행처** 중앙대학교 출판부
**발행인** 김창수

**제작** 인문과교양
**주소** (02001) 서울시 중랑구 중랑천로 358-6
**전화** 02-3144-3740
**팩스** 031-633-3740

**등록** 제14-1호(등록일: 1977. 8. 31.)

ⓒ2019, 강숙아 · 김정관 · 최유희
ISBN 978-89-7207-915-6 (93810)

파본은 구입하신 서점에서 교환해 드립니다.
이 책은 저작권법에 의하여 보호를 받는 저작물이므로 무단 전재와 복제를 금합니다.

# 다빈치 *Da vinci* 글쓰기

강숙아·김정관·최유희

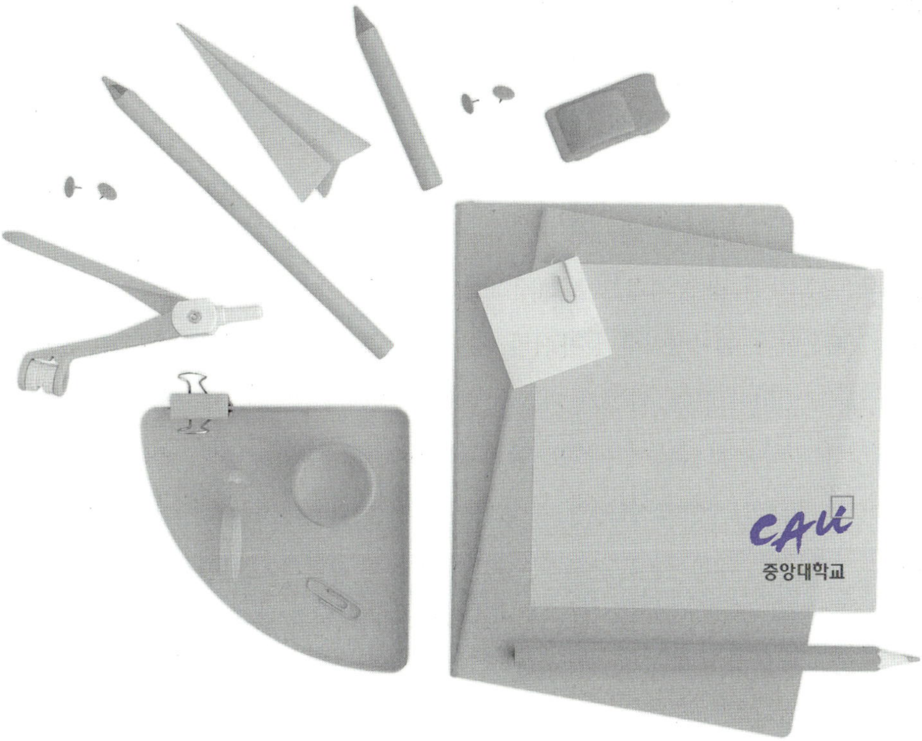

중앙대학교

# 머리말

글쓰기는 자신의 생각을 문자로 표현하는 일이다. 어떤 사건이나 현상, 이론들에 대해 불투명했던 생각들이 글쓰기 과정을 거치면 선명해지고, 명료하게 드러난다. 이렇듯 글쓰기는 개인의 생각을 표현하고 정리하는 수단이다. 이뿐만 아니라 글쓰기는 현대사회에서 사람들이 기본적으로 지녀야 할 중요한 자질인 의사소통의 기능을 담당한다. 글을 쓸 수 있는 공간이 다양화되고 넓어지면서 문자 언어로 활발하게 소통하고, 개인의 글쓰기 능력을 더없이 중시하는 시대가 되었다.

중앙대학교 학생이라면 반드시 수강해야 하는 과목 중의 하나가 '글쓰기'이다. 대학교에서 '글쓰기'를 필수 과목으로 선정하여 교육하는 이유는 글쓰기가 모든 학문의 기초이기 때문이다. 대학생이라면 자신의 전공 분야에 대하여 자신만의 견해와 지식으로 글을 쓸 수 있어야 한다. 나아가 자신의 학문적 견해나 주장을 보고서나 논문 형식으로 작성하는 학술적 글쓰기 능력도 함께 길러야 한다. 만약 자신이 습득한 지식을 논리적이고 구체적인 언어로 표현할 수 없다면 그것은 완전하게 습득된 지식이라고 하기 어렵다. 그러므로 대학생들은 자신의 생각과 지식을 정확하게 언어로 표현하기 위하여 대학 생활 중에 글쓰기 방법을 익히려고 노력해야 한다.

2019년 2월, 안성 캠퍼스 학생들을 위한 글쓰기 교재인 『다빈치 글쓰기』를 출판하게 되었다. 『다빈치 글쓰기』는 중앙대학교 다빈치교양대학이 출범한 2003년 이후, 세 번째 집필한 글쓰기 교재이다. 『다빈치 글쓰기』라는 책의 제목은 중앙대학교 '다빈치교양대학'의 '다빈치'라는 용어와 '글쓰기'를 조합하여 명명한 것이다. 여기에서 '다빈치'는 당연히 인류 최고의 천재인 Leonardo da Vinci를 가리킨다. 이 책의 제목은 다빈치교양대학의 상징어인 동시에 우리 모두 Leonardo da Vinci의 예술성과 상상력의 기운을 받을 수 있기를 고대하는 마음의 표현이다.

『다빈치 글쓰기』는 이전 교재인 『생각과 글쓰기』처럼 안성 캠퍼스 학생들의 특성에 맞춘 글쓰기 교재이다. 또한 『다빈치 글쓰기』는 기존 교재가 지닌 장점은 가져오고 불필요한 부분은 삭제하였으며 부족한 부분은 첨가하여 집필하였다. 이 교재는 계열과 전공 구성을 고려하여 글쓰기의 기초와 학술 보고서, 자기소개서, 문화·예술 비평문, 작품 해설문 쓰기를 중심으로 구성되어 있다. 『다빈치 글쓰기』로 쓰기 능력과 사고의 폭을 넓혀 간다면 대학생에게 필요한 창의적 자질을 갖추게 될 것이다. 이 교재가 발간되기까지 도움을 주신 많은 분들께 감사의 말씀을 드린다.

2019년 2월

저자 일동

# 차례

PART 01

DAVINCI WRITING

# 글쓰기의 기본

01

# 호모 로퀜스, 언어를 사용하는 인간

지금 이 시간부터 지구상의 모든 사람에게 말과 글의 사용을 일체 금지한다면 어떻게 될까? 인터넷과 TV, SNS와 라디오를 비롯한 전 세계 매스미디어와 사람 간의 대화, 문자로 된 모든 종이 문서는 일시에 무용지물이 될 것이다. 이에 따라 학교나 학원은 기능을 멈추고, 모든 책은 한낱 종이에 불과하게 된다. 회사와 관공서도 더 이상 업무를 추진할 수 없으며 시장에서는 의사소통이 되지 않아 매매 행위가 불가능하게 되고, 모든 교통수단도 정지한다. 사람들이 언어를 사용할 수 없게 되면 일상생활은 마비되고 정지되어 이전의 삶을 이어 갈 수 없다. 이처럼 인간 삶의 모든 영역은 언어가 지배하고 있다. 언어가 없다면 사람들은 한시도 자신의 삶을 영위할 수 없는 언어적 존재인 것이다.

인간의 특질을 지칭하는 말 중에 호모 로퀜스(Homo loquens)라는 용어가 있다. 이는 언어를 사용하는 인간을 일컫는 말인데, 언어는 사람만이 사용하고 있는 고유한 특성 중의 하나이다. 음성 언어를 사용하는 동물들도 많이 있지만 인간만큼 다양하고 정교한 음성 언어를 사용하는 존재는 이 지구상에 없으며 특히 문자 언어를 사용하는 존재는 인간만이 유일하다.

2001년 영국의 과학자들이 인간의 유전자 중에 'FOXP2'라는 유전자가 언어와 깊은 관련이 있다는 것을 알아냈다. 침팬지에게도 'FOXP2' 유전자가 있는데 인간의 'FOXP2' 유전자의 역할과는 큰 차이가 있다는 사실을 밝혀냈고, 이 유전자의 역할 차이로 인해 언어가 인간만의 고유한 특질이라는 사실을 과학적으로 증명하였다.

언어학자이자 인류학자인 사피어(E. Sapir)는 인간의 언어에 대해 "인간은 우리가 보통 생각하듯이 객관적인 세계에 살고 있는 것이 아니라 언어를 매개로 하여 살고 있다. 우리는 언어가 노출하고 분절해 놓은 세계를 보고 경험하는 것"이라고 하였다. 이처럼 언어는 인간의 사고를 표현할 수 있는 매개체일 뿐만 아니라 인간의 사고와 행동 전반을 지배하고 결정하는 중요한 문화적 요소이다.

사람에게 언어가 없다면 '생각'이라는 것이 존재할 수 없다. 사람이 생각한다는 것은 소리 내지 않고 속으로 혼잣말을 하는 것이기 때문이다. 인간의 언어와 사고 활동에 대해 사피어와는 다른 주장을 펼치는 행동주의 심리학자 왓슨(Watson)도 "언어가 없는 사고는 없다. 우리가 머릿속으로 생각하는 것은 소리 없는 언어일 뿐이다."라고 하였다.

인간의 언어는 음성 언어인 말과 문자 언어인 글로 이루어져 있다. 음성 언어는 자연발생적으로 생겨나 점차 정교한 언어로 발전되어 왔다. 동물도 음성 언어를 사용하지만 그들은 본성과 생존에 필요한 한정적인 용도로만 사용한다. 아무리 멋진 소리를 낼 줄 아는 새라고 할지라도 헤어진 어미 새를 그리워하는 노래를 부를 수는 없는 것이다.

인간의 생물학적인 실체를 따져 보면 인간은 아프리카 대형 유인원 중의 하나에 불과하다. 해부학적으로도, 몸을 구성하고 있는 물질들도 모두 아프리카 유인원종과 동일하며 그들과 친족 관계에 있다. 그러나 오늘날 인간이라는 유인원은 타 동물들과는 다르게 이질적인 삶을 살아가고 있다.

자신의 몸집보다 훨씬 작은 토끼 한 마리도 마음대로 잡지 못하는 열등한 신체 조건을 가진 인간이 어떻게 현재와 같은 거대한 기계 문명과 문화를 실현하게 되었을까? 그 답은 바로 음성 언어와 문자 언어를 만들어 낸 인간의 창의적 유전자에 있다. 물론 타

동물에 비해 큰 뇌와 직립한 신체 구조도 한 몫을 하였겠지만 그것들은 어디까지나 필요조건에 불과하다.

예문 1

언어가 없다면 우리는 복잡한 계획에 대해 의사소통도 할 수 없고, 무엇보다도 계획을 생각해 낼 수도 없으며, 더 나은 도구를 어떻게 설계할 것인가에 대한 묘안을 짜낼 수도 없고, 아름다운 그림에 대해 토론할 수도 없다. 언어를 가짐으로써 우리는 창의적일 수 있다. 인간 언어의 본질은 창의력이다. 각각의 문장은 익숙한 요소들을 조합하여 만들어 낸 새로운 발명품이다.

마이클 머피 · 루크 오닐 엮음, 『생명이란 무엇인가? 그 후 50년』, 이상헌 · 이한음 옮김(지호, 2003), 73쪽.

이처럼 인간은 풍부하고 정확한 음성 언어뿐만 아니라 문자 언어를 발명하여 통시적으로는 후손들에게 생각을 전달하고 공시적으로는 서로의 생각을 공유하며 생각과 경험의 폭을 넓혀 간다. 만약 인간에게 언어가 없었다면 현재의 인간은 동굴에 무리 지어 사는 겁 많은 직립 유인원으로 살고 있지 않을까?

생각하기 1

돌고래도 소리를 내어 의사소통을 하고 꿀벌도 춤으로써 의사소통을 한다. 이들의 의사소통이 인간의 언어 사용과 다른 점은 무엇일까?

생각하기 2 본인이 말과 글의 소중함을 느끼게 된 계기가 있다면 글로 써 보자.

02

# 글을 쓰는 이유와 목적

우리는 글을 쓰지 않고도 살아갈 수 있을까? 이 질문에 대한 답은 "없다."이다. '난 글을 쓰지 않아도 잘 살고 있는데…….'라고 생각하는 사람들도 많이 있을 것이다. 그러나 어떤 사람도, 특히 젊은 세대에 속한 사람들일수록 하루라도 글을 쓰지 않고 사는 사람은 찾아보기 힘들다. 자신은 글쓰기와 무관하다고 생각하는 사람들조차도 휴대폰의 문자와 이메일 쓰기, 댓글 달기 등은 하기 때문이다. 이렇게 스스로 글을 쓰고 있다는 사실을 의식하지 못하는 일상화된 글쓰기가 있는가 하면 대학 입시 논술 고사처럼 목적이 분명한 글쓰기도 있다.

그렇다면 우리가 글을 써야 하는 이유와 목적은 무엇인지 구체적으로 알아보자.

## 1. 자기표현

인간은 본능적으로 자기를 표현하고자 하는 욕구를 지니고 있다. 말로 자신의 마음을 표현하는 것은 가장 자연 발생적이다. 또 전화할 수 없는 상대에게는 글로 자신의 생각을 표현한다. 춤이나 노래, 그림도 자신을 표현할 수 있는 좋은 도구지만 그것은 춤, 노래, 그림 등을 좋아하고 여기에 소질 있는 사람에게만 적합할 뿐 이것은 모든 사람이 쉽게 표현할 수 있는 도구는 아니다. 그리고 춤, 노래, 그림 등은 의식적으로 노력하여 배우고 연습해야만 가능한데, 특히 동일한 시간을 투자해도 개인 능력에 따라 기량 차이가 현저하다.

언어는 두뇌 이상이나 청력 장애가 없는 한 누구나 쉽게 배울 수 있다. 특히 한글은 굳이 학교를 다니지 않아도 될 만큼 익히기 쉽고 구사하기 편리한 문자이다. 그러므로 보통 사람들은 말이나 글로써 자신의 생각을 표현한다. 이처럼 누구나 사용하고, 학습하기 쉬운 언어를 조금만 더 노력하고 연습한다면 다른 사람들에 비해 훨씬 우월한 언어를 구사할 수 있다. 특히 글은 기록하고 저장하여 이동시킬 수 있기 때문에 생명력이 길고, 문서로서의 공신력도 함께 지닐 수 있는 의사표현 방식이다.

## 2. 의사소통

인간은 사회적 동물이며 타인과의 관계 속에서 살아간다. 그러므로 나의 생각을 전달하고 타인의 말을 이해하는 행위는 사회생활의 가장 기본이 된다. 나의 생각과 타인의 생각을 교류할 수 있는 가장 쉬운 방법은 언어를 매개로 소통하는 것이다.

만약 내가 회사 내 신제품 개발 파트에 근무 중이라고 가정해 보자. 나에게 아주 기발한 상품 아이디어가 있는데 그 아이디어를 상품화하려면 어떻게 해야 할까? 우선 회사 사람들에게 나의 아이디어에 대해 설명하고 납득할 수 있는 신제품에 대한 프레젠테이션을 해야 할 것이다. 나의 신제품 아이디어 프레젠테이션을 사람들이 잘 이해하고 여기에 호감을 보였다면 그 아이디어를 상품화하는 일은 쉬울 것이며 나는 회사 내에서 기발한 아이디어를 가진 창의적인 사람으로 대접받게 될 것이다. 그러나 프레젠테이션을 제대로 하지 못해 사람들의 호감을 얻지 못하였다면, 나는 신통치 않은 아이디어를 내어 사람들의 시간을 빼앗은 사람이 될 수도 있다.

사람들에게 호감을 얻는 프레젠테이션을 구성하기 위해서는 프레젠테이션의 장소, 말, 글, 태도, 시간, 청중 분석 등 여러 가지 요소가 조화를 이루어야 한다. 그러나 무엇보다도 프레젠테이션의 성패에 가장 영향을 미치는 요소는 프레젠테이션에서 사용하는 말과 글이다. 프레젠테이션에서 사용하는 말과 글은 사람들의 호기심과 관심을 유도해야 하며 이해하기 쉽고 흥미를 끄는 내용으로 구성해야 한다. 그래야만 프레젠테이션을 통해 사람들이 내 아이디어에 호의를 보이고 설득될 수 있기 때문이다.

동일한 아이디어가 있다고 하더라도 개인이 지닌 언어 소통의 능력이나 기술에 따라서 그것이 실현되어 창의적인 사람이 되기도 하고, 반대로 무용한 아이디어를 가진 사람이 되기도 하는 것이다. 그러므로 글이나 말을 통한 소통의 기술은 아이디어의 창출만큼이나 중요한 것이다. "구슬이 서 말이어도 꿰어야 보배"라는 속담이 있듯이 아무리 아이디어가 좋아도 그것을 타인에게 이해시키고 설득하여 구체화할 수 없다면 그 아이디어는 무용지물이 될 것이다.

## 3. 문제 해결 능력 향상

**예문 2**

만약 우리가 글쓰기 과정을 사고 과정으로 본다면, 우리는 쉽게 글쓰기 과정이 일상생활에서 접할 수 있는 여행 계획 세우기, 시험 보기, 결정하기, 요청하기 등과 같은 문제 해결 과정과 여러 가지 면에서 공통점을 지닌다는 점을 발견할 수 있게 될 것이다. 과거 20년 동안 문제 해결에 관해서 이루어진 대개의 연구 결과들은 성공한 예술가, 과학자, 발명가, 사업가들은 그들의 분야에서 접하게 되는 여러 문제를 해결하는 특별한 전략들을 가지고 있음을 보고하였다. 각 분야에서 이들 전문가들은 관련 분야에 대한 풍부한 지식과 문제를 해결해 나가는데 필요한 강력한 전략들을 충분히 갖추고 있다는 점에서 특징적이다. 능숙한 필자들 역시 여러 분야의 전문가들과 마찬가지로 글쓰기에서 접하게 되는

> 여러 문제를 해결하는 데 필요한 방법들을 개발하는 사람들이라고 해도 좋을 것이다.
>
> 린다 플라워, 『글쓰기의 문제 해결 전략』, 안진숙 · 황정현 옮김(동문선, 1998), 23쪽.

〈예문 2〉에서 보듯 글쓰기는 우리가 어떤 문제에 부딪혔을 때 그것을 해결해 나가는 과정과 흡사한 구조를 지니고 있다. 글쓰기는 '계획하기 → 아이디어 생성하기 → 아이디어 조직하기 → 쓰기 → 고쳐쓰기'의 단계를 밟는다. 이와 같은 글쓰기 과정을 문제 해결 과정과 비교하여 단계별로 살펴보자.

① 어떤 문제(= 글쓰기의 주제)가 생겼다.
② 어떻게 문제를 해결할 것인가.(= 글쓰기의 계획하기)
③ 여러 가지 해결 방식을 떠올리며 궁리한다.(= 아이디어 생성하기)
④ 해결 방식을 정리하고 구체적으로 실행 순서를 정한다.(= 아이디어 조직하기)
⑤ 순서대로 문제를 해결한다.(= 쓰기)
⑥ 문제 해결 시에 미흡하고 부족한 부분이 없었는지 다시 생각해 본다.(= 고쳐쓰기)

앞의 비교에서 보듯이 문제를 해결하는 방식과 글쓰기의 방식은 흡사하다. 우리의 삶은 문제 발생과 문제 해결의 연속 과정이라고 할 수 있다. 하나의 문제를 해결하면 또 하나의 문제가 연이어 나온다. 낯선 문제는 마치 낯선 글쓰기 주제를 부여받는 것과 비슷하다. 만약 평소에 글쓰기 경험이 풍부하다면 우리가 살아갈 때 접하는 많은 문제를 단계를 밟아 차분히 풀어 갈 수 있는 능력도 함께 얻게 될 것이다.

### 4. 실용적 목적

글쓰기는 사람이 실제로 살아가는 데 반드시 필요한 도구이다. 우리 삶의 각 단계에 따라서 글쓰기의 성격과 목적이 다른 경우가 있을 뿐, 글쓰기는 항상 우리와 함께하고 있다. 초·중·고등학교에서는 일기, 독후감, 감상문, 문학 작품, 보고서, 논술 등의 다양한 글쓰기를 하였다면, 대학의 글쓰기는 자신의 전공에 대한 연구 활동을 위한 기초 학습이 된다. 대학교에서는 글쓰기를 통해 학문 연구가 이루어지며, 또한 대학에서의 글쓰기는 전문적 글쓰기를 배우고 익히는 최종 단계라고 할 수 있다.

특히 대학생들은 졸업할 때까지 교양과목과 전공과목을 막론하고 많은 리포트를 써야 하며, 리포트를 통해 학문에 대한 지식을 습득하고 자신의 의견을 전문적이고 객관적·논리적으로 펼쳐 나가는 글쓰기 기술을 배우게 된다. 그리고 취업을 위해서는 이력서와 자기소개서, 프레젠테이션 등을 작성해야 하는데, 재학 중에 이런 종류의 글을 많이 쓰려고 노력해야 한다. 글쓰기 연습이 충분하지 않으면 실제 취업 준비 시에 글을 쓰려고 할 때 어려움을 겪게 되고 만족할 만한 글을 작성할 수 없다. 취업 후에도 각종 문서들, 예를 들면 건의서, 보고서, 제품 설명서, 회의록, 의견서, 계약서, 통지문, 재고조사표, 청구서 등 일의 종류별로 다양한 문서를 작성해야 한다. 이처럼 글쓰기는 인간의 생존에 필수적인 요소일 뿐만 아니라 더 나은 삶을 위한 충분 요소이기도 하다. 물론 직업군에 따라 글쓰기가 불필요한 사람들도 있다, 그러나 자신이 어떤 직업에 종사하든 글을 잘 쓰는 사람은 그 사회나 집단에서 무시할 수 없는 존재가 되며 리더가 되기에도 용이하다. 특히 내가 속한 집단이 글쓰기를 중시하지 않는 분야일수록 그 분야의 글을 잘 쓰는 사람이 된다면 여러 면에서 좋은 평가와 대우를 받을 수 있다. 글을 잘 쓴다면 사람들에게 호감을 줄 뿐만 아니라 자신의 전문 분야를 더 잘 알릴 수 있는 기회가 되기 때문이다. 글을 잘 쓰는 사람은 다른 사람에 비해 논리적이고 문제 해결 능력이 뛰어 나며 아울러 설득력을 지닌 사람이다. 그런 사람은 리더의 위치에 오를 확률도 높다. 우리 주변에도 자기 분야의 글을 잘 쓰는 사람이 높은 위치에 오르는 사례를 많이 볼 수 있다.

## 5. 치유 효과

미국의 심리학자 제임스 페니베이커 박사는 글쓰기의 치유 효과를 연구하기 위하여 두 집단을 대상으로 각기 다른 주제를 부여하고 정해진 기간 동안 글을 쓰게 하였다. 한 집단은 개인적인 일과 관련 없는 일반적인 주제를, 다른 집단은 자신이 겪은 폭력, 실연, 자살 시도, 범죄 행위 등의 경험을 글의 주제로 주었다. 이후 두 집단의 건강 상태를 관찰하였는데, 자신이 겪은 나쁜 경험을 주제로 글쓰기를 한 집단이 일반적인 주제로 글쓰기를 한 집단에 비해 병원을 찾는 횟수가 43%가량 적었다는 결과가 도출되었다. 자기 고백적 글쓰기를 한 집단은 몸과 마음이 동시에 건강해져서 병원을 찾는 일이 상대적으로 적어진 것이다. 이렇게 자기 고백적 글쓰기는 육체적·심리적 안정을 유도하여 치유하는 효과를 낳는다.

실제로 현재 정신과 치료에서는 자기 고백적 글쓰기를 보조 치료 수단으로 널리 활용하고 있다. 글쓰기의 치유 효과를 살펴보자.

**예문 3**

1. 글쓰기는 스트레스와 긴장 해소에 도움을 준다.
2. 글쓰기는 고립감에서 벗어나게 해 준다.
3. 글쓰기는 생각의 혼돈을 정리하는 지름길을 제공한다.
4. 글쓰기는 자아 통찰을 통해 더욱 폭넓은 관점에서 자기 행동을 바라볼 수 있게 해 준다.
5. 글쓰기는 세상과의 조화를 통해 원만한 삶을 이루게 한다.

셰퍼드 코미나스, 『치유의 글쓰기』, 임옥희 옮김(홍익출판사, 2008), 16~18쪽.

글쓰기를 통한 치유 효과를 얻기 위해서 가장 우선시해야 할 사항은 자신을 있는 그대로 솔직하게 응시하는 행위이다. 자신을 응시하고 자기 자신을 수용하는 자세가 바로 치유하는 글쓰기의 출발점이다. 치유하는 글쓰기에서는 글의 수준이나 독자, 지식,

문법 등은 전혀 고려하지 않아야 하며, 가장 중요한 것은 자기 자신의 내면의 소리를 솔직하게 문자화하는 것이다.

"임금님 귀는 당나귀 귀"라고 갈대밭에서 소리치자 앓던 이발사의 병이 나았다는 동화는 억압된 내면을 솔직하게 배출하는 것이 얼마나 큰 치유 효과가 있는가를 상징적으로 보여 주는 이야기이다. 우리는 이러한 자기 고백적 글쓰기를 통해 정신의 안정을 누릴 수 있다. 나아가 치유하는 글쓰기는 반드시 자신의 나쁜 경험만을 대상으로 글을 써야 하는 것은 아니다. 힘들고 괴로운 현실 앞에서 불안감이 생길 때에도 치유하는 글쓰기를 시도할 수 있다. 미래에 자신이 원하는 바를 달성했을 때 느낄 수 있는 성취감과 행복한 마음을 미리 글로 써 본다면, 이 또한 위안을 받고 다시 일어서는 동력을 얻는 치유의 글쓰기가 될 것이다.

생각하기 3

괴로움으로 남아 있는 사건이나 경험을 솔직하게 써 보자. 글을 쓰기 전과 글을 쓰고 난 후에 자신의 마음 변화 상태를 살펴보자.

03

# 글쓰기와 표절

## 1. 표절의 정의와 표절의 원인

표절은 영화, 음악, 글, 그림 등 모든 창작물을 대상으로 한다. 현재 한국 사회는 유명인의 논문 표절이 뉴스 소재로 자주 등장한다. 유명인처럼 뉴스의 한 면을 장식하지는 않지만 대학생도 표절 문제에서 자유로울 수 없다. 2011년 3월 2일 『한국일보』 기사에 따르면, 리포트 표절 검색 기술을 보유한 코난 테크롤로지가 2010년도 대학생들의 리포트를 검색한 결과 표절 건수가 50%가 넘는다는 충격적인 결과를 발표했다. 이처럼 한국 대학생들의 리포트와 논문 표절은 심각한 문제로 대두되고 있다.

서구에서는 중학교에서부터 표절에 대한 교육이 이루어진다. 서구권 대학은 표절 기준과 처벌 내용을 학칙에 두고 있으며, 입학생은 부정행위 금지 서약을 해야 한다. 대학교에서 표절에 대한 처벌은 대단히 엄격하다. 만약 어떤 학생의 과제가 표절로 판명 나면 정학과 제적은 물론 학위까지 취소당한다. 한국 유학생들이 종종 표절 규정 준수에 문제가 생기는 까닭은 한국에서 표절에 대한 교육을 받은 경험이 없고, 표절에 대한 문제의식이 희박하기 때문이다. 몇 년 전에는 미국 동부의 명문대를 다니던 한인 학생 네 명이 서로의 리포트를 베껴 썼다가 적발돼 모두 퇴학당한 일도 있었다.

현재 한국의 모든 대학교와 연구 기관은 자체 연구 윤리 규정을 제정하고 규정 내에 표절 항목을 포함하여 규정을 준수할 것을 명시하고 있다. 그러나 실제로 학교 교육에서 표절 교육은 미약하고 표절에 대한 문제 인식 또한 희박하다. 표절 문제가 발생해도 처벌 기준이 명확하지 않고 처벌이 미비하여 표절 문제가 끊임없이 대두되고 있다.

『한국대학신문』 2013년 4월 10일 자에 게재된 설문 결과에 따르면, 표절 교육 여부에 대해 한국 대학생 1,013명 중 97%가 "학교에서 표절과 인용에 대한 교육을 받은 적이 없다"라고 답했다. 표절과 인용에 대한 차이점을 알고 있느냐는 질문에서는 응답자의 82%가 "잘 모른다"라고 대답했다. 이처럼 한국 대학생은 표절에 대한 교육을 제대로 받지 못하고 표절 문제에 대한 심각성을 인지하지 못하고 있는 상태이다. 이 기사에서는 또 대학생들에게 표절하는 이유를 물었는데, 첫째, "작성의 어려움"(32%), 둘째, "쉽게 검색 가능한 인터넷 정보"(30%), 셋째, "좋은 평가를 받기 위해서"(24%), 넷째, "작성 시간 부족"(11%), 다섯째, "나만의 비밀이라는 생각"(3%) 등의 순으로 답했다.

표절은 다른 사람의 글을 출처를 밝히지 않고 사용하는 것이다. 즉, 타인의 글을 인용하고 명확한 출처를 표시하지 않는다면 그것은 바로 표절 행위에 해당한다. 특히 대학생들은 리포트나 논문 표절이 대다수를 차지하는데, 인터넷의 많은 글과 정보를 이용한 자료 검색, 논문을 다운로드받는 일이 일반화되면서 표절하기 쉬운 환경이 조성된 이유도 한몫을 하였다. 과거에는 다른 사람의 글을 표절하기 위해서는 일일이 손으로 쓰는 과정을 거쳐야 했지만 요즘은 타인의 글을 옮기는 과정이 아주 쉽다. 특히 인터넷에서 리포트나 논문을 파는 업체들이 생겨나면서 더욱 표절이 성행하게 되었다. 결국 학교 현장에서의 표절 교육 부재, 표절에 대한 죄의식 희박, 표절에 대한 처벌 미비, 표절이 쉬운 환경 등이 표절이 범람하게 된 요인이라고 할 수 있다.

## 2. 표절의 유형

미국 표절협회에서는 표절의 유형을 〈예문 4〉와 같이 구분한다.
글쓰기에서 이루어지는 다양한 표절의 유형을 살펴보자.

예문 4

**#1. CLONE**
Submitting another's work, word-for-word, as one's own

**#2. CTRL-C**
Contains significant portions of text from a single source without alterations

**#3. FIND - REPLACE**
Changing key words and phrases but retaining the essential content of the source

**#4. REMIX**
Paraphrases from multiple sources, made to fit together

**#5. RECYCLE**
Borrows generously from the writer's previous work without citation

**#6. HYBRID**
Combines perfectly cited sources with copied passages without citation

**#7. MASH UP**
Mixes copied material from multiple sources

**#8. 404 ERROR**
Includes citations to non-existent or inaccurate information about sources

**#9. AGGREGATOR**
Includes proper citation to sources but the paper contains almost no original work

**#10. RE-TWEET**
Includes proper citation but relies too closely on the text's original wording and/or structure

표절 유형_http://www.plagiarism.org/plagiarism-101/types-of-plagiarism(2012년 5월 16일 검색)

1. 복제형(Clone): 다른 사람의 것을 그대로 자신의 것으로 제출하는 경우
2. 부분 복제형(Ctrl-C): 아무 변경 없이 텍스트의 주요 부분을 가져오는 경우
3. 문장 수정형(Find Replace): 핵심어와 구를 변화시켰지만 자료의 주요 내용을 가지고 오는 경우
4. 혼합형(Remix): 문장 수정을 통해 다양한 자료를 하나로 뭉치는 경우
5. 재활용(Recycle): 자기 표절. 자신이 이전에 발표하거나 제출한 글을 인용 없

이 가져오는 경우

6. 혼종형(Hybrid): 완전히 인용된 자료를 인용 없이 복사된 자료와 결합해서 사용하는 경우. 즉, 부분은 표절하고 부분은 인용하는 경우
7. 뭉치기(Mash Up): 다양한 자료에서 가져온 내용을 그대로 혼합하는 경우
8. 404 에러형(404 Error): 404 에러는 파일이 없거나 찾을 수 없을 때 나오는 컴퓨터 용어. 즉, 존재하지 않는 자료를 사용하거나 부정확하게 인용하는 경우
9. 수집형(Aggregator): 인용은 하지만, 독창적 아이디어 없이 다른 사람의 아이디어를 모아서 쓰는 경우
10. 리트윗형(Re-Tweet): 적절한 인용은 포함하지만, 원래 글의 단어나 문장 구조와 비슷하게 사용하는 경우

표절은 대부분 의도적이다. 특히 표절 유형 1~6은 표절 교육의 유무와 상관없이 양심을 버리고 행한, 명백하고 적극적인 표절임을 알 수 있다. 그러나 표절 유형 7~10의 경우, 특히 표절 교육을 받지 않은 학생들이라면 표절의 범위나 기준을 정확하게 몰라서 자신도 모르게 표절하게 되는 경우에 해당될 수도 있다. 즉, 의도하지 않았지만 과실에 의한 표절이 될 수도 있는 것이다. 그러므로 글쓰기 도중에 타인의 글을 인용했다면 반드시 인용 부분에 인용 부호를 사용하고 원본의 출처를 명확히 밝혀야 한다. 이 규칙만 잘 지킨다면 누구든지 표절 문제에서 자유로워질 수 있다.

우리나라도 2008년 2월에 표절 가이드라인을 지정하였다. 교육부가 제시한 표절 가이드라인을 보자.

예문 5

1. 여섯 단어 이상의 연쇄 표현이 일치하는 경우
2. 생각의 단위가 되는 명제 또는 데이터가 동일하거나 본질적으로 유사한 경우
3. 타인의 창작물을 자신의 것처럼 이용하는 경우

4. 남의 표현이나 아이디어를 출처 표시 없이 쓰거나 창작성이 인정되지 않는 짜깁기
5. 연구 결과 조작 및 저작권 침해 가능성이 높은 저작물

http://media.campuslife.co.kr/Media_View.asp?idx=10209

## 3. 표절을 방지하는 글쓰기

표절을 방지하기 위해서는 하나의 원칙만 정확하게 지키면 된다. 타인의 글이나 자료를 인용할 때는 반드시 인용의 원본 출처를 밝히고 인용한 부분은 따옴표로 표시하는 것이다. 이것은 글쓰기의 기본 수칙이다. 정당하게 출처를 밝히고 인용한다면 인용 자료가 많아도 표절에 해당하지 않는다.

표절을 미연에 방지하기 위한 기본적인 글쓰기 방법을 알아보자.

### 1) 참고 자료의 내용과 출처를 정확하게 기록한다

글을 쓰기 위해서는 쓰기 전에 다른 사람의 글이나 자료를 보게 된다. 다른 사람의 자료를 보면서 자신의 아이디어도 가다듬고, 새로운 아이디어를 얻을 수 있다. 참고 자료를 볼 때는 자신의 글쓰기에 필요한 자료의 내용을 정확하게 기록하고, 기록한 자료의 내용은 눈에 띌 수 있도록 따옴표나 형광펜 등으로 표시한다. 기록 후에는 참고 자료의 저자 이름, 자료 제목, 출판사 혹은 발행 기관, 출판 연도, 기록 페이지를 반드시 기재한다. 이 기록은 글쓰기를 하면서 인용 출처를 밝히는 데 꼭 필요한 항목이다.

### 2) 내 생각을 기록한 것과 참고 자료에서 기록한 것은 반드시 따로 구분해 둔다

참고 자료를 읽고 쓰다 보면 자연스럽게 자료 내용에 대한 나의 생각이나 느낌, 써야 할 글에 대한 나의 아이디어도 함께 기록하게 된다. 이때 참고 자료의 내용과 내 생각을 기록한 내용은 반드시 구분해 둔다. 그렇게 하지 않으면 두 자료가 섞여 나의 생각

과 참고 자료의 내용 구분이 불분명해져서 과실에 의한 표절 가능성이 높아진다.

#### 3) 글쓰기를 할 때에는 참고 자료를 보면서 쓰지 않는다

참고 자료 기록을 모두 끝내고 글을 쓰기 시작하면 인용할 자료를 제외하고는 참고 자료를 보지 않는다. 참고 자료를 옆에 펼쳐 놓고 쓰다 보면 참고 자료에 자꾸 의존하게 되어 참고 자료와 비슷한 글이 되기 쉽고 결국 표절로 이어질 가능성이 높기 때문이다.

#### 4) 인용 부호 없이 참고 자료의 단어를 여섯 개 이상 연속으로 사용하지 않는다

자신의 글에서 연속으로 여섯 단어 이상이 참고 자료와 동일하면 표절에 해당한다. 자료에서 여섯 단어 이상을 연속으로 사용해야 할 경우에는 인용으로 해야 한다.

#### 5) 인용 부분을 제외한 글은 모두 자신의 언어로 쓴다

자신의 언어로 글을 써야 자신만의 독창적인 문장 구사 능력이 발전할 수 있다. 더불어 표절을 미연에 방지하는 방법이기도 하다.

#### 6) 글쓰기는 시간을 충분히 확보한 후에 쓴다

특히 마감이 임박하여 글을 쓰지 않는다. 마감 시간이 임박하여 글을 쓰면 자신의 언어로 글쓰기가 힘들 뿐만 아니라 시간이 없기 때문에 타인의 자료를 복제하고 싶은 유혹에 빠지기 쉽다.

#### 7) 인터넷 자료도 반드시 주소를 메모하여 적는다

인터넷에서 가져온 자료도 출처를 밝혀야 한다.

#### 8) 그림이나 그래프, 모델 등을 사용할 때에도 출처를 밝힌다

앞에 제시한 사항들은 표절을 미연에 방지하는 글쓰기 방법이기도 하지만 동시에 독창적인 글을 쓰는 방법이기도 하다. 기간을 충분히 가지고 자신의 언어로 글을 쓰고,

앞에 제시한 사항들을 잘 지킨다면 표절은 신경 쓸 필요가 없는 문제이다.

생각하기 4 표절로 인해 발생할 수 있는 문제에 대해 논의해 보자.

생각하기 5 글쓰기를 할 때 착오로 인한 표절을 한 경험이 있다면 어떤 경우였는지 생각해 보자.

생각하기 6 표절한 학생에 대한 처벌 기준을 논의해 보자.

PART
02

DAVINCI WRITING

# 문단 쓰기

# 01

# 문단과 중심 문장

의미의 기본 단위는 단어이다. 그런데 단어만으로는 의사소통을 하기 어렵다. 단어와 단어가 모인 문장이 되어야 비로소 의사소통을 쉽게 할 수 있다. 그런데 일방적 주장이 아니라면, 글쓰기에서 한 문장만으로는 나의 뜻을 온전히 전달하기 어렵다. 그래서 여러 개의 문장이 모인 문단이 되어서야 비로소 내가 뜻하는 바를 설득력 있게 전달할 수 있게 된다. 물이라는 단어에서 시작하여 문장과 문단이 되는 과정을 생각해 보자.

- 단어: 물
- 문장: "물 한 잔 줘."
- 문단: "운동했더니 목말라. 얼음 넣은 물 한 잔 줘." 물을 받은 그가 말한다. "고마워."

이렇듯 단어가 모여서 문장이 되고, 문장이 모여서 문단이 되고, 문단이 모여서 한 편의 글이 만들어진다. 한 편의 글은 일종의 문단 모음인 셈이다. 글쓰기에서는 문단 단위의 사고가 중요하며, 문단을 이해하고 문단 쓰기를 연습하는 것은 글을 잘 쓰기 위한 첫걸음이기도 하다. 먼저 문단의 요소를 생각해 보자.

## 1. 중심 문장으로 문단의 주제를 표현해야

하나의 문단에는 중심 문장이 있어야 한다. 중심 문장은 그 내용을 뒷받침하는 뒷받침 문장들과 어우러져 하나의 문단을 만들게 된다. 그러므로 뒷받침 문장은 중심 문장의 내용을 설명하거나 예를 드는 등의 보조 내용이어야 한다. 한 문단의 구조는 대개 다음과 같다. 중심 문장의 위치는 앞, 뒤, 양쪽 모두 등으로 다양하다.

- 문단 = 뒷받침 문장 1 + 중심 문장 + 뒷받침 문장 2 + 뒷받침 문장 3

문단의 주제를 한 문장으로 표현한 것을 흔히 소주제문이라 부르는데, 문단을 잘 쓰기 위해서는 소주제문을 작성해 보는 것이 좋다. 목표에 맞는 글을 쓰기 위해 글쓰기를 계획할 때 글 전체의 주제문뿐 아니라 문단별 소주제문을 작성하는 습관을 들여 보자.

## 2. 중심 문장은 핵심어를 활용해야

중심 문장은 하나의 완결된 문장이어야 한다. '나는' 혹은 '그것은' 등의 주어와 서술어가 등장하고 마침표 등으로 끝을 맺는 온전한 문장이어야 한다. 중심 문장은 문단별 핵심어를 활용하면 쉽게 쓸 수 있다.

## 3. 문단이 바뀔 때는 들여쓰기 해야

글이나 책에서 문단의 시작을 알리기 위해서는 들여쓰기를 해야 한다. 들여쓰기는 아래 줄보다 한두 칸 비워 두고 글을 쓰는 것을 말한다. 이것은 문단이 바뀐다는 것을 알려 주는 신호이므로 우리가 글을 쓸 때 꼭 지켜야 하는 규칙이다. 만약 여러분이 쓴 글에 들여쓰기가 다섯 개 되어 있으면 문단이 다섯 개인 글이 된다.

생각하기 1 자신이 쓰고 싶은 글의 첫 문단의 중심 문장을 써 보자.

02

# 문단의 종류

문단에는 하나의 중심 생각이 있고, 반드시 하나 이상의 중심 문장을 통해 필자의 생각을 명확하게 표현해야 한다. 중심 문장은 앞에 나와도 되고, 뒤에 나와도 되고, 양쪽에 모두 나와도 되지만, 주제는 하나여야 한다. 중심 문장이 글 첫머리에 있으면 두괄식(頭括式)이라 하고, 글 끝에 오면 미괄식(尾括式)이라 한다. 또한 첫머리와 끝, 양쪽에 중심 문장이 있으면 양괄식(兩括式)이라고 부른다.

- 두괄식: 중심 문장 + 뒷받침 문장 + 뒷받침 문장
- 미괄식: 뒷받침 문장 + 뒷받침 문장 + 중심 문장
- 양괄식: 중심 문장 + 뒷받침 문장 + 중심 문장

〈예문 1〉을 읽고 문단의 구조에 대해 토론해 보자.

예문 1

죽음은 생명의 원천이다. 죽음이 없으면 생명도 없다. 한 생명이 사라지면 그 자리를 또 다른 생명이 채운다는 의미에서도 그렇지만 아무도 죽지 않고 영생하기 시작하면 곧 모두가 죽고 만다. 지구에 사는 생명체들의 번식력은 실로 가공할 만한 수준이다. 하지만 많은 개체 중 대부분은 성장하는 과정에 죽기도 하기 때문에 그중 일부만이 번식을 하게 되고 그래서 이 지구 생태계가 균형 있게 유지되는 것이다.

최재천, 「동물도 죽음을 애도한다」, 『생명이 있는 것은 다 아름답다』(효형출판, 2001), 54~57쪽.

생각하기 2 〈생각하기 1〉에서 작성한 중심 문장을 활용하여 두괄식 구성으로 한 문단을 써 보자.

# 03

## 좋은 문단의 조건

글쓰기를 계획할 때 글 전체 논리 구조에 따른 문단별 논리 체계를 구체화해야 한다. 그렇다면 어떻게 해야 좋은 문단을 쓸 수 있는지에 대해 생각해 보자. 문단을 계획할 때는 크게 문단의 완결성, 긴밀성, 통일성 세 가지 사항을 고려해야 한다.

### 1. 문단의 완결성: 완전한 하나의 의미를 지녀야

하나의 문단은 그 자체로 완전한 내용을 담아야 한다. 중심 생각을 나타내는 중심 문장과 그 내용을 뒷받침하는 뒷받침 문장들이 결합하여 의미적으로 완결된 글을 작성해야 한다. 이것을 문단의 완결성이라 한다. 각 문단의 생각이 어우러져서 한 편의 글이 완성되므로 개별 문단의 중심 생각을 명확하게 드러나도록 구성해야 한다.

## 2. 문단의 긴밀성: 중심 문장과 뒷받침 문장의 연결이 자연스러워야

각 문단에서 중심 문장과 뒷받침하는 문장들의 연결이 자연스러워야 한다. 이것이 바로 문단의 긴밀성이다. 문단에는 하나의 중심 문장이 있어야 하고 다른 문장들은 그 중심 문장을 뒷받침하는 내용으로 구성되어야 하는데, 논리와 표현 모두 긴밀하게 연결되어야 한다.

## 3. 문단의 통일성: 글 전체의 내용에 기여해야

각 문단의 중심 생각은 글 전체의 주제로 모여야 하므로 내용 측면에서 다른 문단의 중심 생각과 연속성이 있어야 한다. 단어, 문장, 문단, 장, 글 등으로 연결되는 큰 틀에서 문단은 내용의 중심 단위이므로 각각의 문단은 내용적으로 전체 주제로 모이도록 서술해야 한다. 그러므로 짜임새 있는 글을 구성하기 위해서는 문단과 문단 사이의 논리와 내용을 통일성 있게 써야 한다.

04

# 문단 서술 방법

문단을 서술하는 방법은 여러 가지이다. 대표적인 문단 서술 방법에는 설명, 논증, 묘사, 서사 등이 있다. 세부적으로 들어가면 셀 수 없이 많은 방법이 있지만, 대표 몇 가지를 통해서 문단 서술 방법을 생각해 보자.

## 1. 설명과 논증

설명은 사물이나 사건에 대한 이해를 돕기 위해 하나하나 서술하는 것을 말한다. 대표적인 예가 정의를 내리는 것이다. 정의는 사전적인 의미나 자신이 규정한 의미를 서술하는 설명의 한 방법이다. 예를 들어, 사랑이란 무엇인가, 예술이란 무엇인가, 과학이란 무엇인가에 대한 내용 서술을 정의라고 할 수 있다. 글에서 어떤 용어나 내용의 정의가 필요한 경우는 독자가 잘 모르는 내용을 서술할 때와 자신이 말하고자 하는 용어가 일반적 의미와 달라서 구분이 필요할 때이다. 이 외에도 예를 들어 설명하는 예시,

두 가지 이상의 대상을 놓고 서술하는 비교, 대조, 분석 등이 있다.

논증은 논리 구조를 통해 주장, 논거, 추론, 논박 등을 활용하는 방법이다. 논거는 주장 서술을 위한 논리적 근거이며, 추론은 다른 사항에서 유사한 점을 추출하여 내 주장의 근거로 삼는 것이다. 논박은 나와 다르거나 반대되는 주장을 반박하는 것이다.

다음 〈예문 2〉, 〈예문 3〉에서 쓰인 문단 서술 방법에 대해 토론해 보자.

예문 2

창조란 무엇일까. 말할 것도 없이 새로운 것을 태어나게 하는 일이며 그것은 풍요롭게, 자유롭게 생각하는 생명만이 가질 수 있는 능력이다. 창조란 어디서 이뤄지는 걸까. 암중모색에서, 보이지 않는 곳, 확실치 않은 것을 향한 추구와 탐험에서 새로움은 싹트는 것이며 이미 되어진 곳, 즉 틀 속에서는 복제품만이 가능해진다. 모르는 것, 보이지 않는 곳은 사사오입을 당해 버린 부분이지만 측량할 수 없는, 그러나 실존하는 세계인데, 논리가 서지 않는다 하여 인정치 않으려는 이성이야말로 교만한 자가당착, 모순에 빠져 있다 할 것이다. 인위적 모순은 깨야 하고 미지로 향하는 것이 창조의 출발이다.

박경리, 『생명의 아픔』(이룸, 2004), 23~24쪽.

예문 3

오늘날 순수 예술을 표방하는 고급문화의 영역만큼 상업성의 노예가 되어 있는 곳도 사실은 없을 것이다. 미술품 경매 시장에서 과거의 예술가의 작품은 물론 현재 살아 있는 동시대 화가들의 작품 또한 천문학적인 금액으로 거래가 이루어진다. 비교적 순수 예술 분야라고 일컬어지는 클래식 음악계의 경우도 마찬가지다. 잘 알려진 유명 연주자나 세계적인 지휘자들이 단지 한곳에 머무르면서 자신의 작품 활동을 하고 있는 것은 아니다. 그들은 전 세계를 돌면서 고급 예술이라는 자신의 상품을 팔고 있다. 도대체 메탈리카의 라이브 공연과 쓰리 테너의 라이브 공연에서 무슨 차이가 있을 수 있는가?

대중 예술의 입장에서 볼 때 고급 예술이 대중 예술을 상업적이라고 비판하는 것은 받아들이기 어려운 논리이다. 고급 예술이 스스로 상품과 예술의 경계를 넘나들면서 말 바꾸기를 하는 것은 자신의 가치를 더욱 높이기 위한 고도의 전략에 불과하다. 어떤 의미에서는 고급 예술이야말로 가장 상업성이 짙은 예술이라고도 말할 수 있을 것이다.

그러나 상업성의 여부만으로 고급 예술과 대중 예술의 경계를 나누는 것은 어려운 일이다. 사실 자본주의의 발달과 예술의 상업화는 그 맥을 같이해 왔다고도 볼 수 있다. 흔히 파트롱(patron)이라고 불리는 예술인 후견자의 상실은 자본주의 시대의 예술가에게 시장에서 자신의 상품을 판매해야만 하는 가혹한 상황을 만들었다.

이상준, 「통속성은 배격되어야 하는가」, 『한국의 교양을 읽는다』(휴머니스트, 2007), 231~245쪽.

## 2. 묘사와 서사

묘사는 대상을 글로 재현하는 것을 말한다. 글로 어떤 대상을 재현하기 위해서는 오감을 동원해야 한다. 시·청·후·미·촉각의 영역에서 대상의 특성을 말해 주는 것이다. 묘사만으로 이뤄진 글은 많지 않지만, 어떤 내용을 잘 설명하기 위해서 묘사를 활용하면 글이 더 효과적이다.

묘사는 눈에 보이는 사물이나 눈에 보이지 않는 심리 등 모든 것이 대상이 된다. 그러므로 효과적인 묘사를 위해서는 우선 대상에 대해서 다각적인 정보를 파악한 후에 주관적·객관적 묘사를 곁들여야 한다. 그런데 어떤 대상에 대한 구체적인 묘사라 하더라도 사진 찍기나 복사하기가 아니기에 글을 쓰는 필자의 관점이 개입될 수밖에 없다.

서사는 어떤 일이 시공간 안에서 어떻게 일어났는지를 말해 주는 것이다. 경험을 이야기할 때 흔히 서사가 동원된다. 시간과 공간 안에서 어떠한 사건이 어떻게 발생했는지, 그리고 그 사건은 어떤 의미를 지니는지 등을 포함한다. 서사의 대표적인 글은 소설이지만, 기사문, 기행문 등에서도 서사를 활용할 수 있고, 심지어 과학 분야의 실험 방법을 알리기 위한 글도 서사를 부분적으로 활용하면, 내용을 쉽게 전달할 수 있다.

다음 〈예문 4〉, 〈예문 5〉에서 쓰인 문단 서술 방법에 대해 토론해 보자.

예문 4

빗낫이 듣는가 했더니 제법 떨어진다.

아연판같이 무거운 하늘에서 떨어지는 비는 아연판을 치는 소리가 난다.

뿌리는 비, 날리는 비, 부으 뜬비, 붓는 비, 쏟는 비, 뛰는 비, 그저 오는 비, 허둥지둥하는 비, 촉촉 좇는 비, 쫑알거리는 비, 지나가는 비, 그러나 11월 비는 건너가는 비다. 2박자 폴카춤 스텝을 밟으며, 그리하여 11월 비는 흔히 가외 것이 많다.

……

벌써 유리창에 날벌레 떼처럼 매달리고 미끄러지고 엉키고 또그르 궁글고 홈이 지고 한다. 매우 간이(簡易)한 풍경이다.

정지용, 「비(산문)」, 『달과 자유』(깊은샘, 1994), 178~179쪽.

예문 5

옛날 어느 곳에 가난뱅이처럼 꾸미고 이집 저집 구걸을 다니면서 아름다운 처녀들을 잡아가던 마법사가 있었습니다. 잡혀간 처녀들은 그 후 두 번 다시 나타나지 않았기 때문에 마법사가 처녀들을 어디로 데려가는지는 아무도 몰랐습니다.

어느 날 아름다운 딸이 셋 있는 집 앞에 마법사가 나타났습니다. 마법사는 힘없고 불쌍한 거지처럼 보였고 등에는 소쿠리를 지고 있었습니다. 사람들이 주는 것을 그 안에다 담으려는 듯이 말이지요. 음식을 구걸하자 맏딸이 나와서

빵 한 조각을 주었습니다. 마법사는 그녀를 슬쩍 건드렸습니다. 그러자 그녀는 자기도 모르게 소쿠리 안으로 뛰어들었습니다. 마법사는 허둥지둥 물러나서 처녀를 어두운 숲 한복판에 있는 자기 집으로 데려갔습니다. 집 안은 매우 화려했습니다. 마법사는 처녀가 원하는 것을 다 주었습니다.

그림 형제, 「하얀 새」, 『그림 형제 동화 전집』, 김열규 옮김(현대지성사, 1988), 268~272쪽.

**생각하기 3** 다음 내용을 설명, 논증, 묘사, 서사 등의 문단 서술 방법을 활용하여 한 문단으로 써 보자.

| | |
|---|---|
| ㄱ. 친구의 얼굴 | ㄴ. 내가 사랑한 사물 |
| ㄷ. 내가 가장 행복했던 순간 | ㄹ. 삶에서 가장 잊을 수 없는 순간 |
| ㅁ. 라면을 끓이는 방법 | ㅂ. 로또에 당첨된다면 하고 싶은 것 |

PART
03

DAVINCI WRITING

# 글쓰기의 절차와 전략

01

# 계획하기

## 1. 목표 중심 계획

### 1) 목표 중심 계획의 필요성

건축가가 구체적인 작업에 들어가기 전에, 집짓기를 둘러싼 여러 조건과 상황을 분석하여 설계 도면부터 작성하는 것처럼, 글을 쓰는 사람들은 실제 글쓰기에 들어가기 전에 글쓰기 상황을 구성하는 기본 문제들을 고려해서 계획을 세운다. 글쓰기 상황을 구성하는 기본 문제들이란 필자의 입장, 독자의 기대, 글의 목적, 주제, 글의 형식, 아이디어 등을 포괄하는 글쓰기의 조건과 관계된다. 필자가 좋은 계획을 세우기 위해서는 우선 이러한 조건들을 충분히 탐색하여 나름대로의 목표를 설정해야 한다.

필자가 글쓰기를 통해 도달하고 싶은 지점이 목표라면, 계획은 어떻게 목표에 도달할 수 있을 것인가를 알려 주는 지도가 된다. 그러므로 좋은 계획이란 필자의 목표를 달성하기 위한 조건이 충족된, 글쓰기의 기본 전략도라 할 수 있다. 그것은 "무슨 내용을, 누구에게, 어떤 방법으로 표현해야만 글쓰기의 문제를 해결하고 내가 목표로 하는 바를 실현할 수 있을까?"에 대한 통찰을 바탕으로 한다.

미숙한 필자들이 즐겨 작성하는 계획은 대부분 '화제'를 중심으로 관련된 아이디어들을 막연하게 나열하는 것이지만, 능숙한 필자가 사용하는 '목표 중심 계획'은, 글을 통해서 달성하고자 하는 바를 표현하기 위해 글의 주제와 독자, 글의 형식을 고려하는 통합적이고 계층적인 구조를 기본형으로 한다. 목표 중심 계획의 가장 큰 장점은 주제를 글의 목표에 맞도록 구체적으로 한정하여, 필자가 화제에 대해 말하고 싶은 핵심을 명확하게 제시할 수 있게 해 준다는 데 있다.

보기 1

| A: 화제 중심 계획의 사고 모형 | B: 목표 중심 계획의 사고 모형 |
|---|---|
| 현대 사회와 문명을 비판하는 글을 써 보자.<br>현대 사회와 문명이 안고 있는 문제에는 무엇이 있을까?<br>첫 번째 문제는 ……<br>두 번째 문제는 ……<br>세 번째 문제는 …… | 오늘날 우리 사회와 문명이 반생명적인 모습을 하게 된 원인을 밝히고, 그 해결 방안을 제시하는 글을 써서 대학생들에게 제시해 보자.<br>우선 우리 사회가 보여 주고 있는 위기적 현실의 양상을 몇 개의 유형으로 분류한 다음 그런 현상의 이면에 존재하는 의식의 문제성을 분석하자. 또한 그런 의식이 형성하게 된 사회적 배경 혹은 역사적 과정을 추론해 보자.<br>다음으로 분석과 추론에 도움을 줄 수 있는 자료들을 찾아보기로 하자. 신문 사설과 칼럼을 조사하고, 현대 사회와 문명을 비판한 선행 연구를 찾아 다양한 시각(역사적 시각, 사회적 시각, 심리학적 시각, 환경론적 시각 등)에 따라 항목화하여 목록을 만들고 글쓰기의 바탕을 마련해 보자. …… |

린다 플라워, 『글쓰기의 문제 해결 전략』, 원진숙 · 황정연 옮김(동문선, 2000), 167쪽 응용.

〈보기 1〉에서 보는 바와 같이 화제 중심 계획은 '현대 사회와 문명'이라는 글감과 관련된 정보만을 나열하였을 뿐, 필자의 논지나 목표와 연관되지 못해서 막연한 상태에 놓여 있는 반면, 목표 중심 계획은 '우리 사회의 반생명적 문명 현상의 이면에서 의식의 문제성을 분석하고, 그러한 의식을 형성시킨 사회·역사적인 요인을 밝혀서 문명사적 위기를 극복할 수 있는 방안을 마련하겠다'는 구체적이고 실천적인 목표를 중심으로 짜여 있다.

무엇보다 주목할 것은 세 문단의 짧은 계획 속에 글의 목표를 설정하고 글의 전개 방식을 제시하고 있다는 점이다.

### 2) 목표 중심 계획 만들기

목표 중심 계획을 세우려 할 때, 필자는 "내가 글을 통해 실현하고자 하는 것은 무엇일까? 어떻게 그 목표를 성취할 것인가? 그러기 위해서는 무엇을 해야 할 것인가?"라는 질문에 매달릴 필요가 있다.

일단 글쓰기 상황을 고려해 원하는 목표를 중심으로 계획이 잡히면, '무슨 내용을 말할 것인가', 즉 글의 주제와 관련된 계획을 세우는 것이 좋다. 이 두 가지 종류의 계획은 서로 보완할 수 있기 때문이다. '무엇을 해야 할 것인가'에 대한 계획은 필요한 지식이나 주제와 관련된 정보를 보다 목표 지향적으로 접근해서 탐색할 수 있게 해 준다. 한편, 자신이 '말하고 싶어 하는 것이 무엇인가'를 확실히 알면 새로운 목표 설정에 도움이 된다.

계획하기는 독자의 요구와 관심사에 맞추어 목표와 주제를 밀접히 관련시키는 것이 관건이다. 가장 바람직한 계획은 주제와 관련된 정보와 그 정보를 이용해서 달성하고자 하는 목표를 함께 결합한 것이라고 하겠다.

목표 중심 계획에서 주제와 관련된 정보는 목표를 성취하기 위한 글의 핵심적인 의미를 만드는 데 사용된다. 주제와 관련된 정보를 조직하여 글의 핵심적인 의미를 만들어 가는 과정은 추상적인 개념의 화제를 좀 더 구체적이고 한정된 내용으로 좁혀, 글의 목표를 실현할 수 있는 논지로 다듬어 가는 과정에 다름 아니다. 그리하여 글의 주제는 목표를 실현하기 위한 의미를 구성해 가며, 궁극적으로는 목표에 근접하게 된다.

글의 형식적 측면에서 보자면 이러한 원리는, 글의 상위 목표를 세우고 이를 구체화할 수 있는 하위 목표를 설정하고, 하위 목표를 구성하는 세부 내용을 그 아래에 배열하는 계층적인 구조의 계획을 표상하게 한다. 이때 하위 목표를 달성함으로써 상위 목표를 실현하려는 글의 구성 논리는, 말하고자 하는 내용(주제)을 통해서 하고자 하는 바(목표)를 표현하려는 글의 의미 논리와 만난다.

〈보기 1〉에서 살펴본 B의 사고 모형을 토대로 발전시킨 목표 중심 계획을 그려 보면 〈보기 2〉와 같다.

### 보기 2

■ 현대 사회와 문명을 비판하기 위한 목표 중심 계획

**최상의 목표**

오늘날 우리 사회의 반생명적 병리 현상을 초래한 의식의 문제성을 분석하고, 그러한 의식을 형성시킨 사회·역사적인 요인을 밝혀서 문명사적 위기를 극복할 수 있는 방안을 마련하겠다.

**하위 목표 1**

목적 지상주의적 사고방식을 성공적 발상의 요건으로 생각하는 현대인들의 의식에 대해 문제를 제기하자.

**하위 목표 2**

우리 사회가 직면한 위기적 현실이 목적 지상주의적 사고와 탐욕으로 자연과 인간을 지배해 온 서구 문명의 발전 논리에서 비롯된 것임을 독자에게 알리자.

**하위 목표 3**

문명사적 위기를 극복할 수 있는 방법을 역설하면서 결론을 맺자.

〈보기 2〉에서 확인할 수 있는 것처럼, 글쓰기 계획에서 가장 중요한 활동은 결국 글의 맥락을 충분히 고려해서 글쓰기 목표, 독자, 그리고 글의 주제에 관한 정보들을 계층적 구조 속에서 유기적으로 관련짓는 일이라고 하겠다.

## 2. 주제 설정하기

주제란 필자가 글을 통해 독자에게 나타내려고 하는 핵심 내용이나 중심 생각을 말하며, 글의 목적과 관련하여 표현하고자 하는 필자의 관점과 의도를 포함한다. 글의 목적 내지 목표가 독자를 전제로 하는 것이고, 독자에게 말하고 싶은 핵심 내용이 바로 주제라는 것을 생각한다면, 효과적인 주제를 설정하기 위해서는 기본적으로 주제와 글의 목표, 독자와의 관계를 잘 파악하는 것이 관건이라고 하겠다.

주제는 무엇보다 글의 목표와 독자의 수준과 관심에 부합되어야 한다. 그러기 위해 글의 목표나 독자의 입장을 포괄하는 내용을 전달하기 위한 효율적인 방법을 찾아야 한다. 그 방법 가운데 가장 기초적인 것이 주제문 작성이다. 주제문이란 필자가 화제나 넓은 범위의 주제로부터 구체적인 문제의식을 찾아 자신의 관점이나 주장을 서술하는 문장이다. 좋은 주제문은 전체 글의 조직을 지배하고 주제의 범위를 구체적으로 한정함으로써 목적을 분명히 하고 독자의 존재를 인식하게 한다.

예를 들면, '사랑'이라는 단어는 대단히 광범위한 개념을 지닌 추상적 화제이므로, 개념의 범위를 한정해야 비로소 주제를 찾을 것이다. '헌신적 사랑의 의미'로 주제를 설정했다고 하자. 그러나 이것만 가지고는 아직 글의 성격과 방향, 필자의 관점을 파악할 수 없다. "헌신적 사랑은 아름답다."라고 주제문을 만들어 보아도 역시 지나치게 추상적이다. 이보다는 "물신주의 시대에 헌신적인 사랑의 가치를 강조하는 것은 교육자의 도리이다."라는 주제문이 훨씬 구체적이고 목적 지향적이어서 의미 전달이 확실해진다. 이러한 주제문은 글의 목표와 예상 독자를 함께 고려한 것이라 하겠다. 좋은 주제문을 잘 살펴보면 글의 전개 방향, 필자의 집필 태도, 관점까지도 파악하거나 예상할 수 있다.

**TIP_ 주제 설정 요건**

- 글의 목표와 독자를 고려할 것
- 개념의 범위와 논의의 방향을 적절하게 한정할 것
- 단일하고 명확한 지향점을 보일 것
- 참신하고 독창적일 것
- 보편성을 띨 것

생각하기 1

독자를 예상하고 글의 목표를 고려한 다음, 다음의 화제를 토대로 주제문을 만들어 보자.

| | | |
|---|---|---|
| ㄱ. 행복의 의미 | ㄴ. 디지털 시대의 삶 | ㄷ. 현대 사회와 인간 소외 |
| ㄹ. 대학 축제 문화 | ㅁ. 인간과 자연 | |

생각하기 2 다음 글을 읽고 '화제'와 '주제문', '글의 목표'를 찾아보자.

요즘 텔레비전 오락 프로그램을 보면 여성 출연자의 신체 노출과 성적 표현이 과거보다 훨씬 자유로워진 사실을 쉽게 알 수 있다. 공중파 방송에서도 초비키니 또는 속옷 차림과 성행위를 모사한 춤 등이 자주 등장한다. 케이블 방송의 경우, 종교·교육 등 몇몇 분야를 제외한 대부분 채널이 성 관련 내용을 노골적으로 다루는 프로그램을 내보낸다. 일부 경제·스포츠 채널까지 그렇다.

이런 추세를 단순히 방송 상업주의로 설명할 수는 없다. 그보다는 사회 현실의 변화가 방송에 반영되는 성격이 강하다. 우리나라뿐만 아니라 세계적으로 그렇다. 과거 성인 클럽에서나 하던 야한 춤과 놀이가 젊은이들 모임에 자리 잡고, 이를 당당하게 즐기는 여성도 적지 않다. '섹시'는 이미 폭넓은 연령층에서 보편적 가치가 됐다. '외설 문화(raunch culture)'의 눈부신 확산이라 할 만하다.

미국의 여성작가 애리얼 레비는 『여성우월주의자: 여성과 외설 문화』에서 이런 현상을 비판했다가 찬반 논란에 휩싸였다. 이런 문화는 결국 여성을 성적인 대상으로 고착시키며, 여성 운동의 승리가 아니라 쇠퇴를 보여 준다는 게 그의 주장이다. 반면, 옹호론자들은 여성들이 욕망과 개성을 자유롭게 표현함으로써 새로운 힘을 행사하고 있다고 반박한다. 여성 운동의 연장선에 이런 문화가 자리한다는 것이다.

지금 상황에서 어느 쪽 말이 맞는지는 판단하기가 쉽지 않다. 하지만 의식 발전이 따르지 않는 외설 문화가 부작용을 낳을 것임은 분명하다. 근대 이후 역사를 보면, 성적 표현의 자유는 인간성 존중 및 자아실현 욕구의 발전과 궤를 같이했다. 그런데 지금의 외설 문화는 다분히 욕망 자체에 초점을 맞추는 점에서 속물적이다. 단순한 욕망 표출만으로는 삶을 고양할 수 없는 것은 물론 이내 정신적·사회적 장벽에 부닥치기 마련이다.

김지석, 「외설 문화」, 『한겨레신문』, 2007. 8. 26.

## 3. 독자 예상하기

### 1) 독자를 위한 글의 설계

모든 글은 독자를 전제로 한다. 주제가 모호하거나 형식이 없거나 목표가 보이지 않는 글은 있어도 독자가 없는 글은 존재할 수 없다. 독자가 읽지 않는다면 글은 존재 의의가 없기 때문이다. 이런 까닭에 독자란 글, 혹은 글쓰기를 가능하게 하는 가장 중요한 요인이 된다.

어떤 독자를 설정하느냐에 따라 글의 성격이나 내용, 목표가 달라지고, 표현 형식도 영향을 받는다. 글쓰기를 둘러싼 조건이 독자를 중심으로 결정되고 움직인다고 해도 과언이 아니다. 그러므로 자신의 아이디어를 효과적으로 표현하고 전달하기 위해서는 독자의 기대와 요구를 알아내서 글쓰기에 활용해야 한다. 그러기 위해서는 독자를 예상하고 이를 구체화하려는 계획과 노력이 필요하다.

독자를 위한 글쓰기를 계획할 때, 첫 번째 단계에서 해야 할 일은 독자와 공유할 수 있는 목표를 만드는 것이다. 방법은 필자가 자신이 글을 써야 하는 이유와 독자가 그 글을 읽어야 하는 이유의 공통분모를 찾거나, 독자의 요구나 관심을 고려해서 목표를 설정하면 된다. 그런 다음 공통의 목표를 중심으로 하여 하위 목표를 설정하고, 마지막으로 주제와 관련된 아이디어와 논거들을 조직하여 뒷받침해 준다.

보기 3

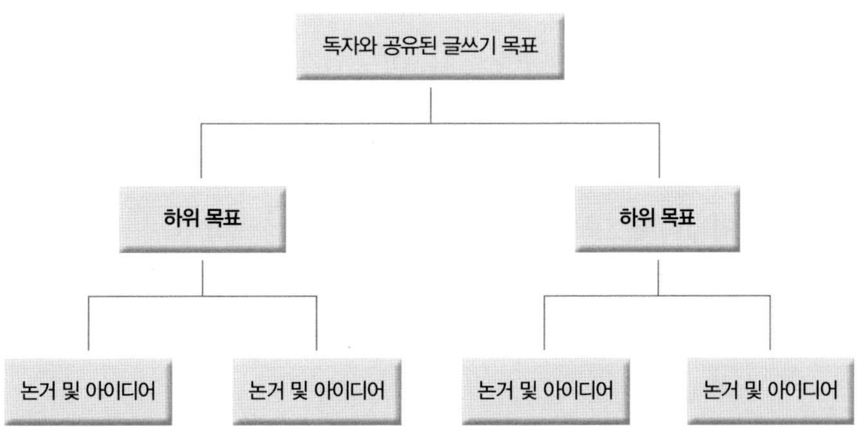

### 2) 독자 분석

글쓰기 계획이 잘 만들어지려면 예상 독자의 특성을 충분히 알아볼 필요가 있다. 물론 능숙한 필자는 자신의 글을 읽게 될 독자를 예상하고, 독자와 공유할 수 있는 공통된 기반을 찾아내려고 노력할 것이다. 그러나 일반적으로 글을 쓰는 필자의 의도와 글을 읽는 독자의 생각이 일치하기는 힘들기 때문에 어려움이 발생하기 마련이다. 필자는 무엇을 어떻게 수정하고 변화시켜야 독자와의 사이에 존재하는 소통의 간극을 메울 수 있을지 궁리해야 한다.

한 편의 글에 대해 독자가 가지고 있는 '지식', '태도', '요구'는 바로, 필자가 자신과 독자 사이에 존재하는 거리를 최소화하기 위해서 분석해야 할 중요한 영역들이다. 필자는 이를 잘 고려해서 독자의 수준과 관심에 부합하는 글을 써야 한다. 세 가지 영역의 분석 항목들은 다음과 같다.

#### (1) 지식

- 독자는 필자의 글을 이해할 만한 충분한 배경 지식이나 지적 수준을 갖추었는가?
- 글을 파악하기 위해 독자가 알아야 할 지식은 무엇인가?

#### (2) 태도

- 독자는 필자의 주장이나 글의 주제에 대해 어떤 태도나 입장을 견지할까?
- 독자는 글을 읽고 어떤 반응을 보일 것인가?
- 독자는 글의 주제에 얼마나 관심을 가지고 있는가?

#### (3) 요구

- 독자가 필자의 글을 읽는다면 그 이유나 목적은 무엇일까?
- 독자, 혹은 독자가 속한 담화 공동체가 요구하는 글의 성격과 표현 형식은 어떤 것인가?
- 독자가 고수해 온 신념이나 인생관은 어떤 것인가?

## 4. 글의 형식 정하기

목표를 설정하고 독자를 분석했다고 해서 그것이 바로 글이 되는 것은 아니다. 실제로 능숙한 필자들은 추상적인 계획을 구체적인 형태의 글로 옮기는 데 더 많은 시간을 들여 고민하고 노력한다. 즉, 독자를 고려해서 만든 목표를 글을 통해서 실행에 옮길 수 있는 여러 가지 형식과 방법을 모색한다. 좋은 글을 계획하려면, 자신의 글을 읽게 될 독자는 누구인지, 독자가 자신의 생각에 어떤 반응을 나타낼 것인지를 숙고할 뿐만 아니라, 주제를 제시하고 독자를 설득시키기 위해서는 어떤 형식을 취하는 것이 좋을지를 결정해야 하는 것이다.

일반적으로, 정보 전달을 목적으로 한 글을 쓸 경우에는 설명문의 형식을 선택하는 것이 좋고, 설득을 목적으로 하는 글이라면 논증의 형식을 따르는 것이 바람직하고, 자기표현을 글의 목적으로 할 때는 문학 장르의 한 형식을 기반으로 하는 것이 효과적이다. 모든 글은 그 유형과 장르적 특성에 따라, 필자가 자신의 생각을 가장 효과적으로 전달하고 독자가 그것을 가장 익숙하게 받아들일 수 있는 글쓰기 방법과 양식적 특성을 발전시켜 왔다.

필자가 자신이 작성할 글의 종류를 결정하는 과정에서 관심을 갖고 고려해야 할 문제 가운데 하나는 글의 형식을 익히고 적용하는 일이다. 그것은 글쓰기의 목적에 따라 달라지는 글의 장르적 특질들(예를 들면, 신문의 사설·칼럼 등의 장르적 특질, 연설문의 특성과 요건, 논증적 글의 구조 등)과 주제문의 위치, 정의, 유추, 비교, 대조, 문제 해결 방식 등을 익혀 글쓰기에 지혜롭게 활용하는 것을 말한다.

만일 필자가 글의 형식과 지나치게 동떨어진 글을 쓰게 되는 경우에는 독자에게 혼란을 주기 쉬울 것이다. 필자는 자신의 아이디어를 독자들에게 익숙한 글의 형식을 고려하여 조직함으로써, 독자들로 하여금 글의 내용과 전개 방향에 대해 쉽게 예측할 수 있도록 도움을 줄 수 있다.

이처럼 글의 형식을 익히고 그것을 적절히 활용할 수 있는 계획을 세우는 것은 글의 핵심 내용을 발전시키고, 목표를 합리적으로 수행하고, 독자의 요구를 충족시키기 위한 최선의 방법이다.

02

# 아이디어 생성하기

## 1. 브레인스토밍brain-storming

자신 앞에 놓인 글쓰기 상황을 파악하고 관련 문제와 목표를 인식한 다음에는 글에 필요한 재료를 마련해야 한다. 이를 아이디어 생성 단계라고 한다. 아이디어 생성 단계에서는 창의적인 사고 활동이 필수이다. 필자는 창의적인 사고 활동을 통해 머릿속에 저장된 정보를 최대한 활용할 수 있게 되며, 좀처럼 떠오르지 않던 생각이나 문제 해결의 실마리를 발상하게 된다. 이 단계에서 필자의 목표는 기억 속의 유용한 정보와 새로운 정보의 연결을 통해 창의적 아이디어를 창출하는 것이다.

창의적 사고에 기초한 글쓰기는 맞춤법과 구문 형식에 맞추어 글을 쓰는 기존 방식에 비해 다음의 세 가지 측면에서 특별하다. 첫째, 굳어진 심리적 틀을 깨고 새로운 발상을 가로막던 진부한 사고방식으로부터 벗어날 수 있다. 둘째, 잘 정제된 아이디어에만 관심을 기울이던 습관 때문에 놓쳤던 직관과 통찰력을 포착할 수 있다. 셋째, 자신이 가진 아이디어를 바탕으로 추론을 이끌고 아이디어 간의 새로우면서도 놀라운 연관

관계를 발견할 수 있다. 그러나 창의적 사고가 아무리 유용해도 무작정 실행할 수는 없는 노릇이다. 아이디어 생성 과정에서는 창의적이고 확산적인 사고의 활성화 방법으로 '브레인스토밍(brain-storming)'을 많이 활용한다. 브레인스토밍은 창의적 사고를 북돋우고 특정 문제 해결을 위해 복합적인 아이디어를 생각해 내는 기법 또는 활동을 말한다. 특히 글쓰기 전략으로서의 브레인스토밍은 필자 내면에 잠재된 심리적 이미지나 직관적 생각을 일깨워 글쓰기에 활용 가능한 언어 형태로 표상하는 활동이다.

브레인스토밍은 자유롭고 창의적인 활동이지만 아이디어를 글의 주제, 목적, 독자와 관련지어 제한한다는 측면에서 목표 지향적 활동이기도 하다. 이것이 '자유 연상'이나 '의식의 흐름'과 다르다. 그러므로 글쓰기 조건을 고려한 계획을 세우고 글의 용도와 목표, 독자, 주제에 대한 배경지식이 어느 정도 형성된 다음, 그와 관련된 맥락 안에서 창의적으로 아이디어를 생산하는 것이 효과적이다. 현명한 필자는 생각을 꺼내는 과정에서 다음과 같은 세 가지 질문을 마음속으로 되뇌게 된다. "글을 쓰는 목적은 무엇인가?", "누가 읽을 것인가", "주제와 관련된 배경지식은 어떤 것이 있는가?" 이러한 질문은 브레인스토밍의 목적을 분명히 하고 문제를 해결하는 데 도움을 준다.

**TIP_ 브레인스토밍 성공을 위한 규칙**

1. 어떠한 가능성도 배제하지 말고 사고의 대상에 집중하여 떠오르는 생각을 그저 종이 위에 적어 나간다.
   ➜ 적절치 않은 아이디어나 구절이 머릿속에 떠오르더라도 폐기하지 말고 계속 진행한다. 시간이 지난 후 작성한 내용을 객관적으로 조망해 보면 그 속에서 의미를 구성하는 내적 질서를 발견하게 된다.
2. 브레인스토밍을 진행할 때에는 아이디어를 미리 판단하거나 평가하지 말아야 한다.
   ➜ 브레인스토밍은 아이디어를 평가하기 위한 활동이 아니라 새로운 아이디어를 만들기 위한 활동이다. 과도한 자의식으로 상상력을 억압해서는 안 된다.
3. 브레인스토밍은 일단 생산되는 아이디어의 수량이 중요하다.
   ➜ 산출된 아이디어의 양이 많을수록 좋은 아이디어가 선택될 확률이 높아진다. 브레인스토밍에서는 양이 질을 결정하며, 축적된 아이디어 중 양질의 것을 중심으로 목록별로 정리하여 주제와 관련된 글쓰기의 모티프를 형성한다.
4. 브레인스토밍은 활동이 끝난 다음에 비로소 생산된 아이디어를 분석한다.
   ➜ 브레인스토밍의 진행 중에는 아이디어를 분석하거나 평가하지 않지만 활동 후에는 불필요하거나 비상식적인 아이디어는 삭제하고 양질의 아이디어를 사용하여 글감을 고르고 아이디어 간의 관계를 조정한다.

보기 4

다음은 '현대 사회와 문명'을 테마로 칼럼을 쓴 한 필자의 글을 토대로, 글이 생산된 과정을 가상적으로 유추하여 브레인스토밍을 시도한 내용이다.

현대 사회–문제가 많다–무엇이 문제인가–물질주의 만연–이윤 추구의 경쟁 사회–출세 지향 의식–학벌 중시, 경쟁력 강화 교육–지식 주입식 교육–인성 교육 부재–아이들이 정신적으로 상처받는 교육 현실–아이들의 정신 생명을 파괴하는 교육 현실–성적 비관 자살–자살 사이트–돈과 상품을 숭상하는 사회–정신적 타락–문화적 타락–상업주의 문화의 병폐를 말하자–팔아먹기 위한 문화는 문화가 아니다–음란 비디오, 포르노 사이트–대중의 의식 타락–문화가 죽어 간다–문화의 생명 파괴–현대 사회의 병리, 그뿐인가?–정치의 타락–권력과 이권 다툼으로 얼룩진 국민 기만의 정치–정치 생명 상실–좀 더 큰 범주의 문제–환경 파괴–지구의 생명이 파괴되면 인류도 멸망한다–서구식 개발과 산업 자본주의의 발전 욕망이 원인–폐수로 오염되어 죽어 가는 한탄강의 비극이 이를 증명–좀 더 근원적인 문제–문명은 인간의 행복을 억압한 대가라는 프로이트의 말–문명 속의 불만–전쟁에 대한 공포–전쟁의 역사–인류의 역사는 전쟁의 역사이다–서구 문명의 지배–서구 제국주의 팽창 정책과 식민지–제국주의적 탐욕, 약탈–문명사적 탐욕 때문에 피해 받은 나라의 사례–아시아·아프리카의 식민지 역사, 중동 지역의 갈등과 전쟁–인류의 생명 의식을 파괴하는 탐욕의 원인은 어디에 있나?–서구식 문명의 팽창–발전과 성공을 위해 자연을 지배한 역사–오로지 발전과 성공을 위한 삶–현대인의 발전과 성공 이데올로기?–언젠가 본 어느 기업 광고–성공을 위한 발상의 전환 홍보–콜럼버스의 달걀 일화 소개–콜럼버스는 누구인가?–아메리카 대륙을 발견한 항해자–금을 얻기 위해 대륙을 점령하고 원주민을 학살, 약탈한 자–제국주의적 사고의 원조–달걀 깨기로 자신의 개척? 의지를 보여 준 자–왜 하필이면 달걀을 깼을까?–달걀은 타원형–그 약한 달걀을–달걀을 깨서 억지로 세운 행위는 약탈자로서의 콜럼버스의 사고와 성격을 증명하는 행위–문제가 있어–맞아! '내셔널 지오그래픽'이라는 다큐 채널에서 본 새 알에 대한 이야기–달걀의 타원형은 생명의 오묘한 섭리가 만들어 낸 모양이다–생명을 지키는 역학적 구조–생명의 원초적 방어선－콜럼버스의 달걀 세우기는 생명의 섭리를 무참히 파괴하여 침략과 약탈의 사고방식을 합리화하고 강조한 것!－반생명적 발상－탐욕적 발상－그는 제국주의의 반생명적 사고의 원형을 보여 준 존재이다－서구의 진보적 문명관이 지닌 발상이 아닌가?－현대 사회가 안고 있는 반인성, 반생명적 병리 현상은 따지고 보면 모두 콜럼버스의 달걀이 보여 준 문명사적 탐욕이 변형되어 지배한 결과물이다－콜럼버스의 달걀에 굳어진 의미는 제국주의 이데올로기를 상식화한다－다시 해석되고 비판되어야 한다－달걀이 왜 타원형인가에 대한 의미를 되새기자－우리 앞에 놓인 문명사적 위기를 극복하는 마음을 갖자

언뜻 보기에 〈보기 4〉의 브레인스토밍은 파편화된 단상을 무질서하게 늘어놓은 것처럼 보인다. 그러나 자세히 살펴보면 필자가 테마를 주제화하고, 목표를 향하여 집중적으로 아이디어를 생성하려 노력한 흔적을 읽을 수 있다. 필자는 '현대 사회와 문명'이라는 테마를 '현대 사회와 문명을 비판'하는 주제로 구체화하고, 주제를 이끌 모티프를 '콜럼버스의 달걀'에서 찾았다. 주목할 것은 '콜럼버스의 달걀'이 등장한 중간 이후부터 추론과 비교, 대조를 통해 아이디어 간의 새로우면서도 놀라운 연결 관계가 드러난다는 사실이다. 창의적 사고의 발상이 효과적으로 나타나는 것이다. 이 부분부터 아이디어들이 통합적인 사고를 통해 새로운 아이디어로 발전한다. 아이디어 형태도 단어나 구에서 점차 문장화되어 브레인스토밍의 후반부에는 결론의 의미 구조를 거의 예상할 수 있다.

그럼에도 불구하고 브레인스토밍에서 얻은 생각을 토대로 글을 작성하기는 아직 이르다. 이 브레인스토밍의 생각들은 풍부하고 창의적이지만 그 자체로 글의 의미를 구성할 수 있을 정도로 정리된 언어 형태라기보다 직관에 가까운 것이 많고, 핵심어를 나열한 단상의 집합에서 크게 벗어나지 못하였다. 또한 아이디어들이 일렬로 나열되어 있을 뿐, 주제와 관련된 생각의 전체적인 연계 구조를 알 수가 없다.

실제 우리의 뇌에서 일어나는 확산적 사고 작용의 기능과 패턴을 유추하여 보다 구조적이고 박진감 있는 브레인스토밍을 유도할 수 있다면 아이디어를 생성하는 새로운 방법을 개발할 수도 있을 것이다. 다음 〈보기 5〉를 보자.

보기 5

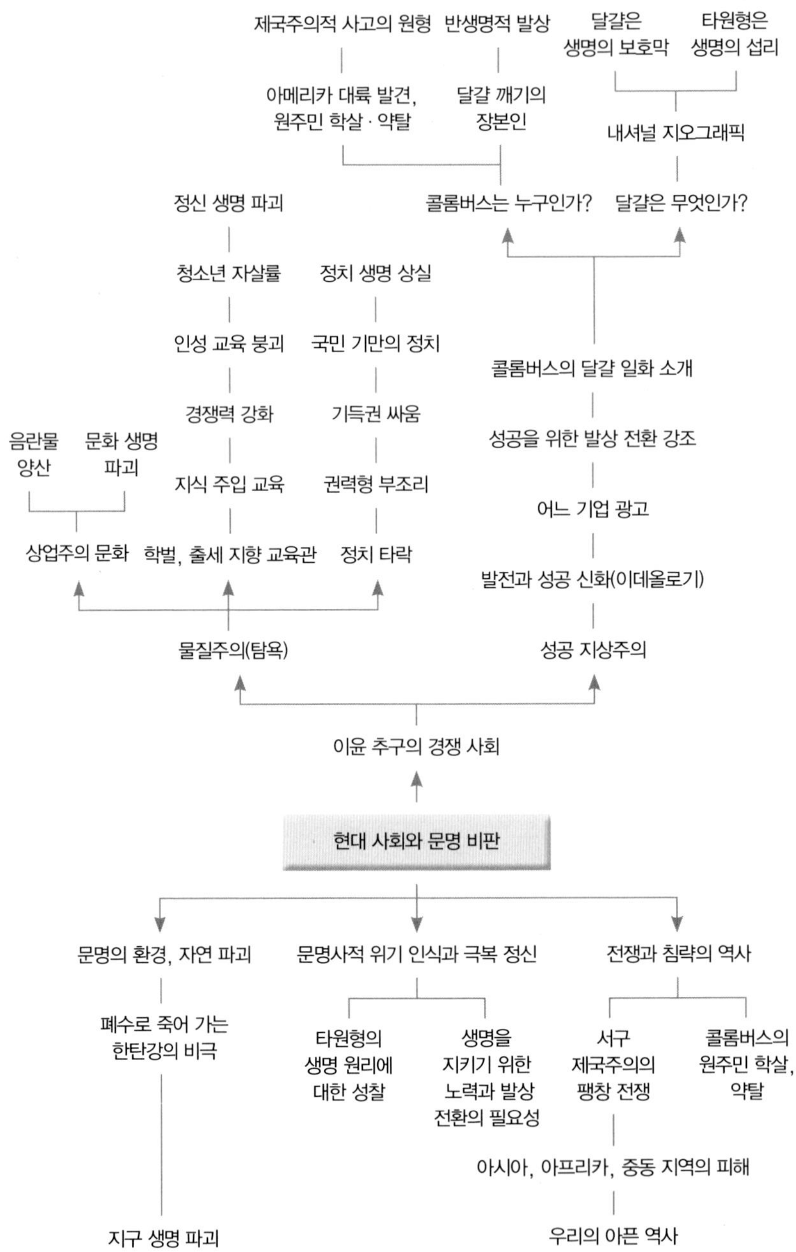
제국주의적 사고의 원형
반생명적 발상
달걀은 생명의 보호막
타원형은 생명의 섭리
아메리카 대륙 발견, 원주민 학살 · 약탈
달걀 깨기의 장본인
내셔널 지오그래픽
정신 생명 파괴
콜롬버스는 누구인가?
달걀은 무엇인가?
청소년 자살률
정치 생명 상실
인성 교육 붕괴
국민 기만의 정치
콜롬버스의 달걀 일화 소개
경쟁력 강화
기득권 싸움
성공을 위한 발상 전환 강조
음란물 양산
문화 생명 파괴
지식 주입 교육
권력형 부조리
어느 기업 광고
상업주의 문화
학벌, 출세 지향 교육관
정치 타락
발전과 성공 신화(이데올로기)
물질주의(탐욕)
성공 지상주의
이윤 추구의 경쟁 사회
현대 사회와 문명 비판
문명의 환경, 자연 파괴
문명사적 위기 인식과 극복 정신
전쟁과 침략의 역사
폐수로 죽어 가는 한탄강의 비극
타원형의 생명 원리에 대한 성찰
생명을 지키기 위한 노력과 발상 전환의 필요성
서구 제국주의의 팽창 전쟁
콜롬버스의 원주민 학살, 약탈
아시아, 아프리카, 중동 지역의 피해
지구 생명 파괴
우리의 아픈 역사

생각하기 3

〈보기 4〉와 〈보기 5〉의 아이디어 생성 모형을 비교하고, 그 차이에 대해서 구체적으로 설명해 보자.

생각하기 4

〈보기 5〉의 아이디어 생성 모형을 잘 살펴보고, 필자가 의도하는 글의 주제문을 만들어 보자. 또 글이 어떤 내용으로 어떻게 전개될 수 있을지 예상하여 구두 작문(speech writing)을 시도해 보자.

## 2. 생각 그물 만들기mind-mapping

브레인스토밍의 선조적 특성을 극복하고 다발적으로 확산되는 연상 체계를 통해 의미 있는 아이디어를 생성해 낸 방법이 생각 그물 만들기, 즉 '마인드맵핑(mind-mapping)'이다. 그렇다고 해서 마인드맵핑이 브레인스토밍과 동떨어진 별개의 방법은 아니다. 오히려 브레인스토밍의 원리를 보다 효과적으로 활용한, 발전된 생각 방법이라고 이해하는 것이 옳을 것이다.

마인드맵핑이란 쉽게 말해 브레인스토밍을 통해 자유롭게 펼쳐진 방만한 아이디어에 기초적인 질서를 부여하고 방향을 찾아주는 활동이다. 아이디어의 전체적인 전개를 한눈에 볼 수 있게 했다는 점에서 마인드맵핑은 브레인스토밍을 질서화, 혹은 도형화했다고 하겠다. 그래서 '생각 지도 만들기', 혹은 '생각 그물 만들기'라고 불리기도 한다.

〈보기 5〉의 내용은 브레인스토밍에서 마인드맵핑으로 발전되면서 질서가 잡혀 가는 아이디어들의 모습을 보여 주고 있다. 글쓰기를 위한 전략적 방법으로서 브레인스토밍과 마인드맵핑은 이처럼 서로 연계하여 사용하는 것이 보통이다.

**TIP_ 브레인스토밍과 마인드맵핑 전략의 연계 및 결합**

1. 글쓰기 목표나 주제와 관계된 아이디어를 자유롭게 떠올려 적어서 가시화한다.
2. 주제를 중심으로 생각들을 항목별로 분류하고, 결합하고, 수정하여 새로운 생각을 생성한다.
3. 생각을 적어 나가는 방법은 주제를 마인드맵의 중심에 놓고, 주제에 대해 떠오르는 생각을 서로 관련지어 연결해 나가는 것이다. 마인드맵의 중심은 바로 창의적인 연상 작용이 시작되는 곳이다.
4. 생각을 전개하는 형식은 나뭇가지 모양이나 방사선 모양 등 여러 가지 유형을 이용한다(생각 그물 만들기).
5. 생각 그물을 만들 때는 중심 개념에서 보조 개념으로, 추상적 내용에서 구체적인 내용으로, 핵심 문제에서 세부 사항으로 생각의 가지를 뻗어 나가게 한다.
6. 생각 그물을 토대로 필요한 내용을 선정하고 글쓰기의 기초적 방향을 잡는다.

마인드맵핑은 일반적으로 '아이디어 떠올리기 → 마인드맵 만들기 → 검토하기 → 재구성하기'의 절차를 거쳐 완성된다. '검토하기'에서는 "핵심 주제는 적절한가?", "아이디어와 아이디어의 관련성은 긴밀한가?", "불필요한 개념은 없는가?", "좀 더 강조해야 할 내용은 없는가?", "아이디어들은 계층적인 형태로 전개되었는가?" 등을 확인한다. '재구성하기'에서는 문제가 있거나 보완해야 할 부분을 수정하고, 글쓰기의 밑그림으로 기능할 수 있는 보다 체계적인 모양으로 다듬어 마인드맵을 완성한다.

〈보기 6〉은 〈보기 5〉의 마인드맵을 재구성해서 완성한 마인드맵이다.

보기 6

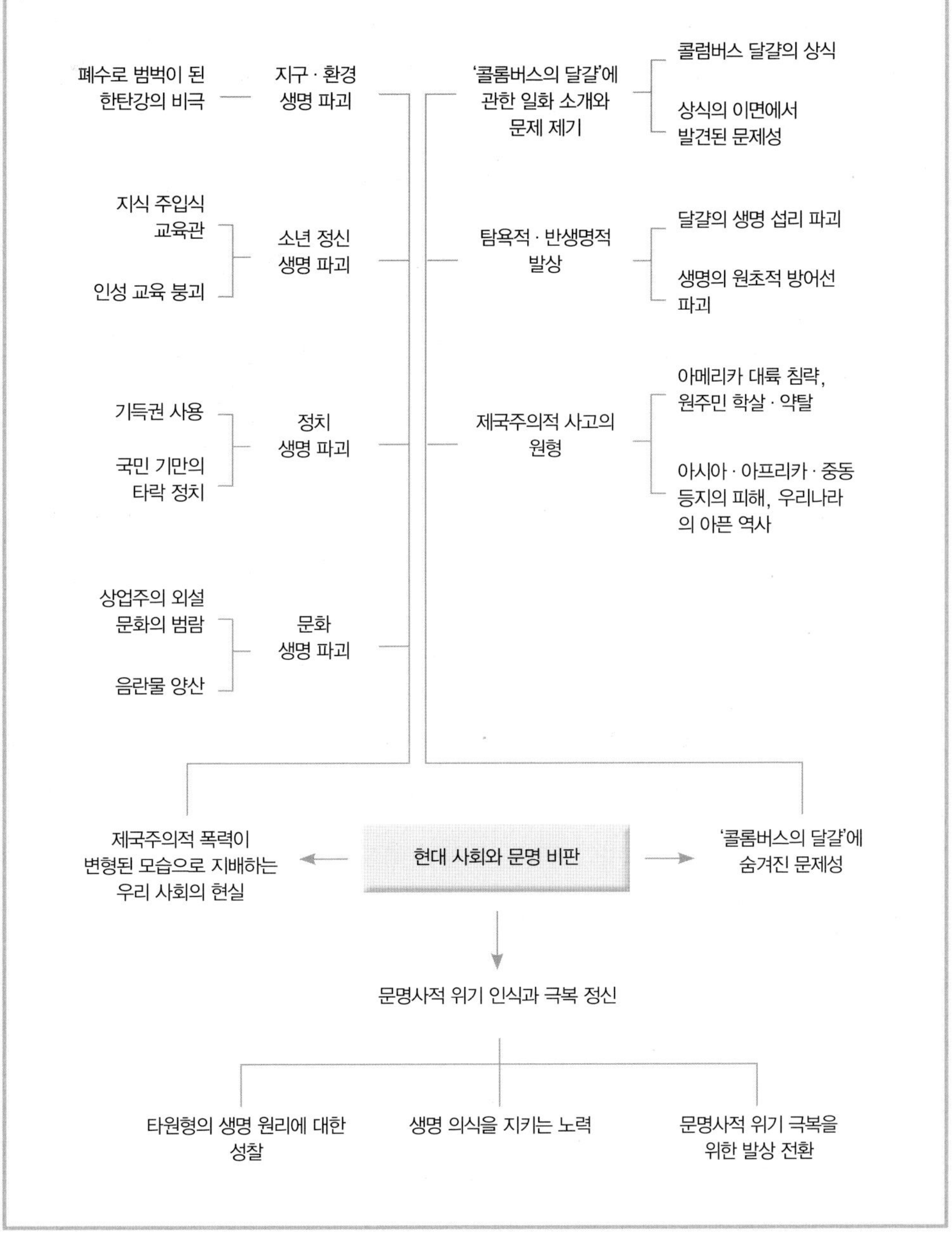

〈보기 4〉의 브레인스토밍에서 〈보기 5〉를 거쳐 〈보기 6〉에서 마인드맵이 완성되는 과정을 관찰하면, 〈보기 4〉보다는 〈보기 5〉가, 〈보기 5〉보다는 〈보기 6〉이 글쓰기를 하기에 보다 알맞은 형태로 정리되어 있다는 것을 알 수 있다.

브레인스토밍과 마인드맵핑이 결합된 형태로 구성된 〈보기 5〉의 아이디어 생성 방법은 무엇보다도 확산적 사고를 활용한다는 점이 중요하다. 또한 추론과 연상을 통해 아이디어가 어떻게 다른 아이디어와 연결되면서 새로운 발상을 해 나가는지를 한눈에 관찰할 수 있게 한다는 점에서 뛰어난 방법이라고 할 것이다.

이 모델을 관찰함으로써 우리는, 필자가 현대 사회와 문명을 비판하기 위해 어디서 모티프를 착안하고, 어떻게 창의적으로 그 의미를 발전시켜 나갔는지를 깨닫게 된다.

〈보기 6〉은 〈보기 5〉의 마인드맵을 좀 더 체계적으로 재구성한 것이다. 〈보기 5〉가 아이디어의 발상과 생성 과정에 초점을 둔 박진감 있는 형태라고 한다면, 〈보기 6〉은 이를 정리·체계화하여 글쓰기의 기초를 마련하는 데 보다 초점을 둔 형태라고 할 수 있다. 예컨대, 〈보기 5〉에서 나타난 아이디어의 생성 과정은 작은 모티프에서 연상되는 사례들을 연결하고 조합하여 주제를 확인하는 귀납적 구조를 보여 주고 있지만, 〈보기 6〉은 시각적으로 한눈에 파악되는 형태를 만들기 위해 핵심적 내용과 아이디어를 표제화하고 뒤이어 하부 항목과 세부 아이디어를 계층적으로 연결시키는 연역적 구조를 하고 있다.

이렇듯 마인드맵핑은 한층 정리된 형태로 재구성됨으로써, 창의적 아이디어를 생성시키기 위한 방법뿐만 아니라 글을 구성하고 조직하기 위한 방법으로 그 기능을 확장·발전시켜 갈 수 있다. 필자는 마인드맵을 통하여 예상하는 글의 핵심 아이디어나 개념 구조를 파악할 수 있고, 내용의 전개 방향과 구도를 설계할 수 있다.

생각하기 5

〈보기 6〉의 마인드맵을 토대로 실제 글을 쓴다면 어떤 내용으로 어떻게 전개할 수 있을지 예상하여, A4 용지 반 장 정도로 요약문을 써 보자.

생각하기 6 다음의 주제로 마인드맵핑을 하여 아이디어를 생성해 보자.

ㄱ. 대학 MT 문화의 실태　ㄴ. 상업주의 대중문화의 문제점　ㄷ. 영상매체가 청소년에게 주는 영향

# 03

# 아이디어 조직하기

## 1. 아이디어의 범주화와 구조화

주제가 성공적으로 설정되고 내용이 창의적으로 생성되었다 하더라도 내용을 적절히 정리하여 조직적으로 전개하지 못하면 좋은 글을 쓸 수 없다. 그래서 아이디어 생성 다음 단계로 생성된 아이디어의 조직 과정이 필요하다. '아이디어 조직하기'는 아이디어 생성하기 단계에서 브레인스토밍이나 마인드맵핑과 같은 전략을 사용하여 만들어 낸 글감을 예상하는 글의 조직 원리에 맞추어, 분류 · 배열 · 조직하는 과정이다.

필자는 이 단계에서 두 가지 활동을 해야 한다. 첫 번째, 생성된 아이디어를 관련 있는 내용끼리 묶어 범주화한 내용을 다시 상위와 하위의 개념 혹은 전체와 부분의 관계로 분류한다. 두 번째, 묶고 분류한 내용을 예상 글 구조에 맞추어 배열하고 조직한다. 아이디어 범주화 활동은 마인드맵핑이 체계화되고 능숙한 필자가 만든 것일수록 손쉽다. 글쓰기에 익숙해지면 사고 체계가 통합적으로 발전되어 아이디어의 생성과 조직이 동시에 일어남으로써 마인드맵핑만으로도 어느 정도 내용이 범주화되기 때문이다. 〈보기 6〉의 마인드맵은 아이디어의 범주화가 형성된 모델이다.

아이디어 생성과 조직의 단계를 구분할 수 있는 확실한 경계선은 범주화한 내용을 글의 조직적 원리에 적합하게 체계적으로 배열하는 활동에서 찾을 수 있다. 이 활동 과정에서 필자는 범주화한 정보를 담을 적절한 글 구조를 선택하거나 만들어야 한다.

글의 구조 마련을 위해서는 조직 원리에 대한 지식이 있어야 한다. 글의 조직 원리는 크게 '글의 구성과 관련된 원리'와 '글의 내용 전개와 관련된 원리'로 나눌 수 있는데, 한 편의 글 속에 하나의 구조만 존재하는 것은 아니다. 글의 구조는 경우에 따라 다양하게 존재할 수 있으므로 필자는 글의 관습적 조직 원리를 파악하고 그것을 조합·응용하여 예상하는 글의 성격에 맞는 구체적이고 효율적인 조직도를 마련해야 한다.

## 2. 다발 짓기clustering

브레인스토밍이나 마인드맵핑을 통해 나타난 내용을 범주화하고 글의 조직 원리에 맞게 배열하여 글쓰기에 합당한 구조도를 마련하는 방법을 '다발 짓기', 즉 '클러스터링(clustering)'이라고 한다. 마인드맵핑만으로도 아이디어를 생산하고 조직할 수 있지만, 클러스터링은 마인드맵핑보다 한 단계 더 글쓰기 실행에 알맞은 구조로 아이디어를 체계화하는 방법이다. 예컨대, 마인드맵핑이 범주를 설정한 다음에 이를 중심으로 아이디어를 확장해 나가는, 즉 확산된 사고 유도 방법이라 한다면, 클러스터링은 상대적으로 아이디어를 묶고 범주화하여 이를 조직적으로 정리하는, 즉 수렴적 사고 유도 방법이다.

〈보기 7〉은 〈보기 6〉의 마인드맵을 글의 조직 원리에 따라 클러스터링(다발 짓기)한 것이다. 발산적 사고로 아이디어를 배열한 〈보기 6〉의 내용을 수렴적 사고를 통해 글의 구조에 적합한 모양으로 재범주화하였다. 필자는 〈보기 6〉의 마인드맵에서 생성된 내용을 크게 세 개의 범주로 나누어 삼단 구성의 기본 틀을 마련하고, 그중 덩어리가 큰 중간 범주를 다시 세 개의 하위 범주로 나누어 총 다섯 개의 의미 다발을 구성하였다. 또한 각 의미 다발 아래에 핵심 내용을 항목화하고, 필요할 경우 항목 아래에 그것을 뒷받침하는 세부 내용을 배열하였다. 다발 짓기(클러스터링)를 통해서 필자는 문장 단위에서 문단으로, 문단에서 전체 글의 층위로 통일성 있게 연계되는 아이디어의 구조적 배열 체계를 파악할 수 있을 뿐만 아니라, '콜럼버스의 달걀'에 관련된 일화에서 시작하여, 제국주의적 사고의 원형을 발견하고, 문명사적 위기 현실의 원인을 해석해 내는 전체적인 의미 구성 과정을 유추할 수 있게 되는 것이다.

보기 7

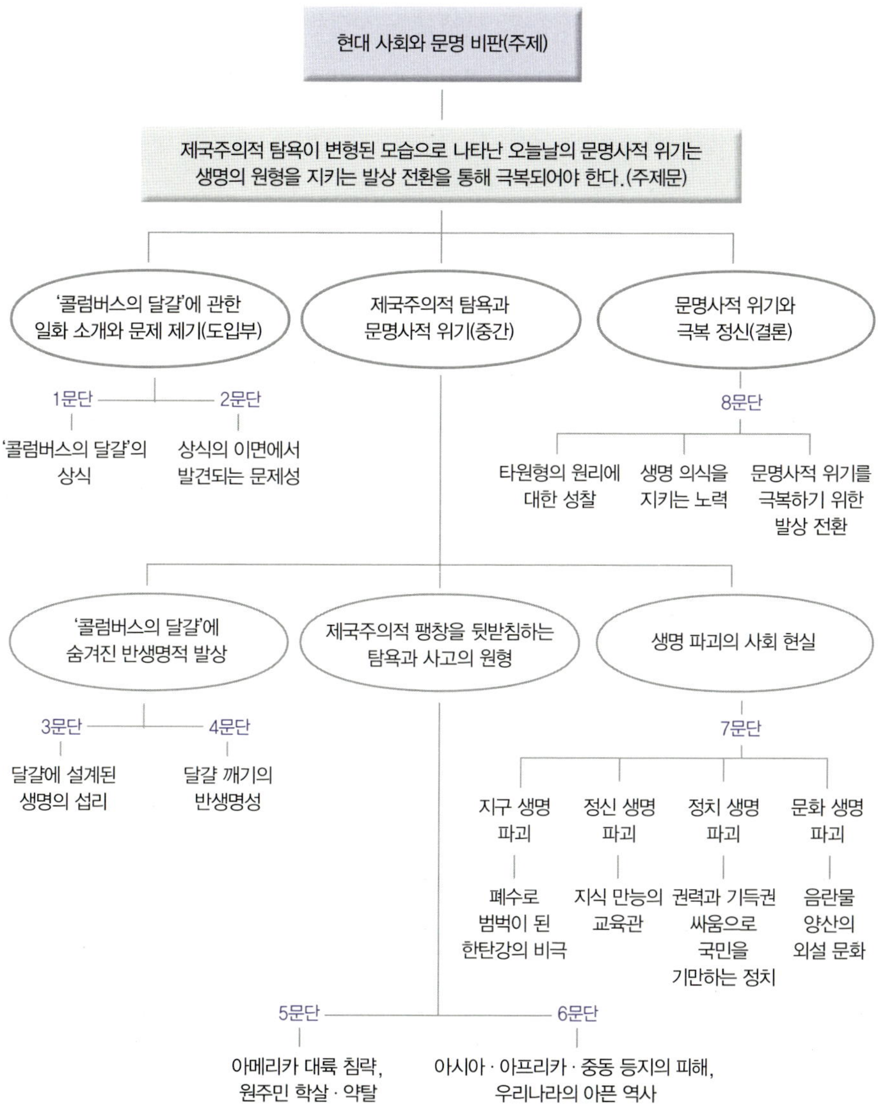

필자는 다발 짓기(클러스터링)를 통해 글의 구조를 통합적으로 조망함으로써, 마인드 맵핑만으로는 부족한 글쓰기의 최종 조건을 갖추게 된다. 이렇게 하여 비로소 글을 쓸 수 있는 단계에 이르렀다고 할 수 있다.

글을 쓸 때 능숙한 필자의 내면에서는 과연 어떠한 생각이 작용하는 것일까? 〈예문 1〉에 〈보기 7〉의 다발 짓기를 토대로 쓰일 가능성이 있는 한 편의 글을 소개한다. 〈예문 1〉을 정독한 후, 필자의 입장에서 글을 써 나간다는 생각으로 다시 읽어 보자. 글 전체를 서론, 본론, 결론으로 나누고 각 단계를 구성하는 문단의 논리적 연결에 주목하자. 또 자료를 어떻게 배열하여 주장을 펼치고 있는지 살펴보자.

예문 1

## 콜럼버스여, 달걀 값 물어내라

어떤 기업 광고에서 '콜럼버스의 달걀'을 소재로 삼아 상식을 뛰어 넘는 발상의 전환을 강조하는 것을 보았다. 콜럼버스의 아메리카 대륙 상륙이 뭐 별거냐고 시비가 붙자 즉석에서 달걀 세우기 논쟁이 벌어졌다. 콜럼버스가 달걀을 집어 들고 퍽 하니 그 밑동을 깨고 세웠다는, 소문으로 전해지는 유명한 이야기다. 이 이야기에는 일이라는 것이 해 놓고 보면 별것 아닌 듯싶지만 언제나 '최초의 발상 전환'이 어렵다는, 매우 자존심 강한 메시지가 담겨 있다.

그런데 우리는 이 콜럼버스의 달걀에 대하여 문제성을 느껴본 적이 없는가. 그 기업과 광고 작성자에 대해 비판하려는 것이 아니라 우리의 문명사적 의식 전반에 깔린 무의식의 성격에 문제를 제기해 보려 하는 것이다. 여기서 주목하고자 하는 점은, 콜럼버스의 달걀이 이제는 상식을 넘는 발상이라기보다는 도리어 그것이 상식이 되어 버린 역사적 과정과 현실이다.

달걀의 겉모양은 어떻게 생겼는가? 그것은 타원형이다. 애초에 세울 이유가 없도록 설계되어 있는 것이다. 둥지에서 구르더라도 그 둥지의 반경을 벗어나지 않도록 고안된 생명의 섭리가 담겨 있다. 만일 원형이었다면 굴렀을 경우 자칫

둥지에서 멀리 이탈되어 버리기가 십상이다. 각이 졌다면 어미 새가 품기 곤란했을 것이다. 타원형은 그래서 생명을 지키는 원초적 방어선이다.

따라서 달걀을 세워 보겠다는 것은 그런 생명의 원칙과 맞서는 길밖에 없다. 먹기 위해서가 아니라면. 둥지에서 벗어나지 않도록 만들어진 생명체를 자신이 원하는 자리에 고정해 장악하겠다는 생각이 콜럼버스의 달걀을 가능하게 만드는 뿌리이다. 그래서 그것은 상식을 깬 발상 전환의 모델이 아니라, 생명을 깨서라도 자신의 구상을 달성하겠다는 탐욕적·반생명적 발상으로 확대된다.

실로 콜럼버스와 그의 일행은 카리브 해안과 아메리카 대륙에 상륙해서 자신들이 원하는 금과 은을 얻기 위해 무수한 생명을 거리낌 없이 살육했다. 결국 콜럼버스의 달걀은 서구의 제국주의적 팽창 정책을 뒷받침하는 사고의 원형이 된다. 그것이 전개되는 과정에서 아시아·아프리카·중동 등지에서 얼마나 많은 생명이 이런 식으로 무지막지하게 달걀 세우기를 당했는지 모른다. 우리도 그 가운데 하나이다.

콜럼버스의 손에서 달걀이 지표면에 내려치기까지의 거리는 짧고 그 힘은 개인에게 한정되어 있지만, 그 거리와 힘 속에는 제국주의라는 문명사적 탐욕이 압축되어 있었던 것이다.

오늘날 이 달걀 세우기는 콜럼버스 시대 이후 여러 가지 변형된 모습으로 우리의 삶을 지배하고 있다. 그래서 가령 인간의 탐욕을 채우기 위해서는 지구의 생명이 파괴되는 것이 문제가 아니며, 지식 수준만 높이면 된다는 교육관이 아이들의 정신 생명을 시들게 해도 무감각하며, 기득권을 독점하려는 생각은 국민의 정치 생명을 상처 내는 현실을 끊임없이 만들어 내고 있다. 또한 팔아먹기만 하면 된다는 발상들은 음란물을 양산하여 인류의 문화 생명 그 밑동을 으스러뜨려 놓고 있다. 폐수로 범벅이 되었다는 한탄강의 비극은 이런 달걀 세우기의 상식이 도달하는 운명적인 종착역이다.

정작 오늘날 필요한 발상의 전환은 달걀을 어떻게 하면 세울 수 있을 것인가라는 질문에 갇혀 그 답을 모색하는 일에서 가능한 것이 아니라, 달걀의 모양새가 왜 타원형인가를 진지하게 묻는 일에서 시작된다. 원래의 타원형을 지키는 새로운 노력이 '오늘의 상식'을 깨지 못할 때 생명의 신음 소리는 도처에서 계속 들리게 될 것이다. 그리고 그것은 다름 아닌 우리 자신의 죽음으로 다가오게 된다. 바로 이러한 문명사적 위기를 극복하려는 마음이야 말로 진정한 발상 전환의 출발점이 아닌가.

김민웅, 「콜럼버스여, 달걀 값 물어내라」, 『시사 저널』 350호, 1996. 7. 11.

**TIP_ 다발 짓기를 이용한 3단계 내용 조직 과정**

1. 내용 생성 단계에서 만들어진 마인드맵을 기초로 한다.
2. 일정한 기준에 의해서 발산된 생각이나 개념들을 같은 성질끼리 묶어 범주화하고, 범주화한 내용을 정리 · 분류하여 항목화한다.
3. 목표 · 주제 · 독자 등과 관련하여 마련한 글 구조에 맞게 범주화 · 항목화한 생각들을 재배치한다.

생각하기 7

〈보기 4〉, 〈보기 5〉, 〈보기 6〉, 〈보기 7〉, 〈예문 1〉을 통해 한 편의 글을 생산해 내기 위한 전략적 의미 구성 과정을 학습하자. 그리고 〈예문 1〉과 같은 글이 어떻게 만들어질 수 있었는지에 대해 유추하고, 생각을 정리해서 구체적으로 서술해 보자.

생각하기 8

다음은 한 학생이 작성한 마인드맵과 다발 짓기(클러스터링)의 내용이다. 잘 살펴보고 물음에 답해 보자.

■ 브레인스토밍-마인드맵핑의 예

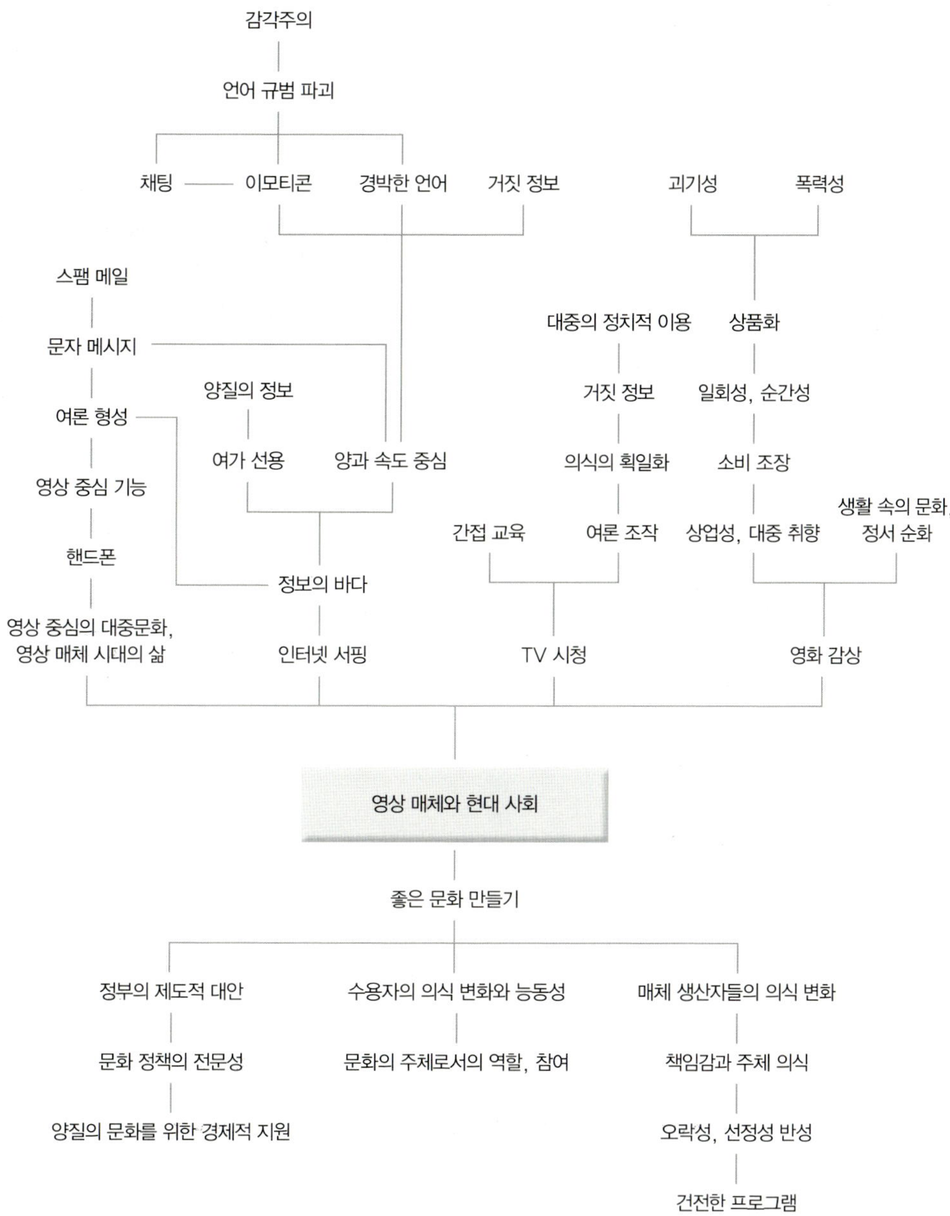

■ 다발 짓기의 예

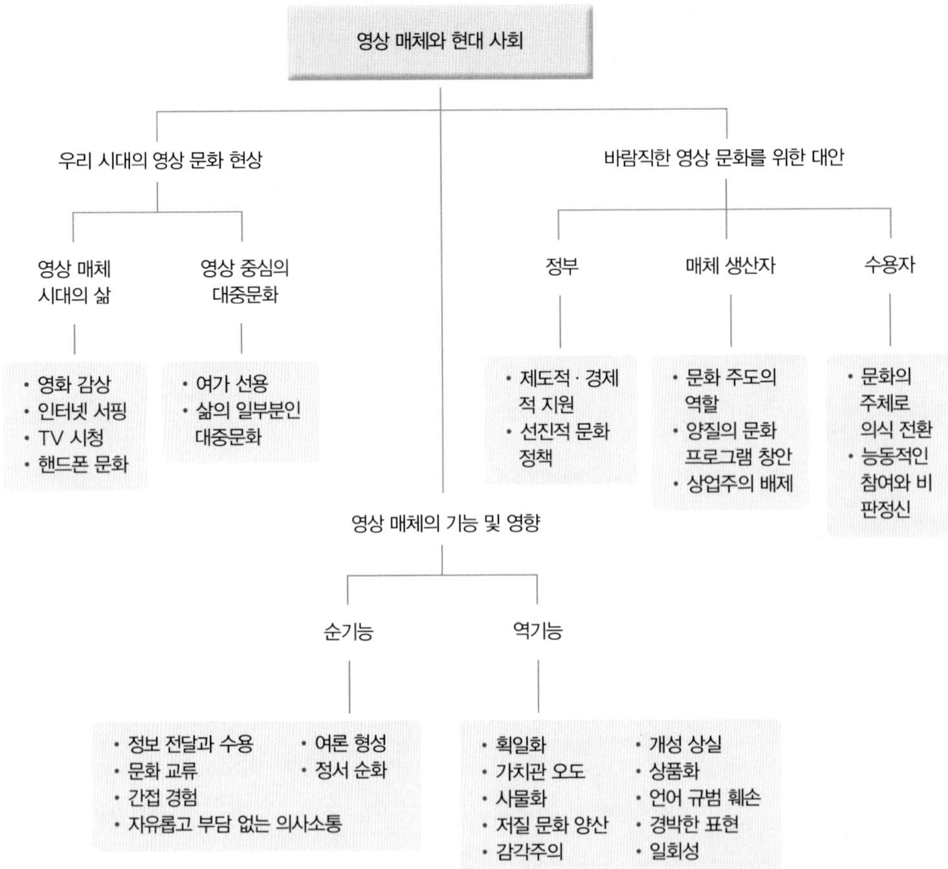


1. 마인드맵의 내용을 어떻게 범주화고 조직하여 다발 짓기가 이루어졌는지 설명해 보자.

2. 다발 짓기를 토대로 한 편의 짧은 글을 작성해 보자.

# 04

# 쓰기

## 1. 독자 중심 글쓰기 방법

### 1) 독자 중심의 글 구조를 개발하기

'쓰기'는 '아이디어 생성하기'와 '아이디어 조직하기'를 거쳐 만들어진 내용을 문자 언어로 표상하는 단계이다. 이 단계에서 필자는 쓰기 전 활동을 통해 만들어 낸 피상적 개념을 언어로 구체화해야 한다. 이를 위해서는 아이디어들을 연결하여 의미를 구성하고, 새로운 단어나 문장을 생성·조합해야 하며, 비효과적이라고 생각되는 아이디어들은 삭제하는 등 복합적인 활동이 필요하다.

글쓰기를, 글로 의미를 구성하여 문제를 해결하기 위한 의사소통 행위라고 볼 때, 쓰기 과정에서 필자가 해야 할 가장 중요한 일은 의사소통의 대상인 독자 중심으로 글 구조를 개발하는 것이다. 이를 위해 필자가 숙지해야 할 글쓰기의 원리는 다음과 같다.

- 독자가 쉽게 이해할 수 있게 쓸 것

- 독자의 흥미를 유도할 수 있게 쓸 것
- 독자를 설득할 수 있게 쓸 것
- 독자가 기억을 잘할 수 있게 쓸 것

대부분의 필자는 독자와 의사소통하기 위해 나름대로 독자 중심의 글을 쓰려 계획한다. 그렇지만 막상 글을 써 나갈 때는 그러한 사실을 잊거나, 혹은 알면서도 종종 필자 중심의 표현을 하고 만다. 독자 중심 글쓰기와 필자 중심 글쓰기의 차이는 무엇일까?

다음은 여름방학 동안 출판사의 편집 보조원으로 일하기 위하여 제출한 학생들의 자기소개서 가운데 일부를 발췌한 것이다.

예문 2

(가) 나는 1980년 12월 4일 부산에서 태어났다. 4년 후에 우리 가족은 경기도 광주로 이사했고, 나는 거기서 유치원을 다녔다. 그 이듬해 우리 가족은 서울 갈월동으로 이사했고 내가 중학교를 졸업할 때까지 그곳에서 살았다. 고등학교 입학하면서 아버지의 사업 관계로 서울 대치동으로 이사해서 지금까지 줄곧 그곳에서 살고 있다.

나는 내성적인 편이고, 어릴 때부터 독서와 글쓰기를 즐겨 했다. 중학교와 고등학교 때도 독서와 문학을 좋아해서 백일장에서 입상한 경험도 있다. 나는 취미를 살려 고등학교를 졸업하고 국어국문학과에 입학했다. 대학 생활을 하면서 동아리 활동을 열심히 하는 한편, 견문을 넓히기 위해 외국 배낭여행도 여러 번 경험했다. 편집론을 수강했고, 국문법과 글쓰기에 자신이 있다.

내가 귀사에서 출판 보조 아르바이트를 하고 싶은 것은 두 가지 이유에서이다. 첫 번째는 이 일을 함으로써 내년도 학비에 보탬이 될 수 있기 때문이다. 두 번째는 내 전공을 살릴 수 있는 기회로 이번 아르바이트 경험이 매우 유용하다고 생각하기 때문이다. 특히 내가 대학을 졸업하고 나서, 특정 분야의 직업을 얻는 데 매우 도움이 될 것 같다.

귀사에서 유익한 경험을 쌓을 수 있는 기회를 주면 감사하겠다.

(나) 내 고향은 충청남도 대전이고, 대학 1학년 때 서울로 이사하여 가족과 함께 살고 있다. 나는 귀사가 출판한 동화책을 읽으며 자랐다. 그것이 유년기의 꿈과 문학에 대한 열정을 만들었다. 더군다나 소설가이자 국어 교사였던 어머니의 교육은 문학의 꿈을 현실에서 실현하도록 많은 도움을 주었다. 나는 어릴 때부터 줄곧 독서와 글짓기를 즐겨 하였고, 고등학교를 졸업 할 때까지 여러 백일장에서 입상하는 감격을 누렸다. 대학 전공으로 국어국문학과를 선택한 것도, 그 이후의 문학 공부도 이러한 삶의 연장이었다. 같은 전공생들 중 어느 누구보다도 문장 분석력과 인문학적 지식이 월등하다고 감히 말할 수 있는 것도 어릴 때부터 생활화한 독서와 글짓기 덕분이다.

나는 대학 생활 중 3년 동안 대학 신문사에서 문화부 기자로 활동하였고, 2년 동안 논술 교사로서의 경력도 쌓았다. 전공을 현실에 응용하는 값진 경험이었다. 특히 2001년 노벨상 수상작가인 일본의 오에 겐자부로가 방한했을 때, 그와 대담한 일면 기사는 대학 신문사가 제정한 '학생 기자상'을 안겨주었다.

나는 출판에 대한 남다른 관심과 미래에 대한 실천 목표도 가지고 있다. 대학에서 편집론을 수강하면서 출판이야말로 한 나라의 지식 문화의 척도이며 대표적인 문화 사업이라고 생각했기 때문이다. 내 꿈은 포토그래픽을 이용한 세련된 동화 출판과 오자 없는 출판문화를 실현하는 것이다. 귀사에서 나의 꿈과 계획을 실천할 수 있는 첫걸음을 걷게 해 주면 감사하겠다.

(가)는 오로지 개인적인 필요와 피상적인 기억에 바탕을 둔 자기소개서이다. 독자의 입장이나 요구는 별로 고려되어 있지 않다. 이 글을 읽게 될 출판사의 인사 담당자는 응시자의 배경 및 경력 사항이 회사의 요구와 잘 들어맞는지를 알고 싶어 할 것이다. 그러나 목표를 중심으로 조직되지 못한 글 속에서 독자가 요구하는 정보를 찾는 것은 어려워 보인다.

(나)의 사례는 비교적 독자를 고려한 목표 지향적인 글이라고 할 수 있다. 자라 온 환경과 대학 진학, 개인적 능력과 경험들이 출판사 편집 보조원으로 활동할 수 있는 적임자임을 증명하고 있다. 출판사 아르바이트를 단순한 돈벌이나 유익한 경험 정도로 생각하지 않고, 출판 사업과 관계된 꿈과 계획을 실천할 수 있는 절실한 기회로 부각하는 설득력은 오로지 독자의 입장을 분석하여 글 구조를 만든 결과라고 할 것이다.

### 2) 공유할 수 있는 목표로 도입부 만들기

글을 독자에게 맞추는 중요한 표현 전략 가운데 하나는 도입부에 독자와 공유할 수 있는 목표를 설정하는 것이다. 공유할 수 있는 목표는 독자를 설득하는 데 강력한 도구가 되며, 독자로 하여금 글을 읽고 싶어 하도록 동기화할 뿐만 아니라 글의 내용을 잘 기억할 수 있게 도와준다.

필자는 공유 가능한 목표를 설정하여 글의 도입부를 시작함으로써 독자와의 심리적인 동반 관계를 형성하여 글의 나머지 부분을 전개하는 데 훨씬 자신감 있는 태도를 유지할 수 있다. 특히, 공유된 목표를 이용하여 논의하고자 하는 '문제 요소'와 글을 쓰려고 하는 '목적'을 미리 제시하면, 독자가 글의 내용을 추측하고 구성 과정을 이해하는 데 큰 도움을 줄 수 있게 된다. 필자가 독자를 분석하여 공유할 수 있는 목표를 제공하게 되면, 창의적 독자들은 그것을 단서로 필자의 입장과 의도를 예상하면서 독서를 진행해 나아가는 것이다. 그렇게 함으로써 글의 의미 구성 과정에 필자와 독자가 함께 참여하는 대화 중심의 작문 효과를 기대하게 한다.

**TIP_ 공유할 수 있는 목표를 설정함으로써 기대되는 효과**

- 독자를 설득한다.
- 독자의 호기심과 독서 욕구의 동기를 만든다.
- 독자에게 글의 내용을 잘 기억하게 한다.
- 독자와 필자의 심리적 동반 관계를 만든다.
- 독자가 글의 내용을 추측하고 구성 과정을 이해하게 한다.
- 독자가 필자의 입장과 의도를 예상하게 한다.
- 대화 중심의 글쓰기 효과를 나타낸다.

그러나 공유할 수 있는 목표를 설정했다고 하더라도 그것을 단도직입적으로 제시할 수는 없다. 모든 글은 자연스럽게 독자의 이해와 동의를 구하는 조리 있는 과정이 필요하기 때문이다. 글의 첫머리를 독자의 관심을 끌고 친밀감을 형성할 수 있는 문장으로 시작하여 목표와 연결한다면 성공적으로 독자와의 공감대 속에서 글을 완성할 수 있다.

다음 〈예문 3〉 도입부의 사례를 읽어 보고, 이 글들이 독자에게 어떤 방법으로 동기를 부여하고 이해를 돕고 있는지 논평해 보자.

예문 3

■ 내포 독자와의 질문과 대답으로 시작되는 도입부

신앙과 이성은 공존할 수 있는가? 예배를 마치고 교회당을 나오는 기독교 신자와 대학 캠퍼스를 나오는 학생에게 질문을 했다고 상상해 보자. 어떤 답이 나오겠는가? 나의 편견일지 몰라도 아마도 "아니오."라는 답이 가장 많지 않을까 생각한다. 왜 그렇게 생각하는지 따져 묻는다면 대답은 다 다를 것이다. "이성으로 알 수 없는 것을 신앙으로 받아들이는 데 기독교 신앙의 의미가 있지 않을까요?"라고 답하는 사람이 있을 것이고, "지금이 어떤 시대인데 신앙에 의존할 수 있나요? 과학적으로 확인할 수 있는 것만 믿고 따라야지요!"라는 말을 듣기도 할 것이다. 과학은 이성에만 근거하고 신앙은 이성과 무관할 경우에만 이 말이 타당할 것이다.

나는 신앙과 이성은 서로 구별되면서도 분리될 수 없음을 주장하고자 한다. 우리의 일상생활에서부터 과학적 탐구와 신앙생활에 이르기까지 신앙과 이성은 구별되지만 서로를 필요로 하고 있음을 보이고자 한다. 그렇다면 신앙은 이성에 의해 제안되는가? 그렇지 않은 면을 나는 '신앙'이란 말이 기독교 신앙 안에서 사용되는 용법을 통해 보이고자 한다. 끝으로 예컨대, 진화론과 기독교의 창조신앙의 갈등은 엄밀한 의미에서 신앙과 이성의 충돌이 아니라 세계의 기원과 과정, 세계의 구조와 속성에 대한 서로 다른 두 가지 신앙, 예컨대 창조주 하나님을 믿는 유신론 신앙과 창조주를 부인하고 자연 자체의 자립적 체계를 믿는 자연주의 신앙의 갈등임을 생각해 볼 가능성을 제안하고자 한다.

강영안, 「신앙과 종교는 공존할 수 있는가?」, 김용석 · 이재민 · 표정훈 엮음, 『한국의 교양을 읽는다』(휴머니스트, 2004), 62쪽.

〈예문 3〉의 서두에서 필자는 내포 독자와의 질문과 대답을 통해 독자가 관심을 가질 만한 '문제 요소'를 발견하고, 그것을 해결하려는 '글의 목표'를 밝힌다. 신앙과 이성을 분리하고 대척 관계로 생각하는 통념의 문제성을 함께 인식하고, 신앙과 이성의 불가분리적 상호 관계에 대한 구명을 공동 목표로 제안하는 필자의 표현 방법에 주목할 필요가 있다.

### 예문 4

■ 경구나 인용구로 시작되는 도입부

동양의 어느 현인은 매일 기도를 할 때마다 자기가 재미있는 시대에 살지 않도록 해 줄 것을 신에게 빌었습니다. 그러나 우리는 현인이 아니기 때문에 신의 호의를 받지 못해서 재미있는 시대에 살게 되었습니다. 아무튼 신은 우리로 하여금 이 시대에 무관심할 수는 없게 만들어 놓았습니다. 오늘날의 작가들은 그것을 알고 있습니다. 무슨 말을 하면 당장에 비판에 오르고 공격을 당합니다. 또 겸손해져서 입을 다물면, 왜 입을 다무느냐고 야단들이고, 그 침묵을 맹렬히 비난합니다.

이렇게 야단법석을 떨어대는 세상에서, 작가는 홀로 물러나 앉아 자기 자신에게만 값어치 있는 생각이나 이미지에 골몰할 수는 없게 되었습니다. 지금까지의 역사에 있어서는 이럭저럭 행동 보류라는 것이 언제나 가능했습니다. 찬성하기 싫을 때는 입을 다물거나 딴 이야기를 하면 되었습니다. 그러나 오늘날

에는 모든 것이 달라져서 침묵조차도 무서운 뜻을 지니는 것입니다. 행동 보류 자체가 일종의 선택으로 간주되고 칭찬을 받거나 벌을 받게 된 이 시대에 있어서 예술가는 스스로 바라건 바라지 않건 간에 배에 올라타고 있는 것입니다. 내가 보기에는 '참여(參與)'라는 말보다는 '승선(乘船)'이라는 말이 한결 적합한 것 같습니다. 사실 예술가로서는 자발적으로 참여했다기보다도 말하자면 강제로 군대에 끌려 나간 것입니다. 오늘날 모든 예술가는 시대라는 노예선에 실리고 있습니다. 비록 비린내가 나고 간수가 정말 너무나 많은 데다가 뱃머리가 잘못 잡혀 있다고 생각되더라도 별수가 없습니다. 우리는 바다 한가운데에 있는 것입니다. 예술가도 다른 사람들과 마찬가지로 될 수 있으면 죽지 말고 노를 저어 가야 합니다. 다시 말하면 삶을 계속하면서 창조해야 합니다.

알베르 카뮈, 「예술가와 그의 시대」, 『노오벨상 문학전집』(신구문화사, 1964), 164~166쪽.

〈예문 4〉는 프랑스의 실존주의 작가 알베르 카뮈가 '위기적 시대에 처한 예술가의 입장과 태도'를 주제로 1957년 웁살라 대학에서 강연한 내용의 서두이다. 이 글에서 돋보이는 것은 재난의 현실 속에서 만인의 괴로움과 희망을 등질 수 없는 예술가의 입장을 통해 예술과 현실 그리고 예술가와 사회를 끊임없이 결속하고 있는 필자의 일관된 태도이다. 그런데 이러한 태도는 필자 자신의 작가 정신에서 비롯된 것이기도 하지만 글 쓰는 과정에서 필자와 독자를 결속시키는 힘을 발휘한다. 필자는 매우 실제적이면서도 효과적인 표현 방식을 활용하여 독자의 이해를 돕고 주제를 부각하고 있을 뿐만 아니라, 독자와의 현실적 공감대 속에서 예술을 바라보는 독자 중심의 논의를 진행시키고 있다. 이렇게 함으로써 필자는 독자와의 공유된 담화 목표를 설정하고 현대인 모두가 지향해야 할 공동체적 가치를 역설할 수 있었던 것이다.

## 예문 5

■ 경험적 일화로 시작되는 도입부

어떤 기업 광고에서 '콜럼버스의 달걀'을 소재로 삼아 상식을 뛰어 넘는 발상의 전환을 강조하는 것을 보았다. 콜럼버스의 아메리카 대륙 상륙이 뭐 별거냐고 시비가 붙자 즉석에서 달걀 세우기 논쟁이 벌어졌다. 콜럼버스가 달걀을 집어들고 퍽 하니 그 밑동을 깨고 세웠다는, 소문으로 전해지는 유명한 이야기다. 이 이야기에는 일이라는 것이 해 놓고 보면 별것 아닌 듯싶지만 언제나 '최초의 발상 전환'이 어렵다는, 매우 자존심 강한 메시지가 담겨 있다.

그런데 우리는 이 콜럼버스의 달걀에 대하여 문제성을 느껴 본 적이 없는가. 그 기업과 광고 작성자에 대해 비판하려는 것이 아니라 우리의 문명사적 의식 전반에 깔린 무의식의 성격에 문제를 제기해 보려 하는 것이다. 여기서 주목하고자 하는 점은, 콜럼버스의 달걀이 이제는 상식을 넘는 발상이라기보다는 도리어 그것이 상식이 되어 버린 역사적 과정과 현실이다.

김민웅(성공회대학교 교수)

〈예문 5〉는 만인에게 알려진 역사적 일화에 공동체 의식을 가지고 문제성을 제기하여 독자가 주체적 입장에서 글에 관심을 갖게끔 한다. 또한 문제의 연원을 밝혀내려는 필자의 의지와 목표를 제시함으로써 독자가 앞으로 진행될 비판적 논의에 동참하도록 유도한다. 이렇게 해서 독자는 자연스럽게 필자의 목표와 주장에 공감하고, 글의 나머지 부분에 기대와 관심을 가지고 이해할 수 있는 심리적 지형도를 준비하게 된다.

### 3) 핵심적 내용을 명백하게 서술하기

능동적으로 글을 읽는 독자는 화제, 주제 내지 글의 핵심, 글을 쓰게 된 동기, 글의 목적 등을 알고 싶어 한다. 이러한 정보가 글 속에 제대로 명백하게 진술되어 있지 않다면, 필자의 의도와 독자의 이해의 낙차가 커지는, 이른바 오독의 문제가 발생하게 될 것이다. 명확하면서도 잘 통제된 글이라면 독자는 필자가 그 글을 통해서 말하고자 한 내용의 핵심은 물론, 필자의 논지나 주장을 모두 잘 파악할 수 있게 된다. 그러므로 잘 된 글이란, 공유된 목표 아래 명확하게 핵심적인 내용을 서술하여 독자의 이해와 필자의 의도의 간극을 최대한 좁힌 글을 말한다. 독자가 이러한 것을 정확하게 파악할 수 있게 하려면 필자는 다음 세 가지 글쓰기의 규약에 기초해서 글을 써야 한다.

첫 번째는 문단마다 그 문단의 핵심을 드러내 주는 주제문을 제시하는 것이다. 두 번째는 독자가 쉽게 글의 논점을 파악할 수 있도록 필자의 주장을 드러내 주는 문장을 제시하는 것이다. 세 번째는 글에서 다루게 될 문제 요소와 글을 쓰는 목적을 문단 안에서 함께 밝히는 것, 즉 이른바 '문제 및 목적 서술문'을 만드는 것이다.

이 세 가지 형태의 글쓰기 규약은 글의 장르상의 성격 및 서술 방법, 혹은 문단의 기능에 따라 한 문장 속에 겹쳐서 나타날 수도 있고, 그렇지 않을 수도 있다. 예컨대, 어느 특정한 한 문단에서는 '문제 및 목적 서술문'이 곧 '주제문'이고 '논지를 주장하는 문장'이 될 수도 있지만, 다른 경우에서는 글의 목적을 제시하지 않고도 단순하게 자기의 주장만을 내세울 수 있는 것이다. 어느 경우이건 이와 같은 규약들은, 독자로 하여금 글의 내용에 대해 예상할 수 있도록 도와주며, 독자 스스로 의미를 구성하여 글을 이해할 수 있게 하는 단서나 표지를 제공한다.

**TIP_ 글쓰기 규약**

- 문단의 주제문을 제시하라.
- 주장을 나타내는 문장을 제시하라.
- 문제 및 목적 진술문을 제시하라.

생각하기 9 다음 글들에서, 각 문단마다 어떤 글쓰기 규약이 어떻게 제시되는지, 또 그것이 독자가 글을 이해하는 데 어떤 역할을 하고 있는지 파악하여 서로의 의견을 비교해 보자.

(가) 서구예술의 대이론은 '아름다운 자연의 모방'이었다. 이 이론은 고대 그리스에서 시작되어, 중세에는 오랫동안 잊혔다가, 르네상스 시대에 이르러 다시 태어난 후, 17세기 고전주의 시대에는 '교조화'된 형태로 예술의 교리로 자리잡고, 18~19세기 초에 다시 신고전주의로부터 부활하면서 서구 예술의 역사 전체를 주도해 왔다. 그런 의미에서 서구 예술의 역사는 대이론의 역할을 해 온 이 고전주의적 규범과 마니에리즘, 바로크, 로코코, 낭만주의 등 대이론에서 일탈한 다양한 예술적 취향 사이의 갈등의 역사로 볼 수 있다.

예술이 '자연의 모방'이라고 할 때, 여기서 '자연'이라는 말은 오늘날 우리가 생각하는 '자연'과는 좀 다르다는 것을 잊지 말아야 한다. 왜냐하면 예술이 모방의 대상으로 삼은 '자연'은 우리 밖의 '자연'이 아니라 무엇보다도 '우리 안의 자연', 즉 인간의 신체를 가리켰기 때문이다. 고전주의 문화 속에서 풍경화는 장르의 위계질서 속에서 역사화나 인물화의 아래에 비치되었다. 풍경이 그나마 예술적 가치를 인정받기 위해서는 이른바 '역사적 풍경', 즉 인물과 이야기를 담고 있는 풍경이 되어야 했고, 인물이 빠진 풍경 자체는 그 아름다움을 충분히 인정받지 못했다.

'자연의 모방'이라는 이론은 "예술미는 자연미에서 비롯된다."라는 관념을 전제한다. 하지만 자연을 모방하려고 했던 예술가들이 단지 자연미를 그대로 베끼는 데 그친 것은 아니다. 그들은 자연을 모방하되, 또한 그것의 결함을 수정하여 이상적인 아름다움에 도달하려고 했다. 가령 고대의 조각가 제욱시스는 헬레나 상을 만들 때 다섯 처녀의 몸에서 아름다운 부분을 따다가 종합했고, 라파엘로 역시 현실에는 아름다운 몸이 드물기에 종종 머릿속에 떠오르는 아이디어(idea)에 따라 창조를 한다고 말했다. 그가 말하는 '아이디어'를 소리 나는 대로 읽으면 플라톤이 말한 '이데아'가 된다.

진중권, 「자연미와 예술미는 어떻게 다른가?」, 김용석 · 이재민 · 표정훈 엮음, 『한국의 교양을 읽는다』(휴머니스트, 2004), 159~160쪽.

(나) 많은 학생이 자신의 전공과목에 숙달해 있고, 관련 업무에 관해 충분한 자질을 갖추고 있음에도 불구하고 취직 시험의 면접에서 만족스럽지 못한 결과를 보이고 있다. 그러한 인터뷰에서의 대부분의 문제는 학생들이 특정 질문들에 대해 무방비 상태에 있기 때문에 발생한다. 학생들은 자신의 연구 분야에 관한 기술적 질문에는 답변을 잘하지만, 개인적인 성취동기나 자신의 장단점 등에 관한 질문에는 제대로 답변을 하지 못한다. 이뿐만 아니라 학생들은 면접시험 상황에 대한 경험이 없다. 이처럼 자질과 능력이 있음에도 불구하고 경험이 없어 특정 질문에 취약한 학생들에게 면접시험에 임하는 입문적 경험을 쌓게 하고, 일반적으로 면접관들이 질문하는 개인적 신상에 관한 문제들에 대해 효과적으로 대답할 수 있도록 하는 프로그램을 제시하기 위한 것이 이 보고서의 목적이다.

린다 플라워, 『글쓰기의 문제 해결 전략』, 원진숙 · 황정연 옮김(동문선, 2000), 182쪽.

---

## 2. 효과적인 내용 전개 방법

필자가 의도하는 바를 독자에게 보다 효과적으로 이해시키기 위해서는, 문장이나 문단 층위의 글쓰기 규약뿐만 아니라 글 전체의 구성과 관련된 기본적인 내용 전개 형식을 숙지하고 상황에 맞게 활용하는 것이 바람직하다.

〈생각하기 9〉의 글에서 필자가 아이디어를 독자들에게 익숙한 유형의 문단으로 조직함으로써 글의 내용을 쉽게 예측하고 이해할 수 있게 만든 것처럼, 잘 알려진 내용 전개 방법을 활용하여 글을 쓴다면 독자가 글의 전체적인 의미를 논리적으로 조망하는 데 도움이 될 것이다.

잘 알려진 내용 전개 형식으로는 '시간 순서에 따른 전개', '공간 순서에 따른 전개', '원인과 결과에 따른 전개', '비교 · 대조를 통한 전개', '논리적 인과 관계에 따른 전개', '문제 해결식 순서에 따른 전개' 등이 있다.

그중 대학 글쓰기에서 가장 유용하게 활용할 수 있는 두 개의 유형을 중심으로 살펴보도록 한다.

### 1) 논리적 인과관계에 따른 내용 전개

주장이나 설득을 목적으로 글을 써야 할 경우에는 이치에 맞는 논리 전개가 필요하다. 흔히 논리적인 인과관계에 따라 결론을 도출하는 전개 방식을 사용하는 것이 보통인데, '연역적 전개'와 '귀납적 전개'로 나뉜다.

연역적 전개란 보편 법칙이나 일반적 원리를 바탕으로 특수한 원리나 사실을 이끌어 내는 추론 방식이고, 귀납적 전개란 개개의 특수하고 구체적인 사실을 종합하여 거기서 일반적인 원리를 이끌어 내는 추론 방식이다. 연역적 추론의 가장 전형적인 모델은 3단 논법이다. 대전제, 소전제, 결론의 과정을 거치는 논법이 그것이다. 귀납적 추론에는 특정한 종류의 개별적인 사례에서 시작하여 같은 종류의 나머지 모든 사례도 같은 것이 되리라는 일반화와, 개별적인 사례들로 서로의 유사성을 추정하는 유추가 있다. 이 두 가지 방식은 상보적인 역할을 하면서 사고의 폭을 넓히고 깊이를 더하는 데 중요한 역할을 한다.

#### 예문 6

사회 과학에 실증주의적 개념을 도입한 오귀스트 콩트는 실증적·과학적 학문을 논하면서 정신을 배제한 세계에서 출발할 때에만 과학적 인식이 가능하며, 이것은 사물과 사실 관계의 기술만으로 이루어져야 한다고 주장했다.

이런 의미에서 객관성이란 과학자가 자신의 연구 영역에 연루되지 않음을 의미하며, 이를 통해서 과학자는 보편적으로 유효한 담론을 만들어 낼 수 있다. 즉, 과학자는 연구 활동에 임할 때 개인적 생각이나 감정의 영향을 모두 배제해야만 하는 것이다.

사실 현대 과학에서 연구자가 연구 영역에 개입할 경우(설사 익명으로 주관적이지 않게 개입한다고 해도) 관찰과 분석의 결과에 변화가 생길 수 있다는 생각은 널리 받아들여지고 있다. 따라서 가장 엄밀한 분과에서도 절대적 객관성은 당연히 주어지는 상황이 아니라 추구해야 할 목표이다.

더구나 인간의 실존과 관계되는 연구 영역에서라면 상황은 더욱 복잡해질 수 있다. 예로부터 역사가가 어떤 시대에도 속하지 않을 수 있기를 바랐던 것은 바로 이런 이유에서였다.

「역사가는 객관적일 수 있는가?」, 최병권 · 이정옥 엮음, 『세계의 교양을 읽는다』(휴머니스트, 2003), 95쪽.

연역적 추론은 주어진 상황 속에서 제시된 일반화된 원리를 개별 상황에 적용해 문제를 해결해 나가는 과정을 의미한다. 〈예문 6〉에서 필자는, 콩트의 실증주의 학문 원리를 전제로 현대 과학에서의 객관성의 의미를 해석하고, 이를 다시 개별 학문 영역인 역사학에 적용하여 추론해 가는 과정의 일단을 보여 주고 있다.

### 예문 7

아도르노가 말하는 '미메시스(mimesis)'는 단순한 자연 대상의 모방(imitatio)이 아니다. 그것은 인식론적 모방, 즉 외적 형태의 재현이 아니라 환경에 따라 제 몸의 색을 바꾸는 카멜레온의 분장술과 같은 존재론적 닮기의 놀이를 가리킨다. 그런 의미에서 아도르노의 미학은 주체(인간)와 객체(자연) 사이의 대립을 설정하고, 전자에 의한 후자의 인식적, 기술적 전유를 말하는 근대미학의 틀에서 벗어나 탈근대적 생태미학의 특징을 띠고 있다고 할 수 있다. 칸트 역시 자연의 미적 권리를 복권하는 낭만주의 미학의 틀 내에서 "예술은 마치 자연의 산물처럼 인위적으로 가공한 흔적을 내보이지 말아야 한다."라고 말한 바 있다.

이런 자연미의 개념은 한국인의 미의식에는 그리 새로운 것이 아니다. 한국의 전통 예술은 오래전부터 이미 그것을 미적 원리로 추구해 왔기 때문이다. 가령 불국사의 기단에서 자연석과 인공석이 만나는 지점에서 신라의 장인들은 자연석의 윗부분을 매끈하게 밀어내는 대신에 매끈하게 다듬은 인공석의 아랫부분을 자연석의 형태에 맞게 파냈다. 한국의 전통적인 건축물은 대개 자연석을 주춧돌로 이용하고, 그 위에 세워지는 기둥의 아랫부분을 자연석의 모양에 맞게 파내는 '그랭이법'을 사용하고 있다. 이것은 자연과 인공의 경계를 지움으로써 인공의 산물을 마치 자연의 산물처럼 보이게 하려는 '미메시스'의 훌륭한 예라고 할 수 있다. 여기에 한국적인 아름다움의 현대성이 있다.

진중권, 「자연미와 예술미는 어떻게 다른가?」, 김용석 · 이재민 · 표정훈 엮음, 『한국의 교양을 읽는다』(휴머니스트, 2004), 164~165쪽.

〈예문 7〉은 아도르노의 이론과 칸트의 이론에서 자연미 개념의 유사성을 추정하고 그것을 통해 한국적 생태미학의 일반 원리를 이끌어 내는 귀납법적 추론 과정을 보여주고 있다. 귀납적 구성은 어떤 과정을 논리적으로 진단하면서 독자를 이끌고 가 결론을 내리는 데 유리하다.

### 2) 문제 해결 순서에 따른 내용 전개

이 유형은 어떤 문제를 해결하기 위해 문제점을 논의하고, 그에 대한 해결책이나 대안을 제시하고, 그 해결책의 실현 가능성을 타진하여 정리하는 방식을 사용한다. 보통 신문 칼럼이나 보고서, 논술 문제의 답안에서 많이 볼 수 있으며, 기존의 잘못된 제도나 정책 또는 문제성 있는 상황이나 현상 등을 바로잡으려고 할 때 유용하게 활용된다.

이 전개 방식은 일반적으로 문제를 진단하고 제시하는 과정과 해결책을 제시하는 과정으로 나뉜다. 문제 진단 과정에서는 문제 발생의 원인, 본질, 문제의 결과 등을 분석·논의하고, 해결책을 제시하는 과정에서는 다양한 해결책을 제시하여 그 장단점과 실현 가능성을 타진한다. 논의 전개 순서는 '현상에 대한 문제 제시 → 원인 분석 → 해결 방안 모색 → 실천 방안 제시'로 요약된다.

예문 8

## 쌀 지원 문제, 열린 자세로 풀어야

대북한 수재 지원 문제가 국제적 관심사로 떠오르고 한-미-일 3국간에 미묘한 시각차를 드러내면서 정부의 태도 정리가 주목되고 있다. 정부와 여당은 8일 고위 당정 협의를 통해 북한의 공식 요청과 대남 정책에 대한 기본적인 노선 변화가 없는 한 대북 쌀 지원은 반대한다는 기존 방침을 재확인했다. 그러나 이 문제는 앞으로 춘궁기가 다가오고 북한의 식량난이 가중될수록 외면할 수 없는 중대한 현안으로 등장할 것이 분명하다.

대북 쌀 지원 문제는 남북 사이에 얽히고 설킨 복잡한 문제들과 맞물려 있는 사안이어서 한마디로 말하기에는 어려운 점이 있다. 더구나 지난해 대북 쌀 지원이 매끄럽지 못하게 진행됨으로써 정부가 북한에 쌀을 주고서도 정치적 곤경에 처한 바 있어 총선을 앞둔 시점에서 선뜻 결정을 내리기 어려운 사안이 됐다.

북한 식량난에 대한 평가는 정치적 처지에 따라 개인이나 나라마다 인식의 편차가 있다. 그러나 세계 식량 계획 기구나 유엔 식량 농업 기구 등 국제 단체들이 북한의 수재 상황을 시찰한 보고서를 보더라도 정도의 차이는 있을지언정 상황이 어려운 것만은 분명해 보인다.

이런 때 남북이 어떻게 문제를 풀어가야 할 것인가. 정치적 입지만 생각하고 상대방이 완전히 고개를 숙이고 들어올 때까지 버텨 이 기회에 '항복'을 받고 모든 문제를 한꺼번에 해결하겠다는 자세나, 체제 유지에 손상이 간다면 주민들의 굶주림은 둘째 문제라는 태도도 두루 이 문제를 푸는 데 도움이 안 된다. 이런 때일수록 열린 자세가 필요하다. 정부는 북한과 다각도의 접촉을 적극적으로 모색해야 한다. 서로 용인되는 상식적인 선이 있을 텐데도 굳이 '뻗대기'를 하는 모습은 보기에도 딱할 뿐더러 남북 관계 장래를 위해서도 바람직하지 않다.

복잡한 당국 간의 대화는 하루아침에 될 일도 아니고 절차가 필요하리만큼

별도로 치더라도, 정부가 인도적 차원의 지원까지 인색한 자세를 보이는 태도는 재고해야 한다. 대북 문제에 대한 국제 공조 논리나 남한 중심 논리를 앞세워 우방국들의 대북 지원에 제동을 걸거나 국내 민간 차원 지원에조차 소극·방관적 자세를 취하는 것은 국제적 공감을 얻기 어렵다고 본다. 이러한 태도가 혹시라도 국제 사회의 도덕적 비난을 부르지 않을지 냉철히 생각해야 한다. 국제 사회의 북한 지원 움직임에 자연스럽게 동참하고 민간 차원의 지원에 무게를 실어주는 방안을 우선적으로 고려해야 할 필요도 여기에 있다. 북한도 쌀 지원 자체에 대한 강력한 비판 세력이 남한에 존재한다는 사정을 바로 인식하는 현명함이 필요한 때다.

「사설」, 『한겨레신문』, 1996. 1. 8.

〈예문 8〉은 북한 쌀 지원에 반대하는 정부의 태도에 문제를 제기하고, 객관적인 입장에서 쌀 지원이 어렵게 된 정치적 정황을 분석하여 남북 모두에게 기존의 입장을 바꿀 수 있는 대안을 제시하고 있다. 전형적인 문제 해결식 전개 방식을 사용한 글이다.

생각하기 10

'인터넷 문화의 문제점과 해결책'이라는 주제로 토의한 후, '문제 해결 순서에 따른 내용 전개' 방식에 대해 생각해 보자.

생각하기 11

문제 해결식 구성으로 글쓰기에 알맞은 테마를 선정하여, 다발 짓기(클러스터링)를 해 보자.

생각하기 12

다음에 제시된 문제적 주제에 대한 자신의 견해를 주제문으로 표현한 후, 귀납적 추론 방식이나 연역적 추론 방식으로 글을 써 보자.

| ㄱ. 생명 복제 | ㄴ. 사형제도 폐지 | ㄷ. 성형수술 |
|---|---|---|

05

# 고쳐쓰기

## 1. 고쳐쓰기 전략

### 1) 전체적 교정과 지엽적 교정

글쓰기에 있어서 '고쳐쓰기'는 선택의 문제가 아니라 필수적인 절차이다. 모든 필자는 고쳐쓰기를 함으로써 글쓰기 전반에 걸쳐 자신을 어렵게 했던 문제들의 원인을 명확하게 인식하게 되고, 글의 질을 향상시키게 될 뿐만 아니라, 글에 대한 자신의 내적 사고를 조절하고 개발할 수 있는 능력을 얻는다.

고쳐쓰기는 필자의 교정 목표나 태도에 따라 크게 '전체적인 교정'과 '지엽적인 교정'으로 구분할 수 있다. '전체적인 교정'은 전체 구조나 텍스트 차원에서 글의 의미와 형식을 재조직하고 변화시키는 것을 목표로 한다. '지엽적인 교정'은 글 전체의 아이디어, 문단 구성 내지 논의 내용 같은 것보다는 문장과 어휘 혹은 개별적인 단어나 구절 등과 같은 세부적인 부분을 다듬는 것에 교정의 초점을 맞춘다.

물론 두 가지 층위의 고쳐쓰기는 모두 필요하다. 그러나 능숙한 필자일수록 우선 글의 전체적인 구조와 의미를 교정한 다음, 변화된 의미구조를 토대로 문장과 구절, 어휘, 단어 등 지엽적인 부분들을 고쳐 나간다. 한 편의 글을 유기적으로 짜인 텍스트 구조로 볼 때, 전체적인 교정은 글이 하나의 전체로서 작용하는 데 영향을 미친다. 전체적인 교정은 글의 핵심 의미·구조·글의 전반적인 어조 내지 글의 목적에 영향을 미치고 이러한 변화들은 또한 수많은 지엽적인 부분의 변화를 포함하기 마련이다. 그러므로 전체에서 부분으로 이행해 가는 교정 작업은 텍스트 자체의 구조적 질서를 따른 합리적인 방법이라고 할 것이다. 이 방법은 서로 독립되어 진행되는 막연한 교정 순서와는 다르게 전체적 교정의 시각에서 지엽적 교정을 포괄하는, 보다 구조적이고 계층적인 교정 원리를 의미하는 것이다.

**TIP_ 고쳐쓰기의 두 가지 층위**

전체적 층위의 고쳐쓰기 ➜ 지엽적 층위의 고쳐쓰기

2) 3단계 교정 전략

필자가 정교한 고쳐쓰기를 실천하려면, 교정 원리에 대한 지식만 가지고는 부족하다. 글에서 문제를 발견하고 해결할 수 있게 하는 구체적인 기술과 방법이 반드시 필요한 것이다.

'탐색하기', '진단하기', '교정하기' 이 3단계의 전략적 과정은 교정 단계에 있는 필자에게 큰 도움을 줄 것이다. 이 과정을 거침으로써 관습적 규약이나 용례 규칙에 의존하여 막연하게 작업하던 필자는 보다 실행 가능한 교정 계획하에서 조직적으로 글을 고쳐 나갈 수 있게 된다.

'탐색하기'는 글의 목표를 생각하면서 전반적인 문제점들을 발견해 나가는 과정이다. 이 시점에서 필자가 해야 할 일은, 문제점을 바로잡는 것이 아니라 말 그대로 탐색하는 것이다. 글의 구조에 따라서 전개되는 논의에 집중하면서 읽어 내려가다가 조금이라도 이상하다고 생각하는 곳이 발견되면 표시를 하고 여백에 간단하게 메모를 한다. 이때,

먼저 글의 전체적인 영역을 탐색한 후, 지엽적인 부분으로 옮겨 가며 작업을 하면 효과적으로 문제점을 발견할 수 있다.

'진단하기'는 탐색하기에서 발견했던 문제들로 되돌아가 글의 각 부분들을 꼼꼼히 살펴보고, 글의 어떤 점이 문제인지 진단해 보는 단계이다. 문제의 원인은 무엇인지, 독자에게 어떤 영향을 미칠 것인지, 그 문제가 글의 목표와 어떤 관련이 있는 것인지 등 문제를 분석하고 해결 방법을 찾아내야 한다.

진단한다는 것은 문제를 기술적으로 분석하는 것을 의미한다. 여기서 중요한 것은 글 전체적인 목적과 관련된 전반적인 문제점에 초점을 맞추어서 진단해야 한다는 것이다. 이렇게 함으로써 지엽적인 문제도 전체적인 글 구조와의 관련성 속에서 분석할 수 있게 된다. 예컨대, 필자의 문체나 문장 구조에 문제가 있다면, 단순하게 일반적인 문장 용례에 맞추어 진단하려고 하지 말고, 글의 목표나 주제, 독자의 관점에서 문제의 원인을 밝혀내는 구조적인 작업이 필요한 것이다.

'교정하기'는 진단하기에서 문제를 분석한 내용을 근거로 글을 변화시키는 활동이다. 이때 단지 글의 부분적인 오류를 바로잡으려 하기보다는 글의 전반적인 문제점을 진단하고, 그러한 문제들이 교정한 글의 전체적인 구조 속에서 해결되도록 연결 지어야 한다.

**TIP_ 고쳐쓰기 3단계의 전략적 과정**

탐색하기 ➜ 진단하기 ➜ 교정하기

## 2. 고쳐쓰기의 원칙과 절차

### 1) 고쳐쓰기의 원칙

고쳐쓰기는 일반적으로 네 가지 형태의 교정 원칙을 통해 실행한다. '첨가', '삭제', '대체', '재배열'이 그것이다. 첨가는 충분히 기술되지 못하였거나 빠뜨린 부분의 내용을 보충·부연하는 것이고, 반대로 삭제는 불필요하거나 지나친 내용, 반복되거나 잘못된 부분, 모호하거나 거친 표현 등을 없애는 활동이다. 대체는 필요에 따라, 문제 있는 부분이나 더 좋게 만들 수 있는 부분을 다른 내용으로 바꾸는 것이고, 마지막으로 재배열은 글의 논리적 흐름이 끊어졌거나 논리 전개상에 오류가 생겼을 때, 문단의 배열이나 글의 구성 순서를 바꾸거나, 나누어진 부분들을 하나로 통합하거나, 혹은 전체를 부분들로 적절히 나누면서 재구성하는 활동을 말한다.

### 2) 고쳐쓰기의 대상 및 절차

고쳐쓰기는 글의 전체적 층위에서 부분적·지엽적 층위로, 점차 대상 영역을 좁혀 나가는 것이 합리적이다. 즉, 글 전체에 대한 검토에서 문단별 검토, 문장별 검토로 점차 교정 대상의 단위를 좁혀 가며 진행해 나가는 것이 바람직한 절차이다.

'글 전체에 대한 검토'에서는 주제 및 내용과 구성에 대한 것을 살펴본다. 글의 주제와 목적, 내용, 구성 사이에 긴밀한 관련성이 있는지, 문단과 문단이 통일성과 일관성을 가지고 연계되어 글 전체의 구조를 형성하는 데 적절히 기능하는지 탐색해야 한다.

'문단별 검토'에서는 문단의 간결성과 완결성을 중심으로 살펴본다. 각 문단이 적절한 소주제를 가지고 있는지, 뒷받침 문장들이 소주제를 부각하기 위해서 잘 연결되고 있는지, 각 문단의 소주제들이 모여 전체 주제를 잘 뒷받침해 주고 있는지 등을 체크해 나간다.

'문장별 검토'에서는 뜻이 모호한 문장이나 길고 복잡한 문장은 없는지, 부적절한 어휘나 추상적인 개념어는 없는지, 주어와 서술어의 호응은 적절한지, 표현이 정확한 어휘를 사용하는지 등을 면밀히 살펴본다.

**TIP_ 고쳐쓰기 종합 정리**

- 고쳐쓰기의 절차는 '글 전체 층위 검토 → 문단 층위 검토 → 문장 층위 검토'로 진행된다.
- 각 층위별 검토는 동일하게 '탐색 → 진단 → 교정'의 3단계 전략적 과정을 거쳐 진행된다.
- 각 층위별 교정의 실제 단계에서는 첨가, 삭제, 대체, 재배열의 원칙을 기술적으로 활용한다.
- 각 층위별 교정이 완료되면, 글 전체를 통독하면서 텍스트 구조상의 통일성에 중점을 두고 최종적인 검토를 한다.

PART
04

DAVINCI WRITING

# 학술 보고서 쓰기

01

# 보고서의 형식

대학에서 학생들이 작성하는 보고서, 즉 리포트(report)란 학습한 결과를 토대로 특정한 주제에 대한 학술적 자료를 수집하고 정리하여 자신의 생각을 논리적으로 펼친 글이라고 정의할 수 있다. 교수들은 학생들이 공부한 내용을 적용하여 학문적 주제에 대해 아이디어를 생산해 내고 논리적으로 표현할 수 있는 사고력을 보여 주기를 기대한다. 한편, 학생들은 자신이 배운 지식을 이용하여 새로운 문제를 해결함으로써 학문적인 발전과 성과를 인정받고 싶어 한다. 이때 필요한 것이 바로 보고서다. 가르치는 사람과 배우는 사람의 기대와 요구에 동시에 부응할 수 있는 가장 적합한 성격의 글이기 때문이다. 대학이라는 학문 공동체 속에서 독자(교수)의 기대와 필자(학생)의 의도가 부합하여 교육의 결과를 평가하고 학문적 성취를 이루어 낼 수 있도록 논리적으로 설계된 글이 보고서인 것이다.

보고서의 형식은 바로 이러한 성격을 담아낼 수 있도록 규범화되어 있다. 즉, 누가 어떠한 학문적 주제에 대하여 어떠한 자료를 이용하여 어떻게 자신의 생각을 정당화하고 있는가를 보기 위해서는(보여 주기 위해서는) 글이 학문적 성취 과정을 검증받을 수 있도록 순차적으로 정연하게 조직될 필요가 있다. 이런 의미에서 보고서의 형식은 일반 논문과 크게 다르지 않다. 학습 보고서의 일반적 체제는 대체로 '표지 → 목차 → 본문(서론, 본론, 결론) → 참고 문헌 목록'의 순서로 구성된다.

## 1. 표지

표지는 〈보기 1〉과 같이 왼쪽 상단에 '보고서'라고 쓰고, 가운데 상단에 제목을 넣는다. 오른쪽 아래에는 보고서를 제출할 대상인 과목명, 담당 교수명, 학생의 이름과 소속, 제출일을 순차적으로 기록한다.

보기1

보고서

대중문화의 통속성에
대한 새로운 해석

과목: 글쓰기
담당교수: ○○○
제출자: ○○○
학과 및 학번: ○○학과 ○학년
000000000
제출일: 0000년 00월 00일

## 2. 목차

목차는 보고서를 쓰기 위한 설계도이다. 보고서의 전체 주제 및 논점을 압축하여 제목을 정하고 '서론 → 본론 → 결론'의 기본 체계를 바탕으로 논리적 전개 과정을 조망할 수 있도록 순차적으로 구성 개요를 작성한다. 필요하다면 의미 단위를 세분화하여 하위 논점을 중심으로 소제목을 붙이고, 장과 절로 배분하여 계층적으로 구성할 수 있다.

**보기 2**

Ⅰ. 서론

Ⅱ. ______________________

1. ____________________
2. ____________________

Ⅲ. ______________________

1. ____________________
2. ____________________
3. ____________________

Ⅳ. ______________________

1. ____________________
2. ____________________
3. ____________________

Ⅴ. 결론

**보기 3**

I. 서론

II. 현대적 삶과 영상 매체의 영향력

1. 디지털 시대와 영상적 사회 구조
2. 대중문화로서의 영상 매체의 영향

III. 영상 매체의 기능과 장단점

1. TV의 경우
2. 인터넷의 경우
3. 영화의 경우

IV. 영상 매체의 발전적 방향

1. 대중문화적 발전 방향
2. 커뮤니케이션의 기술적 발전
3. 미래 사회로의 기획

V. 결론

## 3. 본문

본문은 목차에서 제시한 서론, 본론, 결론의 내용 전체를 말한다. 3단계의 논리 전개를 기준으로 한 본문의 단계별 구성 요소는 다음과 같다.

- 서론: 연구 대상의 범위 및 성격을 명시하고 문제를 제기하며 보고서의 목적과 연구 방법을 제시한다.
- 본론: 논제를 본격적으로 다룬다. 논점을 중심으로 장을 나누고 의미 단위마다 소제목을 붙여 적절히 항목화한다. 서론에서 제기한 문제를 분석하고 논의하여 필자의 생각을 정당화하는 단계이기 때문에 항목별로 나누어 치밀하게 분석하고 논증한다. 이 과정에서 적절한 자료를 인용하여 필자의 논지를 뒷받침하는 것이 필요하다.
- 결론: 본론의 논의를 통하여 입증된 내용들을 간추려 정리하고 필자의 생각을 종합하여 글을 마무리한다. 이때 글의 전체 논의를 바탕으로 서론에서 제기된 문제에 대한 해결 방안을 마련하거나 보고서의 결론이 갖는 학문적 의의나 전망을 제시하여 글의 목적이 얼마나 성취되었는지를 확인하는 것이 좋다.

## 4. 인용 및 주석

인용이란 남의 글이나 책, 혹은 그 밖의 자료 일부를 자기 글에 사용하여 연구 결과의 타당성 내지 정당성을 뒷받침하는 논증의 한 방법이다. 논리적으로 필자의 생각을 전개해 나가기 위해서는 문헌 자료를 인용하여 논지를 뒷받침해 주는 작업이 필요하다. 짧은 내용을 직간접적으로 인용하여 논의를 전개할 경우에는 본문을 써 나가는 가운데 인용 부호를 사용하여 표시하고, 긴 내용의 인용은 독립된 문단을 만들어 주요한 논증 자료임을 알린다. 그리고 인용하거나 참고한 자료에 대해서는 반드시 주석(註釋)을 달아 출처를 밝혀야만 한다.

학술 보고서는 이전의 연구 성과를 토대로 논점을 세우고 아이디어를 덧붙여 문제를 해결해 나가는 글이다. 그렇기 때문에 인용한 부분에 대한 출처를 밝히는 주석 달기 작업은 필자의 학문적 정직성을 보장함과 동시에 인용한 연구자들의 권위와 권리를 보장해 주고 독자를 설득할 수 있는 좋은 방법이 된다. 보고서나 논문에서는 일반적으로 인용한 출처를 본문의 아래쪽에 밝혀 주는 주석의 형식을 사용하는 데 이를 각주(脚註)라고 한다. 그 이외에 보고서나 논문의 말미에 순서대로 출처를 밝혀 주는 미주(尾註), 본문의 인용 부분에서는 간단하게 필자와 간행 연도만 괄호 안에 밝히고, 구체적인 출처는 참고 문헌 목록에서 찾도록 하는 '저자-발행 연도 표기법'이 있다.

보기 4

미국의 미학자 모리스 와이츠는 "예술은 어떤 한마디로 정의될 수 없다."[1]라고 말하며 '예술 정의 불가론'을 주장했다. 예술은 예술가 개개인의 느낌과 방식에 의해 만들어지는 것이므로 다양한 형태로 나타난다. 이런 다양한 형태의 예술을 하나로 명확하게 정의하는 것 자체가 모순이다. 와이츠의 의견을 바탕으로 나온 다원론자들은 공통적으로 '특별히 올바른 하나의 양식이란 있을 수 없으며, 예술이란 무엇인가에 대한 답도 여러 가지일 수 있다'[2]라고 입을 모은다. 이렇듯 하나의 예술 작품은 그 작품을 만들어 낸 예술가가 느끼는 아름다움에 대한 주관적 표현이므로 그 형태는 다양하다. 예술의 본질이나 특성을 규정하고 그것에 일치하지 않으면 저급이나 통속으로 몰고 가는 논리는 오늘날 더 이상 수용자들을 설득할 수 없다.

고전 예술 작품을 모델로 하여 예술 작품의 고유성을 규정하고 이를 기준으로 설정한 이분법적 구분은 시대착오적인 것이다. 독일의 문예평론가 발터 벤야민은 일찍이 그의 저서인 『기술 복제 시대의 예술 작품』에서 사진술의 발달로 예술품의 기술적 복제가 가능해짐에 따라 예술의 반복과 재생산이 확산되었고, 이러한 변화가 유일무이한 고전 예술 작품이 현존하는 장소에서만 느낄 수 있던 '아우라'[3]의 위축을 발생시켰기 때문에 예술 작품에 대한 전통적인 개념이

1) 공주형, 『미술시간에 가르쳐 주지 않은 101가지』(동녘, 2010), 73쪽.
2) 김진엽, 『예술에 대한 일곱 가지 답변의 역사』(책세상, 2007), 55쪽.
3) 독일의 문예철학자 발터 벤야민이 단일한 예술 작품 자체 속에 내재되어 있는 유일무이한 영묘한 분위기를 표현한 개념으로서 고전적 작품 제작 시대와 현대의 기술복제 시대에 있어서 예술 작품의 생산 양식과 감상 양식의 변화, 예술 개념과 기능의 변화를 상징적으로 함축하고 있다. 발터 벤야민, 『발터 벤야민의 문예이론』, 반성완 옮김(민음사, 2010), 377~382쪽 참조.

달라졌다고 주장했다.

> 복제에 빠져 있는 예술 작품의 유일무이한 현존성을 우리는 Aura라는 개념을 가지고 다음과 같이 요약해서 말할 수 있을 것이다. 즉, 예술 작품의 기술적 복제 가능성의 시대에서 위축되고 있는 것은 예술 작품의 Aura이다. 그러나 이러한 과정이 지니는 의미는 예술의 영역을 훨씬 넘어서고 있다. 복제 기술은 복제된 것을 전통의 영역으로부터 분리한다. 복제 기술은 복제품을 대량 생산함으로써 일회적 산물을 대량 제조된 산물로 대치한다. 복제 기술은 수용자로 하여금 그때그때 개별적인 상황 속에서 복제품과 대면하게 함으로써 그 복제품을 현재화한다. 이 두 과정, 즉 복제품의 대량 생산과 복제품의 현재화는 결과적으로 전통적인 것을 마구 흔들어 놓았다. 그리고 이러한 위기와 변혁은 오늘날 대중 운동과도 매우 밀접한 관계가 있다. …… 사물을 공간적으로 또 인간적으로 보다 자신에게 가까이 끌어오고자 하는 것은 현대의 대중이 바라는 열렬한 욕구이다. 또 이와 마찬가지로 현대의 대중은 복제를 통하여 모든 사물의 일회적 성격을 극복하려는 성향을 가지고 있는 것이다. …… 현실이 대중에게 적응하고 또 대중이 현실에 적응하는 현상은 사고의 면에서는 물론이고 직관의 면에서도 무한한 중요성을 지니게 될 하나의 발전 과정이다.[4]

이 글이 발표된 시기는 1930년이다. 오늘날 그의 예측은 보기 좋게 들어맞았다. 현대에는 사진술의 발달뿐만 아니라 정보 통신 기술의 발달로 인해 언제 어디에서든 유명한 예술품을 감상할 수 있게 되었고, 이는 기술적 복제를 넘어서 기술적 재현에 가깝다. 예를 들면, 우리는 인터넷 검색 창에 유명 예술품의 이름만 쳐도 그 예술품의 모습을 얼마든지 감상할 수 있다. 그런데 사진술의 발명에 대항하듯 기존 예술의 입지를 지키기 위해 발생한 개념인 '고급 예술'이 스스로를 대중 예술과 구분하기 위한 기준으로 제시했던 것이 예술 작품의 일회성

4) 위의 책, 202~204쪽.

에 기반한 아우라 개념이었다. 그러나 예술 작품을 어느 장소에서든 똑같이 감상할 수 있게 된 지금, 아우라는 모든 예술 작품에 존재하거나 혹은 존재하지 않을 정도로 퇴색되었거나 둘 중 하나이다. 어떤 측면에서 보더라도 아우라는 기술적 복제가 예술 작품의 생산과 감상의 소통 원리가 되어 버린 현대 사회의 문화 현상 속에서 더 이상 예술 작품의 고유한 본질로서의 권위를 인정받을 수 없게 된 것이다. 따라서 현대 사회에서 예술 작품의 유일무이한 고귀성, 혹은 현존성을 가지고 고급 예술과 대중 예술을 구분 짓는 기준으로 삼는 것은 합리적이지 못하다.

학생 글

〈보기 4〉의 각주 번호 1)의 문장에서 보는 바와 같이 직접 인용은 원문을 변형하지 않고 그대로 따오는 것이며 보통 큰따옴표(" ")를 사용하여 묶어서 표시한다. 각주 번호 2)의 경우에는 간접 인용에 해당하며 이는 원문을 그대로 인용하지 않고 필자의 논리적 문맥에 알맞게 적절히 요약하거나 재구성하여 사용하는 방법이다. 보통 작은따옴표(' ')를 사용하여 묶거나 그대로 해당 문장의 끝에 각주 번호를 달아 사용한다. 이때 원문의 진의가 바뀌거나 훼손되어서는 안 된다. 각주 번호 3)은 직접 인용하는 내용이 긴 경우로, 본문에서 분리하여 독립된 문단으로 만들어 제시한다. 이때 인용한 부분은 본문의 문단 사이에 따로 문단을 만들어 삽입하며 본문과 위아래로 각각 한 행씩 띄우고, 본문보다 한 칸씩 들여쓰기를 한다. 그런데 각주 번호 3)의 각주를 보면 인용문의 출처를 밝히기 위한 것이 아니라 본문의 내용을 보충하거나 부연 설명하기 위한 기능을 하고 있다. 이러한 각주를 내용주라고 하고, 출처만을 밝히는 각주를 참조주라고 하여 기능에 따라 구분하기도 한다.

보기 5

■ 각주의 작성 형식

## 1. 단행본

1) 기본 형식

- 저자명, 서명(출판사명, 출판 연도), 인용 및 참조 쪽수.
- 저자명, 서명, 번역자명(출판사명, 출판 연도), 인용 및 참조 쪽수.
- 저자명, 번역자명, 서명, 출판사명, 출판 연도, 인용 및 참조 쪽수.

2) 저서

- 김윤식, 『한국소설사』(예하출판사, 2008), 135쪽.
- Robert Stanton, *An Introduction to Fiction* (New York: Holt, Rinehart and Winston, Jnc., 1965), pp. 35~40.
- 허버트 마르쿠제, 『에로스와 문명』, 김인환 옮김(나남, 1991), 48쪽.
- 리처드 도킨스, 『이기적 유전자』, 홍영남 옮김(을유문화사, 2001), 53~55쪽.
- 리처드 도킨스, 홍영남 옮김, 『이기적 유전자』, 을유문화사, 2001, 53~55쪽.
- Walter Benjamin, 『발터 벤야민의 문예이론』, 반성완 옮김(민음사, 2010), 377~382쪽.
- Walter Benjamin, 반성완 옮김, 『발터 벤야민의 문예이론』, 민음사, 2010, 377~382쪽.
- Paul Reuter, *International Institutions*, trans. J. M. Chapman(New York: Frederick A. Praeger, 1961), p. 80.

3) 편서

- 한국정신분석학회 편, 『프로이트와 라깡』(예진출판사, 2003), 25~17쪽.
- 김윤식 편, 『이상문학전집』 3(문학사상사, 1995), 200쪽.

- Marcus Whiffen, ed., *The Architect and the City* (Cambridge: M.I.T. Press, 1965), p. 75.

## 2. 논문 및 평론

### 1) 기본 형식

- 저자명, 「논문 제목」, 『논문집 이름』 권수(간행처, 간행 연도), 인용 및 참조 쪽수.

### 2) 일반 학술 논문

- 김성수, 「이상 문학에 나타난 물신성과 감각의 모더니티」, 『국제어문』 제46집(국제어문학회, 2009), 85~86쪽.
- 김희경, 「과정 중심의 자기소개서 쓰기 실제」, 『한성어문학』 제28집(한성어문학회, 2009), 77쪽.

### 3) 학위 논문

- 전재웅, 「쓰기 해석 주체의 개념과 구성 방식 연구」(박사학위 논문, 한국교원대학교 대학원, 2007), 58쪽.
- Fuller Schmaltz, "The Weltschmerz of Charles Addams"(Ph. D. dissertation, Columbia University, 1959), p. 10.

### 4) 잡지 및 논문집 게재 글

- 김종운, 「60년대 부조리 소설」, 『외국문학』 제9호(1989, 여름), 33~35쪽.
- Warren, F. Kimball, "The Cold War Warmed Over", *The American Historical Review*, 79(October 1974), pp. 284~290.

5) 신문 기사

- 김진섭, 「외설 문화」, 『한겨레신문』, 2007. 8. 25, 4쪽.

6) 인터넷 자료

- 「정부, 거시경제지표 대부분 상향 조정」, 『전자 동아일보』, 2000. 5. 2. http://www.dogailbo.co.kr/fbin/output?f=todaynets&n200005020019&main=1

7) 영화 필름

- 「러브레터」, 이와이 슌운지 감독(서울: 한국영상투자개발, 2000).

## 5. 참고 문헌 목록

인용, 주석, 참고 문헌은 서로 밀접히 관련된다. 자신의 논지를 합리적으로 개진하기 위해서 인용을 하고, 그 인용 내용의 출처를 밝히기 위해 주석을 달고, 주석을 통해 명시된 자료의 상세한 정보를 정리하여 참고 문헌에서 확인하는 것이다. 이렇게 하여 작성한 참고 문헌은 필자가 어떠한 자료들을 뒷받침하여 논리를 펼쳐 나갔는지를 한눈에 조망할 수 있게 한다. 또한 보고서를 읽는 사람들이 논지의 정확성이나 타당성을 관계 문헌들과의 맥락 속에서 생각할 수 있게 하며, 동시에 그와 유사한 주제에 대해 연구하는 사람들에게 관련 자료를 제공함으로써 학문적 배려를 주기도 한다.

참고 문헌 목록을 만들 때에는 먼저 기본 자료를 제시하고, 다음으로 도움을 준 논저를 정리한다. 또한 한국서, 동양서, 서양서의 순서로 기록하며 한국서는 가나다순으로, 서양서의 경우에는 알파벳순으로 배열한다. 각 문헌 자료의 정보는 일반적으로 필자명, 『서명』, 출판사명, 출판 연도의 차례를 따라 기입한다. 서양 자료는 성, 이름 순서로 필자명을 적고, 서명은 이탤릭체로 쓴다. 같은 필자명의 자료가 계속 기록될 때는 처음의 자료만 성명을 적고 다음 자료부터는 성명을 생략해도 된다.

보기 6

■ 참고 문헌의 작성 형식

1. 기본 자료

최인훈, 『최인훈 전집』 1, 문학과지성사, 1986.

______, 『최인훈 전집』 2, 문학과지성사, 1995.

______, 『최인훈 전집』 3, 문학과지성사, 1985.

2. 논저

김윤식 · 정호웅, 『현대소설사』, 예하, 1993.

김현, 「변동하는 시대의 예술가의 탐구」, 『신동아』, 1981, 9.

나병철, 「잔혹한 이성과 권력의 미시물리학」, 『비평문학』 10, 비평문학회, 1996.

윤성희, 「상징적 공간 그 초월적 지향의 구조」, 『문학과 비평』, 1990. 겨울.

차봉희, 『루카치의 유물변증법적 문학이론』, 한마당, 1991.

최인훈, 「전쟁과 죽음의 형태」, 『월간문학』, 1969. 10.

Bachelard, Gaston., 『물과 꿈』, 이가림 옮김, 문예출판사, 1985.

Beer, Gillian., 『로망스』, 문우상 옮김, 서울대학교출판부, 1982.

Stanton, Robert., *An Introduction to Fiction*, New York: Holt, Rinehart and Winston, Inc., 1965.

02

# 주제 찾기와 목차 만들기

보고서는 일반적으로 다음과 같은 단계를 거쳐 완성된다.

① 문제의 발견

② 문제의 분석과 주제(논제) 찾기

③ 자료 수집과 정리

④ 목차 만들기

⑤ 본문 쓰기

## 1. 문제의 발견

학술적 보고서가 독자인 교수에게 인정받으려면 단순히 기존의 지식과 정보를 정리하는 수준의 글이어서는 안 된다. 교수들은 보고서를 통하여 학생들이 배운 지식을 이용해서 나름대로의 아이디어를 생산해 내고 논지를 뒷받침할 수 있는 사고력을 발전시키기를 바란다. 새로운 아이디어를 제시하고 사고력을 발전시키는 중요한 방식은 자신이 다루고자 하는 대상에서 문제 요소, 갈등, 논점 등을 발견하고 이를 해결하기 위해 타당한 논거를 토대로 글을 써 나가는 것이다.

학술적 보고서를 쓰기 위해 찾아야 할 문제는 해당 분야의 연구 수준에서 새로이 논의될 가치가 있으며 그 해결을 통해 기존 지식이 확대되거나 발전될 수 있는 성격과 수준을 갖춘 것이어야 한다. 그러므로 해당 분야 혹은 주제에 관한 이때까지의 연구 자료를 읽고 현 단계에서 무엇이 문제가 될 수 있는가를 판단해야 한다. 이 과정에서 교수의 도움을 받을 수 있으며 읽어야 할 관련 자료에 대한 선택과 문제 해결의 방향에 대하여 조언을 얻을 수 있다.

예컨대, 흔한 글감 중 하나인 '금연'이라는 화제에 대한 문제의 발견 과정을 생각해 보자. 막연히 '담배는 건강에 해로우니 끊어야 한다'는 피상적인 생각만 한다면 아무런 문제의식도, 논지도 발견할 수 없을 것이다. 그러나 교수의 조언으로 '흡연자들이 담배를 끊기 힘든 가장 큰 요인이 어디에 있는지' 생각해 본다면 그 속에서 문제를 품고 있는 갈등 요소를 발견해 낼 수 있을 것이다. 만일 설문 조사에 의해 흡연자들이 금연에 실패하고 담배에 의존하는 가장 큰 이유가 마음을 안정시켜 주는 것처럼 느끼는 잘못된 끽연 효과에 있는 것으로 드러났다면, 그 조사 결과를 통해서 금연이 그토록 어려울 수밖에 없었던 이유가 포착될 수 있다. 글은 바로 이렇게 문제의 원인을 분석하고 논증하여 담배 효과에 대한 잘못된 믿음을 바로 잡고 해결 방안을 제시하는 방향으로 전개해 나가면 될 것이다.

다른 한 예로 문화론 강의를 수강한 한 학생이, 공부한 지식과 정보를 이용하여 문화 현상을 대상으로 주제를 설정하고 학술 보고서를 써야 할 입장에 있다면 어디서 문제를 발견할 수 있을까? 그 학생이 읽은 연구 자료가 문화 현상을 바라보는 서로 다른 논점의 글이었다고 가정한다면, 자료 검토를 통해 발견할 수 있는 문제 요소는 문화라는 하나의 현상을 서로 다른 개념이나 가치관을 통해 바라보는 시각의 갈등에서 비롯될 것이다. 이런 경우 필자는 갈등 상황의 중심으로 들어가 핵심적인 문제에 접근하여 서로 다른 논점을 비교·분석하고 비판적으로 종합함으로써 자신만의 논지를 구축할 수 있게 된다.

생각하기 1 자신이 연구해 보고 싶은 주제를 가지고 보고서의 제목을 정하고 그 속에서 글을 시작해야 할 문제 요소를 찾아보자.

제목:

문제 요소:

## 2. 문제의 분석과 주제 찾기

문제 분석은 주장을 개진하고 논리적으로 뒷받침해야 하는 보고서를 쓰는 데 어떤 도움을 줄 수 있을까? 글의 대상인 화제를 통해 발견된 문제를 분석함으로써 필자는 주제를 찾을 수 있게 된다. 문제를 심사숙고하고 분석하는 과정에서 필자는 문제의 결론, 해결 방안 혹은 새로운 아이디어를 얻게 되며 바로 그러한 결론이 결국 글의 주제 혹은 핵심 주장이 될 수 있는 것이다.

앞에서의 실례를 다시 든다면, 필자는 '금연'이라는 막연한 화제 안에서 흡연이 스트레스를 해소하여 불안한 마음을 가라앉히는 효과가 있다고 믿는 심리적 오인의 문제성을 발견할 수 있을 것이다. 다음, 그러한 문제가 발생할 수밖에 없었던 원인을 분석하여 해결 방안을 마련하는 과정에서 '흡연의 마약성 약리 작용을 알려 금연을 실천하게 한다'는 주제 의식이 점차 명료해지게 된다. 또한 두 번째 사례에서도 문제로부터 주제로 옮겨가는 글쓰기의 원리가 적용될 수 있다. 먼저 문화 현상에 대한 서로 다른 시각이 대립하는 갈등 요소에 주목하여 문화의 발전을 저해하는 문제성을 발견해 낸다. 다음, 그 원인을 분석하는 과정을 통해 '예술계의 발전을 위하여 고급 예술과 대중 예술의 조화와 상생의 긍정적 효과가 필요하다'는 주제를 발견하게 된다.

**생각하기 2** 다음의 화제를 탐구하여 핵심적인 문제 요소나 결정적인 갈등 요소를 발견하고 이를 바탕으로 보고서의 제목과 주제문을 작성해 보자.

ㄱ. 예술과 자본 ㄴ. 휴학과 취업 ㄷ. 대학 문화

제목:

주제문:

## 3. 자료 수집과 정리

논문의 주제를 찾았다면, 이를 뒷받침할 근거 자료를 수집, 검토, 정리하여야 한다. 그런데 사실 자료에 대한 부분적인 독서와 검토는 논문 준비 첫 단계에서부터 필요하다. 글의 화제와 관련된 선행 연구를 읽지 않고는 무엇이 문제가 될 만한 것인지 알 수 없기 때문이다. 그러므로 문제를 분석하고 주제를 발견한 다음에 수행하는 자료 수집은 글의 주제를 뒷받침하는 논거를 마련하기 위한 보다 계획적이고 본격적인 연구 작업의 성격을 띤다. 필자는 자신이 쓸 보고서의 전체적인 밑그림을 그리면서 논리적 문맥을 이어 주고 주장의 타당성을 증명해 줄 수 있는 자료를 선별해야 한다.

자료는 계획을 세워 수집 과정에서부터 단행본과 학위 논문, 학술 논문, 정기 간행물, 기타 자료 등으로 유형을 나누어 출처를 기록하고 원본 자료와 복사본 자료를 따로 정리하는 것이 기본이다. 아울러 자료를 정리할 때 자료의 내용과 성격에 따라 몇 개의 범주로 분류하고 자료마다 필자의 생각이나 평가를 메모하는 것이 좋다. 또한 각 자료의 내용을 면밀히 분석하여 어느 부분을 인용하거나 참고하여 어떻게 논거로 사용할 것인지 결정한다. 이때 자료의 세부적 정보는 그것이 인용이든, 부연 설명이든, 아이디어든 출처를 반드시 기록하는 것을 습관화한다. 그렇게 하지 않으면 글을 쓰는 과정에서 그 정보가 필요할 때 다시 찾을 수 없게 된다. 자료를 수집, 분석, 정리할 때 가장 중요한 것은 단순히 자료를 수집하는 것이 아니라, 후에 그 자료를 어떻게 이용할 것인지 계획을 세우는 일이다. 글의 전체적인 밑그림을 그리면서 자료를 찾고, 자료를 찾으면서 계획을 세우는 방식을 사용하면 보고서 쓰는 일이 훨씬 빠르게 진행될 수 있다.

실제 보고서를 작성할 때 신중한 필자들은 글의 주제나 문제에 따라 어떤 자료들을 논거로 사용할까? 앞에서 예시한 '금연'을 화제로 한 글의 경우, '흡연의 마약성 약리 작용을 알려 금연을 실천하게 한다'라는 주제 혹은 핵심 주장을 뒷받침해 줄 수 있는 자료로 '흡연의 심리적 안정 효과가 착각'이라고 주장하는 유명한 약리학자의 연구 결과를 인용한다면 이를 근거로 대학생들이 신뢰하고 있는 흡연 효과는 낭설이며 중독의 증후일 뿐이라는 것을 증명해 낼 수 있을 것이다.

### 보기7

유명한 약리학자 실버스테인(Silverstein)은 1976년, '흡연이 불안과 긴장을 해소해 준다는 것은 순전히 흡연자의 입장에서 만들어 낸 심리적 조작이며, 흡연은 불안을 감소시키는 효과가 있는 것이 아니라는 사실'[1]을 실험을 통해 증명한 바 있다. 사실 흡연자들이 스트레스 상황에서 흡연을 함으로써 평안함을 느낀다는 말에도 불구하고, 니코틴의 약리학적 작용은 주로 흥분성에 있다. 흡연과 흡연 사이의 니코틴 결핍이 스트레스의 느낌을 유도하고 이것이 흥분 상태에서 잠깐 잊히는 현상이 반복되면서 흡연이 스트레스를 해소한다는 느낌을 받는 것이다. 그러므로 흡연자들은 경험적으로 환경으로부터의 스트레스에 대항하기 위해서 담배를 피운다고 하지만, 흡연이 스트레스를 진정시키는 효과가 있다는 것은 과학적으로 증명되지 않은 낭설에 불과하다.

---

1) 실버스테인, 『흡연 효과의 심리적 조작』, 이석희 옮김(삼문출판사, 2009), 110쪽.

## 4. 목차 만들기

자료가 수집·분석되고 정리된 다음에는 이를 바탕으로 글의 전체적 논리 구조를 한눈에 알아볼 수 있게 목차를 작성해야 한다. 보고서의 목차는 '서론 → 본론 → 결론'의 단계별 구성 요소를 바탕으로 하고, 글의 주제와 논점을 선명하게 드러낼 수 있도록 아이디어의 구성 순서에 따라 계층적으로 조직하여야 한다.

목차를 짤 때는 글 전체의 계층적 구조를 분명히 하는 것이 관건이다. 서론에서는 문제를 제기하고 본론에서는 제기된 문제의 여러 하위 논점을 중심으로 내용을 나누어 논의를 항목화한다. 이때 항목화한 각 논점의 의미 단위마다 소제목을 붙인다. 마지막 결론부는 글의 전체 논의와 관련하여 논점을 정리하고 마무리한다. 보통 '서론 → 본론 → 결론'의 3단 구성을 기초로 장(章)을 나누고, 본론의 내용을 논점 중심으로 항목화하여 절(節)로 분류한다. 필요하다면 각 절의 내용을 다시 하위 항목으로 나눌 수도 있다.

보기 8

흡연 효과의 착각과 마약성 약리 작용

1. 서론: 대학가 흡연율의 심각성

2. 대학생 흡연의 사회·심리적 원인

   1) 입학 후 자유와 불안감

   2) 전공에 대한 갈등과 취업 스트레스

3. 흡연 효과의 착각과 마약성 약리 작용

   1) 흡연의 긴장 해소 효과

   2) 니코틴의 약리 작용

4. 결론: 흡연의 마약성에 대한 각성과 금연

보기 9

## 흡연 효과의 착각과 마약성 약리 작용

Ⅰ. 들어가는 말

Ⅱ. 대학생 흡연의 사회·심리적 원인

1. 입학 후 자유와 불안감
2. 전공에 대한 갈등과 취업 스트레스

Ⅲ. 흡연 효과의 착각과 마약성 약리 작용

1. 흡연의 긴장 해소 효과
2. 니코틴의 약리 작용

Ⅳ. 나오는 말

보기 10

## 예술계의 갈등과 톨레랑스

1. 서론: 예술계에 나타나는 톨레랑스 결핍
2. 다른 주관에 대한 불인정 - 예술계의 소모적 갈등
3. 대중 예술과 고급 예술의 구분 - 기준의 모호성
4. 결론: 예술계의 발전을 위한 키워드 - 조화와 상생에 따른 긍정적 외부 효과

03

# 보고서 본문 쓰기

## 1. 서론

서론은 보통 연구 대상의 범위 및 성격을 명시하고 문제를 제기하며 보고서의 목적과 연구 방법을 제시한다. 짧은 보고서는 주로 화제에서 문제를 발견하고 글의 목적을 명시하면서 주제로 옮겨 가는 방법을 사용한다.

다음 〈보기 11〉은 '대학생의 흡연 실태'를 대상으로, 금연할 수 없는 핵심적인 문제 요소를 발견한 후 가설을 세우고 글의 목적과 연결하고 있다.

보기 11

흡연은 범사회적인 문제이기도 하지만, 한국에서 대학생들의 흡연율이 어느 나라, 어느 사회의 경우보다도 높다는 사실은 주목해야 할 현상이다. 우리나라 대학생들의 흡연율은 일본의 대학생들보다 배가 높고, 미국과 비교해도 1.8배나 된다.[1] 특히 대학가의 여성 흡연자는 해마다 증가하고 있으며, 전체 흡연율 또한 해마다 상승일로에 있다. 그런데 대학생들에게 물어보면 그들은 금연의 필요성을 인식하고는 있지만 흡연이 주는 긍정적 효과가 크다고 생각하고 있기 때문에 결정을 내리지 못하는 경우가 많았다. 많은 흡연자는, 금연을 하지 못하는 이유가 자신들이 의지가 약하거나 중독에 걸려 있기 때문이 아니라 흡연이 주는 심리적 안정 효과를 신뢰하기 때문이라고 믿고 있었다. 이 문제의 심각성은 우리나라 대학생들의 흡연 효과에 대한 신뢰가, '담배는 나쁘지만 중독성으로 인해 어쩔 수 없이 피운다'고 생각하는 윗세대의 소극적, 반성적 흡연 심리와는 달리 적극적 흡연 인구를 양산할 가능성이 짙다는 데 있다. 더군다나 그들이 신뢰하는 흡연의 심리적 안정 효과가 사실은 강력한 중독의 증후를 착각한 것이라면 문제의 양상은 더 복잡해진다. 왜냐하면 중독이 심리적 치유 효과를 느끼게 하고 그 느낌이 중독을 심화하는 악성 시너지 효과를 낳기 때문이다. 이 글에서는 대학생들이 믿고 있는 흡연 효과는 니코틴 중독에 의한 심리적 착각이라는 가설을 전제로 사회적 문제가 되고 있는 대학가 흡연율 증가의 심리적·사회적 원인을 분석하고 그 폐해를 증명하여 금연의 당위성을 알리고자 한다.

1) 「한국인과 흡연, 음주 문화」, 『○○일보』, 2008. 5. 10., 4쪽.

보기 12

1. 서론: 예술계에서 나타나는 톨레랑스의 결핍

톨레랑스. 톨레랑스를 가장 잘 표현할 수 있는 우리말은 '관용' 정도이다. 자기와 다른 생각을 가진 사람의 입장과 권리에 대해 나의 입장과 권리만큼 인정하고 존중해야 함을 의미하는 개념이다. 이러한 존중은 입장이 다른 서로 간의 조화와 상생으로 이어지기 위한 밑바탕이 된다. 우리는 종종 서로 간의 '다름'

을 '틀림'으로 규정하고 비난한다. 그리고 이런 가치관에서 비롯되는 갈등은 매우 소모적이다. 소모적인 갈등을 하는 자들은 서로 간의 발전을 돕기보다는 상대방을 깎아내리기에 급급하다. 나와 다른 상대방에 대한 '관용'의 부족이 그 원인이다.

관용의 부족으로 인한 갈등은 예술계에서도 예외는 아니다. 오늘날 예술계는 나름의 기준으로 '고급 예술'과 '대중 예술'로 나뉘어 있다. 그리고 어느 한쪽에 대한 옹호론자들은 다른 쪽을 비난하며 본인들이 지지하는 예술이 더 뛰어나다고 주장하기 바쁘다. 대중 예술 비판론자는 대중 예술이 상업성을 목적으로 한 저급 예술이라고 비난하는 반면, 고급 예술 비판론자는 대중 예술의 통속성이 지니는 긍정적인 면을 주장하며 고급 예술의 허위의식과 권위주의적인 관점을 비난한다. 서로 간의 차이를 틀림으로 규정하는 이런 식의 갈등 양상은 과연 정당한가? 또한 이 갈등의 원인이 되는 이분법적 구분의 기준은 합리적인가? 위 두 질문에 대한 답이 모두 '아니다'라면, 그들 서로가 예술계의 발전을 위해 취해야 할 입장은 무엇일까? 이 글은 '글쓰기' 과목의 학습을 통해 습득한 지식과 비판적 사고를 바탕으로 고급 예술과 대중 예술의 대립과 갈등적 상황을 만든 문제의 요소를 분석하여 바람직한 문화의 발전을 위한 방안을 마련하는 데 목적이 있다. 글의 목적을 달성하기 위하여 먼저 예술의 본질적 성격과 다원주의자들의 견해를 바탕으로 예술을 규범화하고 가치의 기준을 규정하여 상대의 예술을 비난하고 폄하하는 소모적 갈등의 위험성을 밝히고, 예술 작품의 기능과 개념에 대한 시대사적 변화 현상을 통해 예술 작품에 대한 고전적인 가치 평가의 기준이 무의미함을 증명할 것이다. 아울러 이러한 갈등을 해결하여 시대에 부합하는 예술 개념을 정립하고 올바른 문화의 발전을 도모하려 한다.

학생 글

〈보기 12〉는 수업 시간에 배운 지식을 통해 대상을 비판적으로 논평한 학생 보고서의 서론이다. 필자는 대중 문화와 고급 문화의 갈등과 대립을 연구 대상으로 삼아 문화의 진정한 발전을 막는 문제 요소를 발견하고, 이를 분석하여 논지를 찾고 글의 목적을 제시하고 있다. 〈보기 11〉에는 생략된 연구 방법 및 절차까지 제시하는 것에 주목하자.

## 2. 본론

서론에서 제기한 문제를 분석하고 논의하여 필자의 생각을 정당화시키는 단계이기 때문에 의미 단위를 항목별로 나누어 분석하고 논증한다. 이 과정에서는 적절한 자료를 인용하여 필자의 논지를 뒷받침하는 작업이 필요하다.

〈보기 13〉은 인터뷰 자료를 통해 우리나라 대학생 흡연의 사회심리학적 원인을 분석하고, 유명한 약리학자의 연구를 인용하여 '대학생들이 신뢰하는 흡연의 정신 안정 효과는 근거 없는 낭설이며 중독의 증후'라는 필자의 주장을 뒷받침하고 있다. 자료와 주장 사이에 "흡연과 흡연 사이의 니코틴 결핍이 스트레스의 느낌을 유도하고 이것이 흥분 상태에서 잠깐 잊혀지는 현상이 반복되면서 흡연이 스트레스를 해소하고 정신적 안정감을 준다는 느낌을 받는 것"이라는 추론으로 논리적 다리를 놓아 논증을 완성하는 과정이 치밀하고 조리 있다. 이처럼 근거와 주장을 잇는 논리적 단계를 '논거'라고 한다.

보기 13

수도권 4년제 대학생들을 대상으로 실시한 인터뷰 조사에 의하면, 이들의 흡연에는 심리적인 원인이 크게 작용하는 것[1]으로 나타났다. 입시 경쟁과 주입식 학습의 틀에서 벗어나 새로운 환경에 접한 대학생들은 갑자기 직면한 자유와 자신을 구속할 대상을 찾지 못하는 불안감 사이에서 방황을 하고, 거기서 오는

1) 김도완, 『대학가 흡연 실태 조사 보고서』(삼진출판사, 2011), 130~135쪽 참조.

스트레스를 벗어나려고 하는 일탈 심리가 흡연을 하는 중요한 원인이 된다. 또한 전공에 대한 갈등과 회의, 취업에 대한 부담감 때문에 고학년이 될수록 흡연자도 흡연량도 증가하고 있는 추세이다. 과제 발표나 시험을 앞두고 심리적 안정감을 찾기 위해 많은 양의 담배를 피우며, 실제로 흡연 후에 더 좋은 결과를 경험했다고 주장하는 학생들도 적지 않았다.

흡연자들은 경험적으로 환경으로부터의 스트레스에 대항하기 위해서 담배를 피운다고 하지만, 흡연이 스트레스를 진정시키는 효과가 있다는 것은 과학적으로 증명되지 않은 낭설이다. 사실 흡연자들이 스트레스 상황에서 흡연을 함으로써 평안함을 느낀다는 말에도 불구하고, 니코틴의 약리학적 작용은 주로 흥분성에 있다. 흡연과 흡연 사이의 니코틴 결핍이 스트레스의 느낌을 유도하고 이것이 흥분 상태에서 잠깐 잊혀지는 현상이 반복되면서 흡연이 스트레스를 해소한다는 느낌을 받는 것이다. 유명한 약리학자 실버스테인(Silverstein)은 1976년, '흡연이 불안과 긴장을 해소해 준다는 것은 순전히 흡연자의 입장에서 만들어낸 심리적 조작이며, 흡연은 불안을 감소시키는 효과가 있는 것이 아니라는 사실'[2]을 실험을 통해 증명한 바 있다. 흡연자들의 심리적 메커니즘은 사실상 니코틴에 대한 약리학적 반응의 결과로서, 니코틴 중독이 불안을 부르고 이 불안에서 벗어나기 위해서 담배를 피워 불충분한 니코틴양을 공급해 주는 악순환의 연속인 것이다.

2) 실버스테인, 『흡연 효과의 심리적 조작』, 이석희 옮김(삼문출판사, 2009), 110쪽.

다음 〈보기 14〉는 서론에서 제기한 문제를 두 개의 논점으로 의미 단위를 나누어 분석하고 예술계의 갈등이 모순되고 무의미한 행위임을 논증하고 있다. 필자가 문제를 해결하기 위해서 어떻게 근거 자료를 사용하여 논지를 뒷받침하고 있는지 살펴보자.

보기14

2. 다른 주관에 대한 불인정 – 예술계의 소모적 갈등

미국의 미학자 모리스 와이츠는 "예술은 어떤 한마디로 정의될 수 없다."[1]라고 말하며 '예술 정의 불가론'을 주장했다. 예술은 예술가 개개인의 다양한 느낌과 방식에 의해 만들어지는 것이므로 다양한 형태로 나타난다. 이런 다양한 형태의 예술을 하나로 명확하게 정의하는 것 자체가 사실은 모순이다. 와이츠의 의견을 바탕으로 나온 다원론자들은 '특별히 올바른 하나의 양식이란 있을 수 없으며, 예술이란 무엇인가에 대한 답도 여러 가지일 수 있다'[2]고 입을 모은다. 이렇듯 하나의 예술 작품은 그 작품을 만들어 낸 예술가가 느끼는 아름다움에 대한 주관적 표현이므로 그 형태는 다양하다. 그리고 다양한 형태의 예술 작품은 그 기능이나 성격에 따라 대중의 욕망과 일치하거나, 혹은 일치하지 않는 결과를 발생시킬 수 있다. 그런데 흔히 대중 예술 비판론자들과 고급 예술 비판론자들은 아름다움에 대한 서로 다른 주관이 만들어 낸 결과를 대중이 느끼는 욕망과의 일치 여부로 대중 예술과 고급 예술로 나누고 서로를 비난한다. 만약에 그들의 비난이 정당하다면, 모든 예술가가 느끼는 다양한 감흥과 미적 대상에 대한 주관은 서로에게 비난의 대상이 될 것이다. 아름다움에 대한 주관이 다르다는 이유로 상대를 비난하는 것은 예술의 다양성과 차이성을 인정하지 않는 전체주의적 발상에서 나온 흑백 논리로서 매우 위험하다. 이러한 행위는 서로 간의 발전은커녕 서로에게 상처만 입히는 소모적인 갈등을 초래한다. 따라서 정당하지 못하다.

3. 대중 예술과 고급 예술의 구분 – 기준의 모호함

백번 양보하여 그들의 갈등이 정당하다고 인정하더라도, 그 갈등의 원인인

1) 공주형, 『미술시간에 가르쳐 주지 않은 101가지』(동녘, 2010), 73쪽.

2) 김진엽, 『예술에 대한 일곱 가지 답변의 역사』(책세상, 2007), 55쪽.

이분법적 가치 판단에는 시대착오적인 오류가 보인다. 독일의 문예평론가 발터 벤야민은 일찍이 그의 저서인 『기술 복제 시대의 예술 작품』에서 사진술의 발달로 예술품의 기술적 복제가 가능해짐에 따라 예술 작품의 반복과 재생산이 확산되었고, 이러한 변화가 유일무이한 고전 예술 작품이 현존하는 장소에서만 느낄 수 있던 '아우라'[3]의 위축을 발생시켰기 때문에 예술 작품에 대한 전통적인 개념이 달라졌다고 주장했다.

> 복제에 빠져 있는 예술 작품의 유일무이한 현존성을 우리는 Aura라는 개념을 가지고 다음과 같이 요약해서 말할 수 있을 것이다. 즉, 예술 작품의 기술적 복제 가능성의 시대에서 위축되고 있는 것은 예술 작품의 Aura이다. 그러나 이러한 과정이 지니는 의미는 예술의 영역을 훨씬 넘어서고 있다. 복제 기술은 복제된 것을 전통의 영역으로부터 분리한다. 복제 기술은 복제품을 대량 생산함으로써 일회적 산물을 대량 제조된 산물로 대치한다. 복제 기술은 수용자로 하여금 그때그때 개별적인 상황 속에서 복제품과 대면하게 함으로써 그 복제품을 현재화한다. 이 두 과정, 즉 복제품의 대량 생산과 복제품의 현재화는 결과적으로 전통적인 것을 마구 흔들어 놓았다. 그리고 이러한 위기와 변혁은 오늘날 대중 운동과도 매우 밀접한 관계가 있다. …… 사물을 공간적으로 또 인간적으로 보다 자신에게 가까이 끌어오고자 하는 것은 현대의 대중이 바라는 열렬한 욕구이다. 또 이와 마찬가지로 현대의 대중은 복제를 통하여 모든 사물의 일회적 성격을 극복하려는 성향을 가지고 있는 것이다. …… 현실이 대중에게 적응하고 또 대중이 현실에 적응하는 현상은 사고의 면에서는 물론이고 직관의 면에서도 무한한 중요성을 지니게 될 하나의 발전 과정이다.[4]

이 글이 발표된 시기는 1930년이다. 오늘날 그의 예측은 보기 좋게 들어맞았

---

3) 독일의 문예철학자 발터 벤야민이 단일한 예술 작품 자체 속에 내재되어 있는 유일무이한 영묘한 분위기를 표현한 개념으로서 고전적 작품 제작 시대와 현대의 기술 복제 시대에 있어서 예술 작품의 생산 양식과 감상 양식의 변화, 예술 개념과 기능의 변화를 상징적으로 함축하고 있다. Walter Benjamin, 『발터 벤야민의 문예이론』, 반성완 옮김(민음사, 2010), 377~382쪽 참조.

4) 위의 책, 202~204쪽.

다. 현대에는 사진술의 발달뿐만 아니라 정보 통신 기술의 발달로 인해 언제 어디에서든 유명한 예술품을 감상할 수 있게 되었고, 이는 기술적 복제를 넘어서 기술적 재현에 가깝다. 예를 들면, 우리는 인터넷 검색창에 유명 예술품의 이름만 쳐도 그 예술품의 모습을 얼마든지 감상할 수 있다. 그런데 사진술의 발명에 대항하듯 기존 예술의 입지를 지키기 위해 발생한 개념인 고급 예술이 스스로를 대중 예술과 구분하기 위한 기준으로 제시했던 것이 예술 작품의 일회성에 기반한 아우라 개념이었다. 그러나 예술 작품을 어느 장소에서든 똑같이 감상할 수 있게 된 지금, 아우라는 모든 예술 작품에 존재하거나 혹은 존재하지 않을 정도로 퇴색되었거나 둘 중 하나이다. 어떤 측면에서 보더라도 아우라는 기술적 복제가 예술 작품의 생산과 감상의 소통 원리가 되어 버린 현대 사회의 문화의 현상 속에서 더 이상 예술 작품의 고유한 본질로서의 권위를 인정받을 수 없게 된 것이다. 따라서 현대 사회에서 예술 작품의 유일무이한 고귀성, 혹은 현존성을 가지고 고급 예술과 대중 예술을 구분 짓는 기준으로 삼는 것은 합리적이지 못하다.

이 외에도 고급 예술과 대중 예술의 구분 기준 중 하나인 예술을 만들어 낸 목적 또한 매우 상대적인 개념이다. 고급 예술의 입장에서 볼 때 예술을 만든 목적이 상업성과 대중을 염두에 두지 않고 순수한 아름다움을 만들어 내기 위한 것이라면 그것은 고급 예술이다. 반면에 예술을 만들어 내는 목적이 상업성과 대중을 염두에 두고 있다면 그것은 대중 예술이다. 그러나 이 기준을 절대적으로 인정하기에는 이에 대한 반례가 너무 명백하다. 팝아트의 대표 주자인 앤디 워홀은 그의 대표 작품인 『코카콜라』에 대해서 "특정 계층의 사람들뿐만 아니라 대중에게도 기존의 예술의 세계를 허물어 보이고 싶었다."[5]라고 말했다. 그는 예술이란 대중이 좋아하는 것을 표현하는 것이라고 생각했다. 위에서 말

---

5) Arthur C. Danto, 『앤디 워홀 이야기』, 박선령 · 이혜경 옮김(명진출판사, 2010), 35쪽.

한 기준으로 앤디 워홀을 평가한다면 그의 작품은 명백한 대중 예술이다. 팝아트가 처음 소개되었을 당시에 전문가들의 평가는 냉혹했다. 그의 예술 작품은 상업적이고 단순한 복제에 불과하며 예술답지 못하다는 평이 대부분이었다. 그러나 아이러니하게도 시간이 지난 후 그의 예술은 자본주의 사회 속에서 고급 예술이 되어 버렸다. 국제 미술 시장 분석 기관인 아트프라이스닷컴은 매년 세계 미술 경매에서 거래된 작품의 낙찰 가격 총액을 작가별로 매겨 순위를 낸다. 2005년과 2006년의 1위가 모두 피카소였는데 2007년에는 앤디 워홀이 1위로 올라섰다. 대중을 위해 만들었던 작품이 나중에는 아무나 소유할 수 없는 고급 예술품으로 평가받는 것이다. 이뿐 아니라 그의 작품들은 일상의 욕망이 순수 미술 속으로 유입됨으로써 고급 예술과 대중 예술의 이분법적 위계 구조를 해체한 것으로까지 현대에 와서 평가받는다. 워홀의 작품에서 상업성과 예술성을 분리하기란 불가능한 것이다.

학생 글

## 3. 결론

본론의 논의를 통하여 입증된 내용들을 간추려 정리하고 필자의 생각을 종합하여 글을 마무리한다. 이때 글의 전체 논의를 바탕으로 서론에서 제기된 문제에 대한 해결 방안을 마련하거나 보고서의 결론이 갖는 학문적 의의나 전망을 제시한다.

다음 〈보기 15〉에서 필자는 본론(〈보기 13〉)에서 논증을 통해 알아낸 내용을 정리하고 강조하면서 글을 마무리 짓고 있다. 문제의 발견과 분석을 통해 펼친 주장을 결론에서 확인하고 강조하는 방법을 사용하고 있는 것이다.

**보기 15**

그러므로 흡연자는 비흡연자보다 불안이나 스트레스를 더 받기 쉬우며 이것은 오로지 니코틴의 농도를 유지하기 위한 금단 증세로 설명할 수 있다. 대학생들은 흡연이 긴장을 해소한다고 느끼는 것은 착각이며 마약과 같은 약리 작용의 결과라는 것을 인식해야 한다. 담배는 중독성을 가지고 뇌에 작용하여 중추신경을 흥분시키는 마약이라는 것을 다시 한 번 상기할 필요가 있다.

한편, 다음 〈보기 16〉의 경우는 필자가 글의 전체 논의를 종합 정리하면서 '예술계의 발전적 전망을 위한 조화와 상생의 방법'이라는 핵심 주제를 함축적으로 제시한다.

**보기 16**

4. 결론: 예술계의 발전을 위한 키워드 – 조화와 상생에 따른 긍정적 외부 효과

이렇듯 고급 예술과 대중 예술을 나누는 기준은 절대적이지 못하다. 명확하지 않은 기준에 의한 이분법적 사고와 그에 따른 갈등은 정당하지도, 생산적이지도 않다. 이런 의미 없는 갈등은 지양되어야 한다. 그리고 이제는 서로를 깎아내리는 것이 아니라 함께 조화롭게 성장할 수 있는 방안을 모색해야 한다. 현대 사회에서는 이미 고급 예술과 대중 예술이 하나의 예술 작품 속에서 어우러져 나타나고 있다. 첫째로, 대중 예술 속의 고급 예술을 국내 대중가요 속에서 발견할 수 있다. 대중가요 중에서는 클래식을 샘플링하여 대중에게 인기를 끈 사례가 많다. 몇 가지 예를 들자면, 베토벤의 「엘리제를 위하여」를 샘플링한 아이비의 「유혹의 소나타」와 비발디의 「사계」 중 '겨울'을 샘플링한 이현우의 「헤어진 다음 날」, 차이코프스키의 「백조의 호수」 중 '정경'을 샘플링한 신화의 「T.O.P」 등을 꼽을 수 있다. 이런 샘플링은 대중음악 속에서 원곡에 대한 관심을 불러일으킨다. 둘째로, 고급 예술 속의 대중 예술 또한 발견할 수 있다. 1980년대의 세계

3대 테너로 불리는 루치아노 파바로티 · 플라시도 도밍고 · 호세 카레라스의 콘서트를 예로 들 수 있다. 그들은 대중적인 아리아들을 콘서트 중 주요 무대에 편성[1]해서 대중에게 거부감 없이 그들 무대의 대부분을 구성하는 클래식을 받아들이도록 했고, 세계적으로 선풍적 인기를 끌었다.

경제학에서는 '긍정적 외부 효과'라는 개념이 있다. 긍정적 외부 효과란 한 경제 주체가 자신의 이득을 위해 행동한 결과, 그 의도와 상관없이 다른 경제 주체에게 이득을 주는 경우를 말한다.[2] 과수원 옆에서 양봉업자가 벌을 키우기 위해 노력할 때, 벌로 인해서 과수원의 과일들이 더 쉽게 수정되어 과수원업자가 이득을 보는 경우가 대표적인 예이다. 예술계에서도 고급 예술 비판론자와 대중 예술 비판론자가 서로 간의 다름을 인정하고 조화를 이루려 할 때, 이러한 긍정적 외부 효과가 발생할 것이다. 앞의 사례에서 하나의 예술 작품 속에서 이루어진 고급 예술과 대중 예술의 조화가 어떤 결과를 발생시켰는가? 서로에 대한 편견을 없애고 좀 더 많은 사람들의 관심을 유도했다. 이는 본받아야 할 좋은 사례이다. 현재 예술계에 필요한 것은 서로를 깎아내리는 비난과 갈등이 아니라 서로에 대한 톨레랑스이다.

학생 글

1) 임연철 · 박정배, 『예술경영』(커뮤니케이션북스, 2013), 102~103쪽 참조.
2) N. Gregory Mankiw, 『맨큐의 경제학』, 김경환 · 김종석 옮김(교보문고, 2007), 236쪽.

**생각하기 3** 자신이 관심 있는 주제를 선정하여 네 개 혹은 다섯 개의 의미 단위로 구성된 보고서 형식의 목차를 만들고, 서론을 완성해 보자.

주제:

목차:

보기 17

## 흡연 효과의 착각과 마약성 약리 작용

1. 서론: 대학가 흡연율의 심각성

2. 대학생 흡연의 사회심리적 원인
   1) 입학 후 자유와 불안감
   2) 전공에 대한 갈등과 취업 스트레스

3. 흡연 효과의 착각과 마약성 약리 작용
   1) 흡연의 긴장 해소 효과
   2) 니코틴의 약리 작용

4. 결론: 흡연의 마약성에 대한 각성과 금연

흡연은 범사회적인 문제이기도 하지만, 한국에서 대학생들의 흡연율이 어느 나라, 어느 사회의 경우보다도 높다는 사실은 주목해야 할 현상이다. 우리나라 대학생들의 흡연율은 일본의 대학생들보다 배가 높고, 미국과 비교해도 1.8배나 된다.[1] 특히 대학가의 여성 흡연자는 해마다 증가하고 있으며, 전체 흡연율 또한 해마다 상승일로에 있다. 그런데 대학생들에게 물어보면 그들은 금연의 필요성을 인식하고는 있지만 흡연이 주는 긍정적 효과가 크다고 생각하고 있기 때문에 결정을 내리지 못하는 경우가 많았다. 이 문제의 심각성은 우리나라 대학생들의 흡연 효과에 대한 신뢰가 적극적 흡연 인구를 양산할 가능성이 짙다는 데 있다. 더군다나 그들이 신뢰하는 흡연의 심리적 안정 효과가 사실은 강력한 중독의 증후를 착각한 것이라면 문제의 양상은 더 복잡해진다. 왜냐하면 중독이 심리적 치유 효과를 느끼게 하고 그 느낌이 중독을 심화하는 악성 시너

---

1) 「한국인과 흡연, 음주 문화」, 『○○일보』, 2008년 5월 10일, 4쪽.

지 효과를 낳기 때문이다. 이 글에서는 대학생들이 믿고 있는 흡연 효과는 니코틴 중독에 의한 심리적 착각이라는 가설을 전제로 사회적 문제가 되고 있는 대학가 흡연율 증가의 심리적·사회적 원인을 분석하고 그 폐해를 증명하여 금연의 당위성을 알리고자 한다.

수도권 4년제 대학생들을 대상으로 실시한 인터뷰 조사에 의하면, 이들의 흡연에는 심리적인 원인이 크게 작용하는 것[2]으로 나타났다. 입시 경쟁과 주입식 학습의 틀에서 벗어나 새로운 환경에 접한 대학생들은 갑자기 직면한 자유와 자신을 구속할 대상을 찾지 못하는 불안감 사이에서 방황을 하고, 거기서 오는 스트레스를 벗어나려고 하는 일탈 심리가 흡연을 하는 중요한 원인이 된다. 또한 전공에 대한 갈등과 회의, 취업에 대한 부담감 때문에 고학년이 될수록 흡연자도 흡연량도 증가하고 있는 추세이다. 그들은 과제 발표나 시험을 앞두고 심리적 안정감을 찾기 위해 많은 양의 담배를 피우며, 실제로 흡연 후에 더 좋은 결과를 경험했다고 주장하는 사례도 적지 않았다.

흡연자들은 경험적으로 환경으로부터의 스트레스에 대항하기 위해서 담배를 피운다고 하지만, 흡연이 스트레스를 진정시키는 효과가 있다는 것은 과학적으로 증명되지 않은 낭설이다. 사실 흡연자들이 스트레스 상황에서 흡연을 함으로써 평안함을 느낀다는 말에도 불구하고, 니코틴의 약리학적 작용은 주로 흥분성에 있다. 흡연과 흡연 사이의 니코틴 결핍이 스트레스의 느낌을 유도하고 이것이 흥분 상태에서 잠깐 잊혀지는 현상이 반복되면서 흡연이 스트레스를 해소한다는 느낌을 받는 것이다. 유명한 약리학자 실버스테인(Silverstein)은 1976년, '흡연이 불안과 긴장을 해소해 준다는 것은 순전히 흡연자의 입장에서 만들어 낸 심리적 조작이며, 흡연은 불안을 감소시키는 효과가 있는 것이 아니라는 사실'[3]을 실험을 통해 증명한 바 있다. 흡연자들의 심리적 메커니즘은 사

2) 김도완, 『대학가 흡연 실태 조사 보고서』(삼진출판사, 2011), 130~135쪽 참조.
3) 실버스테인, 『흡연 효과의 심리적 조작』, 이석희 옮김(삼문출판사, 2009), 110쪽.

실상 니코틴에 대한 약리학적 반응의 결과로서, 니코틴 중독이 불안을 부르고 이 불안에서 벗어나기 위해서 담배를 피워 불충분한 니코틴 양을 공급해 주는 악순환의 연속인 것이다.[4)]

그러므로 흡연자는 비흡연자보다 불안이나 스트레스를 더 받기 쉬우며 이것은 오로지 긴장을 해소한다고 느끼는 것은 착각이며 마약과 같은 약리 작용의 결과라는 것을 인식해야 한다. 담배는 중독성을 가지고 뇌에 작용하여 중추 신경을 흥분시키는 마약이라는 것을 다시 한 번 상기할 필요가 있다.

참고 문헌

김도완, 『대학가 흡연 실태 조사 보고서』, 삼진출판사, 2011.

성국일, 「흡연과 현대인의 정신 병리」, 『신경정신의학연구논총』 3호(2005).

실버스테인, 『흡연 효과의 심리적 조작』, 이석희 옮김, 삼문출판사, 2009.

「한국인의 흡연 · 음주문화」, 『○○일보』, 2008년 5월 10일.

---

4) ○○대학교 성국일 박사는 약물 중독의 정신병리학을 연구한 논문에서 니코틴 중독에 의한 심리적 메커니즘이 현대인의 강박 노이로제나 불안 신경증과 관련 있다고 주장하고 있다. 이런 논의는 흡연과 사회 경제적 구조 간의 밀접한 관계를 시사한다. 앞으로 이 분야의 연구가 진전된다면 흡연의 사회 · 문화적 원인이 밝혀질 수 있을 것으로 기대된다. 성국일, 「흡연과 현대인의 정신 병리」, 『신경정신의학연구논총』 3호(2005), 111~137쪽 참조.

**생각하기 4** 자신이 관심 있는 주제를 선정하여 네 개 혹은 다섯 개의 의미 단위로 구성된 보고서 형식의 목차를 만들고, A4 용지 세 쪽 정도의 분량으로 압축하여 글을 완성해 보자.

주제:

목차:

보기 18

## 예술계의 갈등과 톨레랑스

1. 서론: 예술계에 나타나는 톨레랑스 결핍
2. 다른 주관에 대한 불인정 - 예술계의 소모적 갈등
3. 대중 예술과 고급 예술의 구분 - 기준의 모호성
4. 결론: 예술계의 발전을 위한 키워드 - 조화와 상생에 따른 긍정적 외부 효과

### 1. 서론: 예술계에서 나타나는 톨레랑스의 결핍

톨레랑스. 톨레랑스를 가장 잘 표현할 수 있는 우리말은 '관용' 정도이다. 자기와 다른 생각을 가진 사람의 입장과 권리에 대해 나의 입장과 권리만큼 인정하고 존중해야 함을 의미하는 개념이다. 이러한 존중은 입장이 다른 서로 간의 조화와 상생으로 이어지기 위한 밑바탕이 된다. 우리는 종종 서로 간의 '다름'을 '틀림'으로 규정하고 비난한다. 그리고 이런 가치관에서 비롯되는 갈등은 매우 소모적이다. 소모적인 갈등을 하는 자들은 서로 간의 발전을 돕기보다는 상대방을 깎아내리기에 급급하다. 나와 다른 상대방에 대한 '관용'의 부족이 그 원인이다.

관용의 부족으로 인한 갈등은 예술계에서도 예외는 아니다. 오늘날 예술계는 나름의 기준으로 '고급 예술'과 '대중 예술'로 나뉘어 있다. 그리고 어느 한쪽에 대한 옹호론자들은 다른 쪽을 비난하며 본인들이 지지하는 예술이 더 뛰어나다고 주장하기 바쁘다. 대중 예술 비판론자는 대중 예술이 상업성을 목적으로 한 저급 예술이라고 비난하는 반면, 고급 예술 비판론자는 대중 예술의 통속성이 지니는 긍정적인 면을 주장하며 고급 예술의 허위의식과 극단적인 관점을 비난한다. 서로 간의 차이를 틀림으로 규정하는 이런 식의 갈등 양상은 과연 정당한가? 또한 이 갈등의 원인이 되는 이분법적 구분의 기준은 합리적인가? 위

두 질문에 대한 답이 모두 '아니다'라면, 그들 서로가 예술계의 발전을 위해 취해야 할 입장은 무엇일까? 이 글은 '글쓰기' 과목의 학습을 통해 습득한 지식과 비판적 사고를 바탕으로 고급 예술과 대중 예술의 대립과 갈등적 상황을 만든 문제의 요소를 분석하여 바람직한 문화의 발전을 위한 방안을 마련하는 데 목적이 있다. 글의 목적을 달성하기 위하여 먼저 예술의 본질적 성격과 다원주의자들의 견해를 바탕으로 예술을 규범화하고 가치의 기준을 규정하여 상대의 예술을 비난하고 폄하하는 소모적 갈등의 위험성을 밝히고, 예술 작품의 기능과 개념에 대한 시대사적 변화 현상을 통해 예술 작품에 대한 고전적인 가치 평가의 기준이 무의미함을 증명할 것이다. 아울러 이러한 갈등을 해결하여 시대에 부합하는 예술 개념을 정립하고 올바른 문화의 발전을 도모하려 한다.

## 2. 다른 주관에 대한 불인정 - 예술계의 소모적 갈등

미국의 미학자 모리스 와이츠는 "예술은 어떤 한마디로 정의될 수 없다."[1]라고 말하며 '예술 정의 불가론'을 주장했다. 예술은 예술가 개개인의 다양한 느낌과 방식에 의해 만들어지는 것이므로 다양한 형태로 나타난다. 이런 다양한 형태의 예술을 하나의 의미로 명확하게 규정하는 것 자체가 사실은 모순이다. 와이츠의 의견을 바탕으로 나온 다원론자들은 '특별히 올바른 하나의 양식이란 있을 수 없으며, 예술이란 무엇인가에 대한 답도 여러 가지일 수 있다'[2]고 입을 모은다. 하나의 예술 작품은 그 작품을 만들어 낸 예술가가 느끼는 아름다움에 대한 주관적 표현이므로 그 형태는 다양하다. 그리고 다양한 형태의 예술 작품은 그 기능이나 성격에 따라 대중의 욕망과 일치하거나, 혹은 일치하지 않는 결과를 발생시킬 수 있다. 그런데 흔히 대중 예술 비판론자들과 고급 예술 비판론자들은 아름다움에 대한 서로 다른 주관이 만들어 낸 결과를 대중이 느끼는

1) 공주형, 『미술시간에 가르쳐 주지 않은 101가지』(동녘, 2010), 73쪽.

2) 김진엽, 『예술에 대한 일곱 가지 답변의 역사』(책세상, 2007), 55쪽

욕망과의 일치 여부로 대중 예술과 고급 예술로 나누고 서로를 비난한다. 만약에 그들의 비난이 정당하다면, 모든 예술가가 느끼는 다양한 감흥과 미적 대상에 대한 주관은 서로에게 비난의 대상이 될 것이다. 아름다움에 대한 주관이 다르다는 이유로 상대를 비난하는 것은 예술의 다양성과 차이성을 인정하지 않는 전체주의적 발상에서 나온 흑백 논리로서 매우 위험하다. 이러한 행위는 서로 간의 발전은커녕 서로에게 상처만 입히는 소모적인 갈등을 초래한다. 따라서 정당하지 못하다.

### 3. 대중 예술과 고급 예술의 구분 - 기준의 모호함

백번 양보하여 그들의 갈등이 정당하다고 인정하더라도, 그 갈등의 원인인 이분법적 가치 판단에는 시대착오적인 오류가 보인다. 독일의 문예평론가 발터 벤야민은 일찍이 그의 저서인『기술 복제 시대의 예술 작품』에서 사진술의 발달로 예술품의 기술적 복제가 가능해짐에 따라 예술 작품의 반복과 재생산이 확산되었고, 이러한 변화가 유일무이한 고전 예술 작품이 현존하는 장소에서만 느낄 수 있던 '아우라'[3]의 위축을 발생시켰기 때문에 예술 작품에 대한 전통적인 개념이 달라졌다고 주장했다.

> 복제에 빠져 있는 예술 작품의 유일무이한 현존성을 우리는 Aura라는 개념을 가지고 다음과 같이 요약해서 말할 수 있을 것이다. 즉, 예술 작품의 기술적 복제 가능성의 시대에서 위축되고 있는 것은 예술 작품의 Aura이다. 그러나 이러한 과정이 지니는 의미는 예술의 영역을 훨씬 넘어서고 있다. 복제 기술은 복제된 것을 전통의 영역으로부터 분리한다. 복제 기술은 복제품을 대량 생산함으로써 일회

---

3) 독일의 문예철학자 발터 벤야민이 단일한 예술작품 자체 속에 내재되어 있는 유일무이한 영묘한 분위기를 표현한 개념으로서 고전적 작품 제작 시대와 현대의 기술복제 시대에 있어서 예술 작품의 생산 양식과 감상 양식의 변화, 예술 개념과 기능의 변화를 상징적으로 함축하고 있다. 발터 벤야민,『발터 벤야민의 문예이론』, 반성완 옮김(민음사, 2010), 377~382쪽 참조.

적 산물을 대량 제조된 산물로 대치한다. 복제 기술은 수용자로 하여금 그때그때 개별적인 상황 속에서 복제품과 대면하게 함으로써 그 복제품을 현재화한다. 이 두 과정, 즉 복제품의 대량 생산과 복제품의 현재화는 결과적으로 전통적인 것을 마구 흔들어 놓았다. 그리고 이러한 위기와 변혁은 오늘날 대중 운동과도 매우 밀접한 관계가 있다. …… 사물을 공간적으로 또 인간적으로 보다 자신에게 가까이 끌어오고자 하는 것은 현대의 대중이 바라는 열렬한 욕구이다. 또 이와 마찬가지로 현대의 대중은 복제를 통하여 모든 사물의 일회적 성격을 극복하려는 성향을 가지고 있는 것이다. …… 현실이 대중에게 적응하고 또 대중이 현실에 적응하는 현상은 사고의 면에서는 물론이고 직관의 면에서도 무한한 중요성을 지니게 될 하나의 발전 과정이다.[4]

이 글이 발표된 시기는 1930년이다. 오늘날 그의 예측은 보기 좋게 들어맞았다. 현대에는 사진술의 발달뿐만 아니라 정보 통신 기술의 발달로 인해 언제 어디에서든 유명한 예술품을 감상할 수 있게 되었고, 이는 기술적 복제를 넘어서 기술적 재현에 가깝다. 예를 들면, 우리는 인터넷 검색창에 유명 예술품의 이름만 쳐도 그 예술품의 모습을 얼마든지 감상할 수 있다. 그런데 사진술의 발명에 대항하듯 기존 예술의 입지를 지키기 위해 발생한 개념인 고급 예술이 스스로를 대중 예술과 구분하기 위한 기준으로 제시했던 것이 예술 작품의 일회성에 기반한 아우라 개념이었다. 그러나 예술 작품을 어느 장소에서든 똑같이 감상할 수 있게 된 지금, 아우라는 모든 예술 작품에 존재하거나 혹은 존재하지 않을 정도로 퇴색되었거나 둘 중 하나이다. 어떤 측면에서 보더라도 아우라는 기술적 복제가 예술 작품의 생산과 감상의 소통 원리가 되어 버린 현대 사회의 문화의 현상 속에서 더 이상 예술 작품의 고유한 본질로서의 권위를 인정받을 수 없게 된 것이다. 따라서 현대 사회에서 예술 작품의 유일무이한 고귀성, 혹은 현존성을 가지고 고급 예술과 대중 예술을 구분 짓는 기준으로 삼는 것은 합리적이지 못

4) 위의 책, 202~204쪽.

하다.

이 외에도 고급 예술과 대중 예술의 구분 기준 중 하나인 예술을 만들어 낸 목적 또한 매우 상대적인 개념이다. 고급 예술의 입장에서 볼 때 예술을 만든 목적이 상업성과 대중을 염두에 두지 않고 순수한 아름다움을 만들어 내기 위한 것이었다면 그것은 고급 예술이다. 반면에 예술을 만들어 내는 목적이 상업성과 대중을 염두에 두고 있다면 그것은 대중 예술이다. 그러나 이 기준을 절대적으로 인정하기에는 이에 대한 반례가 너무 명백하다. 팝아트의 대표 주자인 앤디 워홀은 그의 대표 작품인 『코카콜라』에 대해서 "특정 계층의 사람들뿐만 아니라 대중에게도 기존의 예술의 세계를 허물어 보이고 싶었다."[5)]라고 말했다. 그는 예술이란 대중이 좋아하는 것을 표현하는 것이라고 생각했다. 위에서 말한 기준으로 앤디 워홀을 평가한다면 그의 작품은 명백한 대중 예술이다. 팝아트가 처음 소개되었을 당시에 전문가들의 평가는 냉혹했다. 그의 예술 작품은 상업적이고 단순한 복제에 불과하며 예술답지 못하다는 평이 대부분이었다. 그러나 아이러니하게도 시간이 지난 후 그의 예술은 자본주의 사회 속에서 고급 예술이 되어 버렸다. 국제 미술 시장 분석 기관인 아트프라이스닷컴은 매년 세계 미술 경매에서 거래된 작품의 낙찰 가격 총액을 작가별로 매겨 순위를 낸다. 2005년과 2006년의 1위가 모두 피카소였는데 2007년에는 앤디 워홀이 1위로 올라섰다. 대중을 위한 작품으로 만들었던 예술품이 나중에는 아무나 소유할 수 없는 가치가 있는 예술품으로 평가받는 것이다. 이뿐 아니라 그의 작품들은 일상의 욕망이 순수 미술 속으로 유입됨으로써 고급 예술과 대중 예술의 이분법적 위계 구조를 해체한 것으로까지 현대에 와서 평가받는다. 워홀의 작품에서 상업성과 예술성을 분리하기란 불가능한 것이다.

---

5) Arthur C. Danto, 『앤디 워홀 이야기』, 박선령 · 이혜경 옮김(명진출판사, 2010), 35쪽.

4. 결론: 예술계의 발전을 위한 키워드 - 조화와 상생에 따른 긍정적 외부 효과

이렇듯 고급 예술과 대중 예술을 나누는 기준은 절대적이지 못하다. 명확하지 않은 기준에 의한 이분법적 사고와 그에 따른 갈등은 정당하지도, 생산적이지도 않다. 이런 의미 없는 갈등은 지양되어야 한다. 그리고 이제는 서로를 깎아내리는 것이 아니라 함께 조화롭게 성장할 수 있는 방안을 모색해야 한다. 현대 사회에서는 이미 고급 예술과 대중 예술이 하나의 예술 작품 속에서 어우러져 나타나고 있다. 첫째로, 대중 예술 속의 고급 예술을 국내 대중가요 속에서 발견할 수 있다. 대중가요 중에서는 클래식을 샘플링하여 대중에게 인기를 끈 사례가 많다. 몇 가지 예를 들자면, 베토벤의 「엘리제를 위하여」를 샘플링한 아이비의 「유혹의 소나타」와 비발디의 「사계」 중 '겨울'을 샘플링한 이현우의 「헤어진 다음 날」, 차이코프스키의 「백조의 호수」 중 '정경'을 샘플링한 신화의 「T.O.P」 등을 꼽을 수 있다. 이런 샘플링은 대중음악 속에서 원곡에 대한 관심을 불러일으킨다. 둘째로, 고급 예술 속의 대중 예술 또한 발견할 수 있다. 1980년대의 세계 3대 테너로 불리는 루치아노 파바로티 · 플라시도 도밍고 · 호세 카레라스의 콘서트를 예로 들 수 있다. 그들은 대중적인 아리아들을 콘서트 중 주요 무대에 편성[6]해서 대중에게 거부감 없이 그들 무대의 대부분을 구성하는 클래식을 받아들이도록 했고, 세계적으로 선풍적 인기를 끌었다.

경제학에서는 '긍정적 외부 효과'라는 개념이 있다. 긍정적 외부 효과란 한 경제 주체가 자신의 이득을 위해 행동한 결과, 그 의도와 상관없이 다른 경제 주체에게 이득을 주는 경우를 말한다.[7] 과수원 옆에서 양봉업자가 벌을 키우기 위해 노력할 때, 벌로 인해서 과수원의 과일들이 더 쉽게 수정되어 과수원업자가 이득을 보는 경우가 대표적인 예이다. 예술계에서도 고급 예술 비판론자와 대중 예술 비판론자가 서로 간의 다름을 인정하고 조화를 이루려 할 때, 이러한

6) 임연철 · 박정배, 『예술경영』(커뮤니케이션북스, 2013), 102~103쪽 참조.

7) N. Gregory Mankiw, 『맨큐의 경제학』, 김경환 · 김종석 옮김(교보문고, 2007), 236쪽.

긍정적 외부 효과가 발생할 것이다. 앞의 사례에서 하나의 예술 작품 속에서 이루어진 고급 예술과 대중 예술의 조화가 어떤 결과를 발생시켰는가? 서로에 대한 편견을 없애고 좀 더 많은 사람들의 관심을 유도했다. 이는 본받아야 할 좋은 사례이다. 현재 예술계에 필요한 것은 서로를 깎아내리는 비난과 갈등이 아니라 서로에 대한 톨레랑스이다.

참고 문헌

공주형, 『미술시간에 가르쳐 주지 않는 101가지』, 동녘, 2010.

김진엽, 『예술에 대한 일곱 가지 답변의 역사』, 책세상, 2007.

임연철 · 박정배, 『예술경영』, 커뮤니케이션북스, 2013.

Danto, Arthur C., 『앤디 워홀 이야기』, 박선령 · 이혜경 옮김, 명진출판사, 2010.

Mankiw, N. Gregory, 『맨큐의 경제학』, 김경환 · 김종석 옮김, 교보문고, 2007.

Benjamin, Walter, 『발터 벤야민의 문예이론』, 반성완 옮김, 민음사, 2010.

PART 05

DAVINCI WRITING

# 자기소개서 쓰기

01 _ 자기소개서의 조건

02 _ 유형별 자기소개서 쓰기

03 _ 자기소개서 쓰는 방법

04 _ 자기소개서 아이디어 조직하기

05 _ 자기소개서 예문

01

# 자기소개서의 조건

자기소개서는 나를 보여 주는 글이다. 나의 경험, 미래 비전, 인생관 등을 토대로 내가 회사나 학교에 얼마나 적합한 인재인지 설득하는 것이 자기소개서의 목적이다. 회사의 인사 담당자나 대학원의 선발 위원은 내가 제공하는 자기소개서를 통해 나를 판단한다. 그러므로 나에 대한 진솔한 정보와 나의 비전이 내가 지원하는 기관의 목표에 어떻게 부합하는지에 대해 설득해야 한다.

## 1. 나를 보여 주어라

자기소개서는 나에 대한 진지한 성찰을 담아내야 한다. 흔히 회사나 대학원에서 묻는 자기소개서의 질문 항목 중에 나의 단점이나 보완점에 대해 말하라는 것이 있다. 이렇게 단점이나 보완점을 묻는 이유는 지원자가 얼마나 자신에 대한 진지한 성찰을 하는지를 알아보기 위해서다. 그러므로 자기소개서를 쓰기 위해서는 스스로를 탐색하는 작업을 먼저 해야 한다. 나는 어떠한 사람이고 나의 미래를 어떻게 그리고 있는지, 그리고 그 과정 안에서 이 회사나 대학원이 어떤 의미인지 등을 진지하게 질문해야 한다.

## 2. 인사 담당자가 되어라

만약 여러분이 인사 담당자나 대학원 선발 위원이라면 어떤 사람을 선발하겠는가? 읽어야 할 자기소개서가 산더미같이 쌓여 있는 상황을 생각해 보자. 대부분의 회사나 대학원의 경우 한 사람이 수많은 자기소개서를 읽어야 한다. 그러므로 실제 자기소개서를 읽는 독자의 입장에서 자기소개서를 작성하는 것이 무엇보다 중요하다. 그리고 구체적으로 회사나 대학원에서 요구하는 것이 무엇인지 조사하고 분석해야 한다.

## 3. 공유 지도를 만들어라

나에 대한 성찰과 지원 회사나 대학원의 정보 수집이 끝났다면, 회사 입사 후, 혹은 대학원 입학 후, 나와 사람들이 공유할 수 있는 것이 무엇인지 생각해 보아야 한다. 자기소개서는 내가 그 회사나 대학원에서 어떤 역할을 할 수 있는 사람인가와 함께 다른 사람들과 얼마나 잘 협업할 수 있는 사람인지를 보여 주는 것도 아주 중요하기 때문이다. 회사나 대학원에서 행하는 대부분의 일은 협업이나 공동 연구이다. 그러므로 나의 능력이 회사나 대학원에서 요구하는 능력에 어떻게 부합하는지, 내가 회사나 대학원의 구성원과 어떻게 화합할 수 있는 사람인지 등을 보여 주는 공유 지도를 만들어야 한다.

① 나는 누구이며, 무엇을 할 수 있고, 무엇을 하고 싶은지 생각하기
② 내가 할 수 있는 것과 독자(기업)가 요구하는 것의 공통분모 찾기
③ 내가 하고 싶은 것과 독자(기업)가 기대하는 것의 공통분모 찾기
④ 나의 과거, 현 상태, 미래와 독자(기업)가 바라는 인재상의 공통분모 찾기

| 항목 | | 나 | 기업의 요구 | 공통분모 | 나의 보완점 |
|---|---|---|---|---|---|
| 1 | 성격 | | | | |
| 2 | 능력 | | | | |
| 3 | 비전 | | | | |
| 4 | 인성 | | | | |
| 5 | 경험 | | | | |
| 6 | 경력 | | | | |
| 7 | 대인 관계 | | | | |
| 8 | 기타 | | | | |

## 4. 나열하지 마라

나에 대해 생각하다 보면, 흔히 저지르는 실수가 있다. 내가 어떤 사람인지 보여 주는 리스트를 작성하거나 연대기 순으로 나의 경험을 늘어놓는 것이다. 초등학교 때 경험, 중학교 때 경험, 고등학교 때 경험 등을 시간 순으로 나열하는 것은 금물이다. 물론 내가 머릿속에서 나 스스로를 정리하는 작업 단계에서 연대기는 기본적인 사항일 수도 있다. 그런데 독자에게 보여 줄 때는 리스트나 연대기가 아니라, 목적과 의미를 중심으로 글을 써야 한다. 나의 예술성이 얼마나 뛰어난가에 대해 설득하기 위해서 수상 경력만 늘어놓는다면, 굳이 자기소개서를 써야 할 필요는 없다. 이력서의 수상 경력란만 보면 나의 능력을 알 수 있기 때문이다. 나의 외국어 활용 능력이나 정보 활용 능력을 설득하려고 할 때도 마찬가지이다. 영어 성적의 나열이나 정보 자격증의 나열이 아니라 구체적인 상황에서 영어 활용 능력의 예를 통해서 나의 능력을 보여 주어야 한다.

## 5. 경험을 통한 나의 변화를 보여 주어라

독자가 알고 싶은 것은 무슨 일을 했는지가 아니라 그 일을 어떻게 했는지, 그 경험을 통해서 무엇을 느꼈는지이다. 자신을 둘러싼 환경에 내가 어떻게 적응해 왔고 변화했는지를 보여 줘야 한다. 어떤 경험을 통해서 나의 생각과 능력을 키웠는지 세부 사항을 구체적으로 보여 주거나 경험을 들려줘서 독자를 설득하는 것이 반드시 필요하다.

# 02

# 유형별 자기소개서 쓰기

대학 이후 여러분이 써야 할 글은 대부분 구체적인 목적이 있다. 대학 수업의 리포트이든, 취업을 위한 자기소개서이든 그 글을 읽는 사람이 여러분에게 기대하는 내용이 있다. 이렇게 주어지는 과제의 경우, 기본적으로 독자의 요구 사항을 고려해야 한다. 그러므로 글을 읽거나 평가하는 사람이 이 글에서 요구하는 것이 무엇인지를 생각하고 글쓰기 자료와 아이디어를 수집해야 한다.

자기소개서에서 인사 담당자가 알고자 하는 사항은 그 사람의 능력, 미래 비전 등이다. 지원자가 지금까지 삶에서 어떤 선택을 어떻게 했는지, 그리고 그 과정에서 어떤 성격과 가치관을 갖게 되었는지를 알기 원한다. 단순히 이력서 리스트에 있는 사항을 요구하는 것이 아니다. 그러므로 자기소개서를 작성할 때 그 기업이 기대하는 것이 무엇인지부터 파악해야 한다. 자기소개서 서술 유형은 크게 세 가지 종류가 있다.

① 구체적인 지시 사항 없이 자기소개서를 쓰라는 유형이다.

② 자기소개서를 큰 범주에서 몇 가지로 나눠 서술하기 원하는 경우이다. 예를 들어, 성장 과정, 성격 및 가치관, 학창 생활 및 경력 사항, 지원 동기 및 입사 후 포부 등의 내용을 종합적으로 묻는 경우이다.

③ 세부 사항을 구체적으로 서술하기 바라는 유형이다. 예를 들어, "조직(팀)의 공동 목표를 이루기 위해 어떤 경험을 하였는지 서술하시오." 등으로, 질문에 맞추어 서술하기를 요구하는 유형이다.

유형 ③의 경우, 구체적으로 언제 어디서 팀 혹은 조직 경험을 하였는지, 역할은 무엇이었는지, 그리고 어떤 갈등 상황을 어떻게 구체적으로 극복하였으며, 그 과정에서 무엇을 느꼈는지를 질문하는 경우이다. 이 질문은 대인 관계, 조직 경험, 서비스 정신, 자기 발전 노력 등 아주 다양한 질문이 회사나 직종에 따라 다르게 주어지기 때문에 질문에서 그 회사가 원하는 영역을 파악하고 자기소개서를 준비해야 한다.

회사마다 높은 스펙보다는 인성 면접이 강화되고 있는 추세인데, 인성을 알아볼 수 있는 하나의 도구가 자기소개서인 셈이다. 그래서 아예 구체적인 항목을 통해 지원자의 면모를 알아보고자 하는 경우가 점점 증가하고 있다. 이러한 서술 유형의 경우, 자신의 경험에서 구체적인 답을 하나하나 찾아가는 데 집중해야 한다.

유형 ①과 ②의 자기소개서 질문 항목이라고 할지라도 실상 속뜻은 유형 ③의 내용을 요구한다. 유형 ①과 ②의 질문을 받았다고 할지라도 유형 ③에서 요구하는 것을 응용하여 작성하는 것이 좋다. 스스로 목표를 설정하여 달성한 경험, 다른 사람과 협동 작업했을 때의 경험이나 협업 능력, 고객을 만족시켰던 경험, 기존의 조직을 변화시켰던 경험, 자기 발전 노력 등을 기대하고 있다는 사실을 인식하고 이러한 사항에 맞게 준비하여야 한다.

회사의 기대치와 나 사이의 공통분모를 찾아야 한다. 그러므로 자기소개서의 구체적인 자료를 수집하기 전에 고민해야 할 것은 나와 기업, 혹은 대학원의 공통분모 찾기이다. 기업에서는 지원자가 주어진 일을 얼마나 잘 수행할 수 있는 사람인가를 자기소개서에서 판단한다. 자기소개서에서 그 사람의 심리, 성격, 현실 인식, 가치관, 대인 관계,

조직 적응력, 성실성, 책임감, 문제 해결 능력 등의 필수 사항을 알고 싶어 한다.

이 밖에도 지원자의 의사 표현 능력과 지적 수준 등을 평가하므로 자신에 대한 정보를 어떻게 표현하여 소개할 것인가에 대한 문제에 관심을 기울여야 한다. 또한 기업에서는 자기소개서를 인성 면접의 자료로 활용한다.

자기소개서를 작성할 때 단답형이나 글자 수를 아주 짧게 요구하는 경우가 아니라면, 내용별로 소제목을 작성하는 것도 효과적이다. 자기소개서 다발 짓기를 할 때 미리 소제목을 고민하는 것도 좋다. 소제목은 독자의 주의를 환기하거나 내가 말하고자 하는 핵심 내용을 중심으로 작성하는 것이 좋다. 명사형으로 끝나는 제목이나 문장형으로 끝나는 제목 등 다양하게 제목을 미리 만들어 봄으로써 전체 자기소개서의 리듬도 생각해 볼 수 있다.

생각하기 1

자기소개서 질문 유형 ②를 중심으로 자신에 대해 생각해 보고 글감을 모아 보자. '성장 과정', '성격 및 가치관', '학창 생활 및 경력 사항', '지원 동기 및 입사 후 포부' 등의 구성 내용별로 작성 방법을 생각해 보자.

## 1. '성장 과정' 작성 시 유의사항

'성장 과정'은 특별히 인상 깊은 경험을 중심으로, 독자의 기대치를 고려하여 자료를 수집하여야 한다. 이 부분은 인사 담당자가 지원자를 대면하는 첫인상에 해당하기 때문에 어떻게 인상 깊은 내용으로 나를 보여 줄 것인지 고민해야 한다.

이 부분에서는 자신이 주변 환경과 어떤 관계를 맺어 왔는지 보여 줘야 한다. 그것이 부모님의 영향일 수도 있고, 친구 혹은 독서 경험이 될 수도 있다. 성장 과정이라고 해서 부모님의 직접적 영향만을 서술하는 것은 내용 면에서 상투적일 가능성이 높기 때문에 이 부분을 면밀히 검토해야 한다.

특히 자기소개서 앞부분을 연대기적으로 쓰는 것은 피해야 한다. 다음의 경우를 생각해 보자.

- 태어난 연대 내세우기: "2000년, 1월 1일 ……"
- 지명 내세우기: "충청남도 ○○시에서 태어난 저는 ……"
- 부모에 대한 상투적인 묘사 내세우기: "엄격하신 아버지와 자상하신 어머니 아래 ……"

성장 과정에 대한 기술이 태어난 시점이나 장소 혹은 부모의 성격을 내세우는 식은 자제해야 한다. 대부분의 사람이 상투적으로 이 부분을 내세우기 때문이다. 나의 특성을 잡아서 그 특성의 원인으로 나의 주변 환경을 끌어들인다든지 해서 상투성을 탈피해야 한다. 즉, 성장 과정에서 내가 쓰고자 하는 목표가 단순 정보 제공이어서는 안 된다. 그 환경 안에서 나의 역할과 생각의 변화 등을 중심으로 서술하는 것이 좋다.

성장 과정에서는 나를 입체적으로 보여 주기 위해 글의 목표에 맞게 내용을 설계해야 한다. 수많은 경험 중에서 어떤 경험을 내세울 것인지는 독자의 기대치와 공통분모 안에서 고민하고 고려하면 된다.

## 2. '성격 및 가치관' 작성 시 유의 사항

'성격 및 가치관'을 서술할 때도 경험에서 끌어내는 것이 자연스럽다. 내가 경험하지 못한 부분이라면, 책이나 주변인에게서 받은 영향 등을 통해 성격이나 가치관을 서술할 수 있다. 그런데 가치관이나 성격을 환경과 너무 직접적으로 연결해서 서술하는 것보다 환경과 나의 상호 작용을 중심으로 서술하는 것이 좋다. 예를 들어, 주변에 예술하는 사람들이 많기 때문에 내가 자연스레 예술의 길로 접어들었다라고 서술하는 것보다 구체적으로 화가인 어머니의 어떤 작품을 보았을 때 내가 내적으로 예술적인 영감을 어떻게 받았기 때문에 관심을 갖게 되었다는 등의 구체적인 상황과 나의 반응을 서술하는 것이 좋다. 또한 성격에 대해 질문할 때 자신의 단점이나 보완점을 서술하라는 경우가 많다. 사람들이 자기소개서에서 장점만 늘어놓는 경우가 많으므로 묻는 것이다. 단점이나 보완점을 묻는 질문이 없다고 하더라도, 완벽한 인간이 없기 때문에 자신을 보다 객관적으로 보여 준다는 측면에서 보완점 서술을 하는 것이 좋다. 그리고 그 부분을 보완하기 위해서 내가 구체적으로 어떤 노력을 기울여 왔는지 서술하면, 내가 스스로 발전하려고 노력하는 사람이라는 것을 설득할 수 있다.

자신의 성품을 표현할 때도 상투적인 개념어는 피해야 한다. 사람의 성품을 나타내는데 '다정', '엄격', '성실', '근면', '자상', '온화', '인자' 등의 어휘는 일차적인 정보를 제공하기는 하지만, 독자에게 현실감을 주지는 못한다. 그러므로 나의 성품을 나타낼 때도 예시를 통해 그러한 성품을 보여 줄 수 있어야 한다. 그래야 기억에 남는 자기소개서가 된다. 성장 과정에 대한 막연한 설명이나 회상이 아니라 구체적인 예시를 통해 상황을 보여 주고 내가 그 환경에 어떻게 대응했는지를 중심으로 쓰는 것이 좋다.

자신의 장점만 자랑하는 글은 읽는 사람을 지치게 만든다. 더구나 그 자랑을 한두 가지가 아니라 여러 가지 늘어놓는다면, 그 자기소개서는 거짓말로 비칠 가능성도 있다. 그러므로 장점을 어떻게 신뢰할 수 있게 쓰느냐가 중요하다. 장점에서 말하고자 하는 논점을 하나로 집약해서 강조하는 것이 성공적이다. 그러기 위해서는 상황이나 예시를 통해 근거를 보여 주어야 한다.

## 3. '학창 생활 및 경력 사항' 작성 시 유의 사항

'학창 생활 및 경력 사항'의 경우도 단순 경력 위주로 나열해서는 안 된다. 학교 혹은 사회생활에서의 특징적인 내용을 경험 중심으로 서술해야 한다. 그리고 그 경험에서 자신이 느끼고 생각하고 결정했던 내용을 서술하면 좋다.

예를 들어, 왜 이 전공을 선택하였는지, 대학 생활에서 학과 혹은 동아리 활동, 아르바이트, 여행, 학과 외 능력 신장 등의 다양한 경험을 자신의 지원 분야와 관련지어 기술하는 것이 좋다. 기업은 이러한 부분을 통해 그 사람의 조직 적응력, 문제 해결 능력, 리더십 등을 평가한다.

학창 생활은 지원 업무와 관련된 내용을 중심으로 쓰는 것이 효과적이다. 또한 최근 경험에 초점을 맞추어 쓰는 것이 좋다. 유치원이나 초등학교 동아리 활동을 쓰는 것은 지원 회사의 입장에서 그 사람을 판단하는 근거가 되지 않기 때문에 가능한 대학 이후 생활을 중심으로 서술하는 것이 좋다. 그리고 봉사 활동이나 아르바이트, 동아리 활동도 성장 과정과 마찬가지로 그 경험을 통해 어떤 능력을 얻었는지, 어떻게 자신이 내외적으로 변화하고 성숙해졌는지 구체적으로 쓰는 것이 좋다. 그리고 이러한 경험을 쓸 때에도 자신의 목표를 고려하여 내가 나의 어떤 자질을 강조할 것인지 미리 고려하여 자기소개서를 써야 한다.

## 4. '지원 동기 및 입사 후 포부' 작성 시 유의사항

'지원 동기 및 입사 후 포부'에 관한 질문은 기업이 가장 관심을 보이는 핵심 부분이다. 자기소개서를 쓰는 목적이 바로 여기에 있기 때문이다. 그러므로 이 부분에서 입사하고자 하는 회사와 일에 대한 열정을 진지하게 드러내는 것이 중요하다. 근성, 근기, 열정이 회사 생활에서 중요한 요소이므로, 이러한 요소들을 강력하게 드러내면 좋다. 그리고 앞서 언급한 성장 과정, 성격 및 가치관, 전공 선택 및 공부, 사회 경험 등이 내가 성취하고자 하는 일과 어떻게 연계되는지 보여 주어야 한다. 지원 동기와 입사 후 포부를 성공적으로 쓰기 위해서는 취업하고자 하는 기업에 대해 자료를 취합하고 자신의 어떤 영역과 공통분모가 있는지 철저하게 분석해야 한다. 입사 동기를 구체화하기 위해 다음과 같은 정보를 면밀히 검토할 필요가 있다.

- 기업 윤리, 경영이념과 성격, 사훈
- 지원하는 기업의 직종과 진출 방향과 중점 분야
- 기업의 강점, 약점
- 업계 흐름과 관련한 회사의 전망

자기소개서는 처음과 마지막에 독자(인사 담당자)에게 강한 인상을 남겨야 성공할 수 있는 글이다. 자신이 적임자임을 설득해야 하므로 표현 방법도 깊이 고민하여 개성 있고 진정성 있게 써야 한다. 그런데 이 부분도 상투적으로 쓰는 사람들이 많다. 쓸 때에는 상투적이라는 느낌이 들지 않더라도 독자(인사 담당자)의 입장에서 그 표현이 어떤 느낌과 판단을 하게 하는지 생각하면서 신중히 써야 한다. 예를 들어, '뽑아 주신다면 열심히 하겠습니다.', '기회를 주신다면 최선을 다해서 일하겠습니다.', '열심히', '최선을 다해', '성실하게', '적극적으로' 등의 표현은 수많은 자기소개서를 보아 온 인사 담당자에게는 아무런 인상도 주지 못한다. 자기소개서는 호소문이 아니라 나를 보여 주는 글이다. 그러므로 구체적인 업무 목표나 자기 비전을 써서 진정성 있는 글을 작성해야 한다. 의욕과 열정의 표현이 중요한 것이 아니라, 구체적인 내용과 설득이 중요하다. 그리고 간혹, 어느 회사에나 써먹을 수 있을 법한 자기소개서를 쓰는 경우가 종종 있다. 이런 경우는 구체성이 완전히 결여되어 있으므로, 지원하고자 하는 회사의 업무 분야와 직종에 관련한 구체적인 내용을 포함하는 것이 설득력이 있다.

03

# 자기소개서 쓰는 방법

## 1. 글의 통일성을 유지하라

자기소개서는 핵심 주제가 지원 동기 및 입사 후 포부에 있다. 그러므로 앞부분의 각 문단 소주제가 글의 전체 주제로 모여야 한다. '성장 과정'에서 '지원 동기 및 입사 후 포부'에 이르는 과정이 자연스러워야 하며 이력서와 자기소개서의 앞부분에 소개한 지원자의 경험과 자질을 지원 동기와 연결하여 통일성 있게 쓰는 것이 중요하다.

## 2. 주어와 서술어 관계를 명확히 하라

문장이 길면 주어와 서술어의 관계가 모호해지기 쉽다. 간결하고 정확한 문장을 사용하여 채용 담당자가 쉽게 이해할 수 있도록 해야 한다.

### 3. 구성 내용에 맞는 예시를 곁들여라

단순한 내용 전달보다는 정황을 제시하여 보여 주는 글이 훨씬 생생하고 자연스럽다. 또한 경력 사항이나 지원 동기 및 포부는 기업 정보를 근거로 객관적인 기술을 곁들이는 것이 효과적이다.

### 4. 상투적인 내용이나 표현을 없애라

특히 자기소개서 앞부분과 뒷부분에서 상투적이거나 진부한 표현을 쓰는 경우가 많다. 이 부분의 경우 표현 방법을 집중적으로 연구하여 인상적인 글을 써야 한다.

### 5. 두괄식 구성을 활용하라

두괄식은 글의 중심 내용이 글 첫머리에 오는 형태를 말한다. 자기소개서 각 항목마다 채용 담당자의 관심을 끌 만한 주제어나 핵심 문장을 소제목으로 내세워 내용을 요약적으로 먼저 제시하는 것도 인사 담당자의 이해를 돕는 방법이다. 제목이든 본문이든 앞부분에서 주제를 명확히 제시하는 두괄식 구성을 활용하자.

### 6. '나는', '저는'으로 시작하는 문장을 반복하지 마라

인사 담당자들이 뽑은 가장 진부한 자기소개서 표현 중에 '나는', '저는'이라는 문장의 연속도 포함된다. 자기소개서는 자기에 대한 글이라는 것을 누구나 잘 알기 때문에 '나는', 혹은 '저는' 등으로 시작하면 이미 진부한 표현이 돼 버리기 마련이다.

## 7. 짧은 분량에 효과적으로 내가 적임자라는 것을 설득하라

인사 담당자들이 자기소개서에서 기대하는 것은 지원자의 성격, 전공 실력, 전공 이외의 관심 사항, 업무 적응 능력, 비전, 조직 융화력 등이다. 그리고 자기소개서를 통해 지원자의 사고력, 창의력, 개성, 표현력 등을 파악하고자 한다. 그러므로 제시된 분량 내에서 효과적으로 내가 적임자라는 것을 보여 주는 자기소개서를 작성해야 한다.

04

# 자기소개서 아이디어 조직하기

자기소개서를 쓰기 위해서는 회사에서 요구하는 각 질문 항목에 맞게 글감 아이디어를 먼저 조직해야 한다. 일반적 질문 유형을 정리하면 다음 도표와 같다.

**목표: 내가 가장 적합한 지원자라는 것을 설득하는 것**

- **성장 과정**
  - 유년기 성장 환경
  - 가정 교육
  - 가족 관계
  - 특수한 경험, 기억
  - 부모의 성품
- **성격 및 가치관 형성**
  - 생활 태도
  - 성격, 기질, 개성
  - 가치관, 인생관
  - 장단점, 단점 극복 의지, 극복 과정
  - 영향을 준 인물이나 책, 경험
  - 남다른 취미
  - 독서 체험
  - 장래 희망
- **학창 생활 및 경력 사항**
  - 학우 관계
  - 전공 선택 이유
  - 동아리와 봉사 활동
  - 아르바이트
  - 자격증 취득, 외국어 능력
  - 여행 경험
  - 리더십과 적응력
  - 특기 및 재능, 의지
  - 문제 해결 사례, 능력
  - 지원 기업 관련 경력 및 경험
- **지원 동기 및 입사 후 포부**
  - 기업의 정보, 자료
  - 확실한 지원 동기 및 의지
  - 지원 기업의 적임자임을 강조
  - 기업에 대한 남다른 관심과 목표 의식
  - 입사 후 계획과 전망

다음은 출판사에 입사하려는 한 학생이 앞의 형식을 참고하여 아이디어를 조직한 내용이다.

**목표: 출판사 편집장에게 편집 및 교정 사원으로 내가 적임자라는 것을 설득하는 것**

- **성장 과정** — 동화 읽기와 문학의 꿈
  - 동화책 읽기 ↓ 유년기의 꿈 ↓ 문학의 열정 + 어머니의 교육 ↓ 시 낭송, 암기 ↓ 백일장 장원 ↓ 문자에 대한 관심과 언어적 상상력
- **성격 및 가치관** — 문학을 통한 생명 의식
  - 죽음에 대한 나의 질문 ↓ 어머니의 답변 ↓ 에덴동산 이야기 ↓ 문학은 생명을 상기하고 어둠을 밝힌다 ↓ 환경 · 생명 · 문학 중심의 가치관
- **학창 생활 및 경력 사항** — 전공을 현실에 응용한 경험들
  - 논술 교사 아르바이트 + 대학 신문사 문화부 기자 활동 ↓ 오에 겐자부로 대담 기사 ↓ 학생 기자상 수상
- **지원 동기 및 입사 후 포부** — 포토그래픽을 활용한 출판 계획
  - '편집론' 수강 ↓ 출판에 대한 관심 ↓ 출판은 대표적인 문화 사업 + 한국 동화 출판의 결점 ↓ 편집, 디자인, 삽화 부문의 문제 ↓ 포토그래픽 공부 ↓ 포토그래픽을 이용한 동화 출판의 꿈 + 오자 없는 출판문화의 꿈 ↓ 오자 방지 소프트웨어 제작 ↓ 오자 방지 교정 전략 개발

〈예문 1〉의 자기소개서는 앞에서 아이디어를 조직한 내용을 토대로 작성한 것이다. 이 자기소개서를 독자의 입장에서 읽어 보자.

### 예문 1

편집장님, 저는 귀사가 출판한 동화책을 읽으며 자랐습니다. 우리나라의 전래 동화부터 안데르센의 동화, 그림 동화, 북유럽 동화…… 그 모든 것이 유년

기의 꿈과 문학에 대한 열정을 만들었습니다. 더군다나 시인이자 국어 교사였던 어머니는 문학의 꿈을 현실에서 추구할 수 있도록 많은 도움을 주셨습니다. 어머니는 제가 읽는 동화마다 거기에 어울리는 시를 낭송해 주실 정도로 문학 교육에 정성을 기울이셨습니다. 늘, 시는 시인의 영혼이 깃들어 있는 것이기 때문에 한 자, 한 자, 정확하게 발음하고 정성을 다해서 낭송해야 한다고 일러 주셨습니다. 덕분에 한국 명시를 50편 이상 정확하게 외우게 되었습니다. 문자에 대한 남다른 관심과 언어적 상상력은 이러한 과정에서 키워진 것입니다.

언젠가 슬픈 동화책을 읽고, '인간은 왜 죽느냐'고 질문한 저에게 어머니는 성경에 나오는 에덴동산의 이야기를 들려주신 일이 있습니다. 영생을 잃고 에덴에서 쫓겨 나온 인간에게 하나님이 유일하게 남겨 주신 것이 생각하는 능력이라고 말씀해 주셨습니다. 이윽고 이어진 어머니의 말씀은 생각은 글로 표현되고 사람은 글을 쓰면서 에덴의 꿈을 그리워한다는 것이었습니다. 결국 어머니는 제 질문에 문학을 통해서 답해 주셨던 것인데, 제가 얼마나 알아들었는지는 기억나지 않습니다. 하지만 제 의식 속에서 글과 문학은 생명을 상기하고 어둠을 극복하게 하는 찬란한 빛의 이미지로 표상되어 있습니다. 제가 환경과 생명을 가장 큰 가치로 여기고 문학을 이와 나란히 놓고 있는 것은 이러한 연원을 가지고 있는 것입니다.

글쓰기와 독서, 이 두 가지는 제 삶에서 가장 의미 있는 일이 되었습니다. 그 덕분에 초등학교에서부터 고등학교를 마칠 때까지, 여러 백일장에서 그 결과를 감격스럽게 만끽할 수 있었습니다. 대학에서 저의 전공 선택도, 그 이후의 문학 공부도 이러한 삶의 연장이었습니다. 같은 전공생들 중 어느 누구보다도 언어 표현 감각과 문장 분석력, 인문학적 지식이 월등하다고 감히 주장할 수 있는 이유도 바로 제가 살아온 삶 자체로 말씀드릴 수 있습니다.

하지만 문학과 글에 대한 저의 열정이 관념적이고 학문적인 영역에만 머물렀던 것은 아닙니다. 대학 4년 동안 저는 대학 신문사 문화부 기자로 활동하였고,

논술 교사로서의 경력도 쌓았습니다. 전공을 현실에 응용하는 값진 경험이었습니다. 특히 2001년 노벨상 수상자인 일본 작가 오에 겐자부로가 방한했을 때 그와 대담한 기사는 학보사가 제정한 '학생 기자상'을 안겨 주었습니다.

이로써 저의 경험과 능력을 소개하였지만 이것을 가지고 편집장님께 제가 귀사에 신입 사원으로 적임자라고 주장할 수는 없습니다. 왜냐하면 저만큼의 능력과 경험을 가지고 있는 지원자들이 적지 않음을 알고 있기 때문입니다. 단순한 능력과 일반적인 경험만 가지고 귀사의 출판 사업을 발전시킬 수는 없을 것입니다. 그러나 제가 여기 유능한 다른 지원자들과 다른 점이 있다면 무엇보다도 출판에 대한 남다른 관심과 미래에 대한 실천 목표를 가지고 있는 것이라고 생각합니다. 저는 대학 3학년 때 '편집론'을 수강하면서 출판이야말로 한 나라의 지식 문화의 척도이며 대표적인 문화 사업이라고 생각했습니다. 그래서 제가 가지고 있는 문학적 능력과 인문학적 지식을 토대로 졸업 후 멋진 출판 계획을 실천할 결심을 하였고, 그 계획의 첫걸음으로 영상문화센터 전문가 과정에 입학하여 포토그래픽을 공부하고 있습니다. 귀사에 입사하는 행운이 찾아와 준다면 저는 우선 포토그래픽을 이용한 동화 출판의 꿈을 이루도록 할 것입니다.

귀사는 창립 이후 줄곧 선두에 서서 동화 출판에 매진해 왔습니다. 우리나라의 동화 출판은 그 내용면에 있어서는 서구 선진국에 못지않은 수준에 와 있다고 생각합니다만 편집이나 디자인, 특히 삽화 부문에 있어서는 아직도 세련되지 못한 면모를 보이고 있습니다. 저는 외국 여행을 다니면서 기회가 될 때마다 소설이나 동화책을 구입하여 찬찬히 살펴보는 것이 어느덧 취미가 되었습니다. 예를 들면, 우리나라 전래동화의 내용은 어느 나라 동화보다도 뛰어난 상상력과 독특한 문학성을 가지고 있습니다. 그러나 국내에서 출판된 전래 동화를 보면 편집과 디자인 면에서, 그토록 놀라운 내용과 특성을 살리지 못하는 것이 늘 아쉬웠습니다. 이 점을 저는 포토그래픽을 통해 보완하여 우리의 동화를 세계 수준으로 올려놓겠습니다. 저의 두 번째 출판 목표는 바로 오자 없는 출판문화를 이루려는 것입니다. 한 나라의 지식 문화를 대표하는 출판이 오자투성이의 면모를 벗어나지 못한다면 그 존재 가치는 애초부터 없는 것이 나 마찬가지라고 생각합니다. 일본이나 프랑스에서는 출판물이나 신문의 오자를 찾아내는 독자에게 해당 출판사나 신문사가 막대한 돈을 지불하는 제도를 만들 정도로 오자 없는 출판에 자신감을 보이고 있을 정도입니다. 우리나라는 아직 그러한 수준에 미치지 못하는 것이 현실입니다. 저는 오자를 검색하는 소프트웨어 제작과 과학적인 교정 전략을 통해 오자 없는 출판문화를 만드는 데 최선을 다할 것입니다. 그래서 귀사를 모든 독자가 신뢰하는 세계적인 출판사로 발전시킬 것입니다.

능력과 경험에 있어서 제가 다른 지원자들보다 뛰어나다고는 장담할 수 없습니다. 그러나 출판에 대한 관심과 미래의 비전을 구체적으로 실천할 수 있는 계획을 가지고 있다는 점에서는 다른 사람들과 비교하여 저를 자신 있게 높이고 싶습니다.

편집장님, 그리고 인사 담당자님, 대학 졸업생이 출판에 대한 이 정도의 관심과 계획을 가지고 있다면 다른 지원자들과 비교하여 충분히 차별화될 수 있지 않겠습니까? 감히 저를 적임자라고 말할 수 있는 근거를 이렇게 하여 모두 말씀드렸습니다. 부디 출판에 대한 저의 꿈과 계획을 실천하여 완성할 수 있는 기회를 귀사에서 마련해 주시면 감사하겠습니다.

생각하기 2 〈예문 1〉의 자기소개서를 살펴보고 잘된 점과 문제점을 분석하여 의견을 나누어 보자.

생각하기 3

'나의 삶과 계획'이라는 주제로 글을 써 보자. 자유롭게 아이디어를 생성하고, 생성된 아이디어들을 내용별로 분류하고 묶어서 다발 짓기를 한 후, 다발 짓기 한 내용을 토대로 글을 써 보자.

생각하기 4

자신의 전공과 관련하여 입사하기 원하는 기업이나 대학원을 정한 다음 자기소개서를 작성해 보자. 자기소개서의 기초 형식을 참고하여, 내용을 생성하고 조직하여 글을 써 보자.

천재의 자기소개서는 어떨까? 여기 5백여 년 전 레오나르도 다빈치가 썼던 자기소개서가 있다. 인류 역사상 가장 천재적이라 불리는 그도 자신의 능력을 보여 주는 자기소개서를 써야 했다. 만약 지금이라면 그가 어떤 자기소개서를 쓸지 재미있는 상상을 해 보자.

예문 2

## 루도비코 스포르차 각하께

이루 말할 나위 없이 빛나는 존재이신 각하, 자칭 거장이요 전쟁 무기의 발명가라고 일컫는 자들의 제반 보고서를 면밀히 검토해 본 결과, 그들의 발명품과 소위 기구라는 것들이 흔히 쓰이는 물건들과 모든 면에서 크게 다를 바 없음을 알게 되었으므로, 다른 사람에 대한 편견 없이 용기를 내어 저만의 비밀을 각하께 알려 드리려고 합니다. 각하의 편하신 시간에, 언제라도 다음에 기록한 일부 사항들을 직접 보여 드릴 수 있기를 간곡히 부탁합니다.

1. 저는 물건을 쉽게 운반할 수 있는 매우 가볍고 튼튼한 기구의 제작 계획안을 갖고 있습니다.
2. 어떤 지역을 포위했을 때 물을 차단할 수 있는 방법과, 성곽 공격용 사다리를 비롯한 헤아릴 수 없을 만큼 많은 여러 가지 도구를 만드는 방법을 알고 있습니다.
3. 높고 튼튼한 성벽으로 포격을 가해도 요새를 무너뜨릴 수 없는 경우, 반석 위에 세운 성곽이나 요새라 할지라도 무너뜨릴 방책을 갖고 있습니다.
4. 대단히 편리하고 운반하기 쉬우며, 작은 돌멩이들을 우박처럼 쏟아 낼 포를 만들 계획안들을 갖고 있습니다.
5. 해전이 벌어질 경우, 공격과 방어 양쪽 모두에 적당한 여러 가지 배의 엔진을 만들 계획안이 있으며, 위력이 대단한 대포와 탄약과 연기에 견딜 수 있는 전함을 만들 계획안도 갖고 있습니다.

6. 적에게 들키지 않고 땅 밑이나 강 밑으로 굴이나 비밀 통로를 만들어 통과하는 방법을 알고 있습니다.
7. 쉽게 공격 받지 않는 안전한 차량을 만들 수 있습니다. 대포를 갖춘 적이 밀집한 곳이라도, 이 차량으로 밀고 들어가면 적은 흩어지지 않을 수 없을 겁니다. 그리고 차량 뒤를 따라서, 보병 연대가 어떤 피해도 없이 적의 반격을 물리치고 진군할 수 있습니다.
8. 또 필요하다면 대포와 박격포, 가벼운 포까지 만들 계획안을 가지고 있습니다. 이것들은 흔히 쓰이는 일반적인 대포들과는 전혀 다르게, 멋있고 세련된 모양을 갖추게 될 것입니다.
9. 대포를 사용할 수 없는 곳이라면, 사출기와 덫을 비롯해서 놀라운 효과를 발휘하는 특별한 엔진을 만들어 사용할 수 있습니다. 간단히 말해 다양하고 무한히 많은 종류의 공격과 방어용 엔진을 공급할 수 있습니다.
10. 평화 시에는 공공건물이나 개인용 건물을 건축하는데, 그 누구보다도 각하께 만족을 드릴 수 있다고 믿는 바입니다. 그리고 어느 곳에서든, 다른 곳으로 물길을 낼 수도 있습니다.
11. 대리석이나 청동, 진흙으로 조각상을 만들 수 있으며, 그림 또한 그릴 수 있습니다. 제 작품은 어느 미술가의 작품과 비교해도 뚜렷한 차이를 드러낼 것입니다.
12. 저는 청동 기마상을 만들고 싶습니다. 이 기마상은 각하의 아버님이 황태자님과 명예롭고 훌륭한 스포르차 가문을 영원토록 추억하시게 할 기념물이 될 것입니다.

앞에 말씀드린 사항 중에서 의심이 가거나, 실용적이지 않다고 생각하시는 내용이 있다면, 각하의 공원이나 각하가 원하시는 어느 장소에서든 제가 직접 시험해 보여 드릴 수 있습니다.

이루 말할 수 없는 겸허한 마음으로, 각하께 제 자신을 추천하는 바입니다.

레오나르도 다빈치, 1482.

05

# 자기소개서 예문

## 1. 질문 항목이 있는 자기소개서 유형 1

① ○○자동차에 지원하게 된 동기 또는 해당 직무에 지원하게 된 동기는 무엇입니까?(500자 이내로 작성)

### 예문 3

그저 하얀 종이에 그리는 것을 좋아하고 손으로 무언가를 만드는 걸 즐기던 어린 때를 지나 저의 목표를 정하게 되고 능력을 개발하며 무궁무진한 꿈을 꾸기 시작했습니다. 그 많은 꿈 중에서 가장 소박하지만 제일 이루고 싶은 꿈은 제가 직접 디자인한 최고의 자동차를 부모님께 선물해 드리는 것입니다. 끊임없이 발전하여 현재 한국 최고의 기업이 된 ○○자동차야말로 저의 꿈을 이룰 수 있는 곳이라고 생각합니다. 또한 그 속에서 최선을 다하여 어느 곳에 내어놔도 뒤지지 않는 훌륭한 자동차 디자인을 하고 싶습니다.

해외의 자동차들에도 뒤처지지 않는 스펙을 자랑하고 있는 ○○자동차는 기술이나 규모 면에서 이미 세계 속의 자동차회사로 자리 잡는 데에 성공하였습니다. 직접 디자인한 자동차를 부모님께 선물하고 싶은 소박한 꿈과 함께 ○○자동차에서 더 큰 꿈을 키우고 더욱더 완성체를 만들기 위해 ○○자동차 디자인센터에 지원합니다.

② 가장 열정적·도전적으로 임했던 일과 그 일을 통해서 이룬 것에 대해 상세히 기재하여 주십시오.(700자 이내로 작성)

예문 4

자동차에 대해 더 많이 배우기 위해 들어가게 된 동아리 ADM의 일원으로 매해 연말마다 열리는 동아리 전시회 파이전에 작품을 전시하게 되었습니다. 동기와 2인 1조를 이루어 스스로 디자인하고 만들어 낸 자동차를 많은 사람 앞에 전시를 하였을 때의 기분은 한 번도 느껴 보지 못한 감정이었습니다. 완성된 디자인을 만들기 위해 수도 없이 많은 디자인을 하였고 어려운 과정에서 좌절도 있었지만 동기와 소통하고 힘을 합치는 과정에서 협동심을 얻을 수 있었습니다. 또한 의견 충돌이 있을 때에는 원만하게 해결해 나갈 수 있는 능력 또한 기를 수 있었습니다. 많은 선배님의 도움을 받으며 지식을 얻었고 선후배 사이를 끈끈하게 만드는 계기도 되었다고 생각합니다. 파이전을 통해 자동차에 대해 많은 것을 배웠고 또 좋은 결과물을 얻었기 때문에 자신감도 갖게 되었습니다. 파이전은 제 스스로에게 동기 부여를 하게 한 소중한 경험이었습니다.

③ 타인과 함께 일을 할 때 귀하가 지닌 장점과 단점에 대해 상세히 기재하여 주십시오.(700자 이내로 작성)

예문 5

- 장점: 어릴 때부터 집 안에서 가만히 있기보다는 밖에서 뛰어노는 것을 좋아하였습니다. 친구들과 함께 이곳저곳을 다니고 놀며 리더십이 생겼고 친화력이 좋아져 덕분에 스스럼없이 친구를 사귈 수 있었습니다. 또한 초등학교 때 집안 사정으로 인해 전학을 네 번 가게 되면서 자칫 혼자가 될 법한 상황에 놓일 수도 있었습니다. 그렇지만 외향적인 성격 때문에 짧은 기간에도 불구하고 많은 친구를 만났고 초등학교 1학년 때부터 고등학교 1학년 때까지 한 해도 빠짐없이 꾸준히 학급 간부를 하며 친구들을 이끌어 냈습니다. 이때 새로운 사람을 만나는 것을 두려워하지 않고 잘 이끌어 가며 어떤 일을 할 때에 함께 협동하고 의견을 조율하는 능력이 길러졌습니다.
- 단점: 많은 사람과 어떤 것을 하는 상황에서 리드하는 능력이 있지만 그에 비해 가끔 제 생각을 강요할 때가 있습니다. 그룹 활동을 할 때에 저의 그런 단점으로 인하여 가끔 충돌이 일어나고 하였지만 주위에서 많이 배려해 주어서 조금씩 고쳐 나갔고 현재는 사람들의 의견을 더 듣고자 하는 자세로 임하고 있습니다.

④ 다양한 경험 중 중요하게 생각하는 경험을 한 가지 선택하여 서술하고 그를 통해 이룬 일에 대해 기재하여 주십시오.(500자 이내로 작성)

예문 6

꾸준히 피아노를 쳐 오던 중에 학원 선생님의 부탁으로 결혼식 반주자를 한 경험이 있습니다. 어린 나이였지만 많은 사람 앞에서 무언가를 보여 준다는 부담감에 잠도 잘 자지 못하고 오랫동안 연주에만 매달려 연습을 하였습니다. 손가락이 아프고 힘이 들 때가 많았지만 그 덕에 성공적으로 연주를 마칠 수 있었고 저의 피아노 실력이 월등히 늘었다는 것을 깨닫게 되었습니다. 그리고 피아노를 칠 수 있다는 것에 대한 자부심도 더 가질 수 있게 되었습니다. 노력은 배신하지 않는다는 말을 몸소 느낄 수 있었고 노력하는 자는 이길 수 없다는 말을 가슴속에 깊게 새기게 되었습니다. '최선을 다하여 끝까지 노력하자'라는 저의 좌우명도 이때 만들어졌습니다.

## 2. 질문 항목이 있는 자기소개서 유형 2

① 성장 과정을 500자 이내로 서술하시오.

예문 7

### 열여섯 살 소년이 깨달은 '주체성'

사춘기가 되자, 여러 문제로 부모님과 마찰이 잦았습니다. 학업에는 관심이 없고 컴퓨터 게임만 하면서 친구들과 놀러 다녔습니다. 당시에는 왜 그러했는지 몰랐습니다.

어느 날, 부모님은 저를 앉히고 말씀 하셨습니다. "○○아, 너의 인생은 너의 것이다. 선택도, 책임도 너 스스로 져야 한다." 그러고서는 제 행동에 크게 관여하지 않으셨습니다. 잠깐은 실컷 놀러 다녀서 좋았습니다. 그런데 계속 놀다 보니 이상했습니다. 놀고 나서 뭔가 허무했습니다. 나를 움직이도록, 나를 행복하게 만드는 무언가가 없는 느낌이었습니다. 그때부터였습니다, 내 인생의 꿈과 목표를 정한 것이. 왜 가슴속이 빈 느낌인지 생각했습니다. 그리고 그것이 나의 목표와 꿈을 만들게 했습니다. 당시 치열하게 생각했던 꿈과 목표는 지금도 조금씩 바뀝니다. 하지만 그것은 점점 구체화되고 확실해지고 있습니다. 내가 왜 공부를 하고, 살아가는지 알게 되었기 때문입니다. 나는 나 스스로 '주체성'을 가지고 꿈과 목표를 향해 나아가고 있습니다.

② 성격 및 가치관을 500자 이내로 서술하시오.

예문 8

## 지게차로 들어올린 '열정'

"너희 아버지 직업이 뭐야?" 어린 시절 친구들이 물었을 때, 저는 선뜻 대답할 수 없었습니다. 왜냐하면 저희 아버지는 공사장에서 짐을 나르는 지게차 일을 하셨기 때문입니다. 저는 그것이 부끄러웠습니다.

중학생이었던 어느 여름, 저는 우연치 않게 아버지의 일터로 가게 되었습니다. 아버지는 인력으로 감당하기 힘든 무거운 짐들을 지게차로 옮기셨습니다. 아버지는 뙤약볕이 내리쬐는 힘든 상황에서도 묵묵히 일을 하셨습니다 일을 다 끝마쳤을 때, 아버지의 얼굴과 온몸은 땀에 젖어 있었습니다. 아버지는 저를 돌아보며 환하게 웃으셨고, "아들! 아빠 어때?" 하셨습니다.

저는 아직도 그날 아버지의 모습을 잊을 수 없습니다. 가족을 위해 열심히 일하시는 아버지의 '열정', 그 속에서 간절함을 보았기 때문입니다. 남들은 아버지가 대단치 않은 일을 한다고 생각할 수도 있습니다. 그러나 그날의 아버지의 모습을 떠올리며, 나만의 '열정'이 있다면 당당하다고 느꼈습니다. 그날 이후 저는 아버지의 직업이 전혀 부끄럽지 않습니다. 저도 이런 아버지의 모습을 본받아, 오늘도 저의 꿈을 들어올리기 위해 '열정'을 가슴에 품고 살아가도록 노력하고 있습니다.

③ 대학 생활 중 가장 성취감이 컸던 경험과 목표를 달성하기 위한 본인의 노력에 대해 1,000자 이내로 기술하여 주십시오.

예문 9

## 유학이 필요 없는 영어 회화!

고등학생 때, 영어로 자연스럽게 말하는 사람들이 멋있어 보였습니다. 그래서 대학교 신입생이 되자, 나 스스로 영어를 접하고 싶은 욕심이 생겼습니다. 그러나 학과 수업이 50% 이상 원어민 영어 강의들로 이루어져 있는 상황은, 당황스럽기만 했습니다. 원어민 교수님들께서 말씀하시는 것을 잘 이해하지 못했기 때문입니다. 저는 매 영어 수업마다 회의감이 들었습니다. 영어가 제 대학 생활의 발목을 잡았기 때문입니다.

그런데 대학에 들어올 당시의 제 다짐이 생각났습니다. 대학에 합격만 하게 된다면, 초심 잃지 않고 열심히 살겠다고 했던 다짐입니다.

그래서 영어 수업을 하시는 한국인 교수님, 토익 스피킹을 수업하시던 선생님, 중 3 때 영어 선생님께 조언을 구했습니다. 그 결과, 세 분께서 공통적으로 하신 말씀이 있습니다. "영어를 공부로 생각하지 말고, 즐기고, 영어로 말해 봐라." 그때부터, 저는 부담감을 버리고 편하게 영어를 접했습니다. 주말마다 고향에 갈 때, 과외를 하러 이동하는 버스에서 틈틈이 미국 드라마를 봤습니다. 그리고 공강 시간일 때는, 기숙사에서 테드 강의를 세 번씩 돌려 봤습니다. 자막 없이 이해해 보려고 세 번씩 봤는데, 이해가 될 때마다 뿌듯함을 느꼈습니다. 영어에 친숙해지기 위해 잡일을 할 때나, 빨래를 널 때는 항상 영어 라디오를 틀어 놓고는 했습니다. 그리고 4년 동안 스터디 카페를 통해 친구들과 영어로 대화를 했습니다.

영어를 접하는 것이 습관이 되니, 영어가 친숙해졌고 두렵지 않았습니다. 이제 저는 자연스레 영어로 의사소통이 가능해졌습니다. 그러자 토익 점수 또한 자연스럽게 올랐습니다. 그리고 제가 항상 꿈꿔 오던 외국 친구들에게 쉽게 다가갈 수 있었습니다. 영어로 의사소통 하는 것이 편해지자, 훨씬 더 의사소통을 많이 할 수 있었기 때문입니다. 의지를 가지고 꾸준히 노력한다면 이룰 수 있다는 것을 영어를 통해, 4년 동안 몸소 깨달을 수 있었습니다.

## 3. 질문 항목이 없는 자기소개서

### 예문 10

소리가 하고 싶어요

저는 판소리를 하시는 아버지 밑에서 자라 일곱 살 무렵에 자연스레 판소리를 접했습니다. 처음에는 단지 무대 위에서 소리하는 아버지의 모습이 멋있어 보여서 시작했지만 점점 소리에 대해 알아 가고 빠져 가기 시작했습니다. '정심정음'이라는 아버지의 소리 가치관을 교육받아 정직하고 성실한 자세로 모든 일에 최선을 다했습니다. 초등학교 6학년 때에 힘들고 방황했던 시기가 있었지만 동생들과 저를 위해 피땀을 흘리는 아버지를 생각하며 지금까지 흐트러짐 없이 성장해 왔습니다. 앞으로도 고통과 시련이 다가와도 가족을 생각하며 항상 최선을 다해 긍정적으로 헤쳐 나갈 것입니다.

웃으세요!!!

제 성격의 장점은 어떠한 시련과 고비가 닥쳐도 좌절하지 않고 긍정적으로 헤쳐 나가는 것입니다. 고등학교 때 늦게 변성기가 와서 소리를 하는 데 힘들고 그만둘 생각까지 했습니다. 그러나 이 고비만 넘기면 어떠한 고비가 와도 이겨낼 수 있을 거라는 긍정적인 희망을 가지고 버텨 낸 결과 ○○대학교에 입학하게 되었습니다. 이러한 성격 때문인지 분위기 메이커가 되어 많은 사람을 웃기려고 노력합니다. 이는 저의 긍정적이고 밝은 성격에서 나오게 된 것입니다. 웃으세요! 행복해서 웃는 게 아니라 웃어서 행복한 것입니다.

진정한 라이벌

고등학교 때 처음으로 예술고를 들어가게 되었습니다. 저는 남들과 달리 집안에 국악을 하시는 아버지의 그늘 때문에 항상 남들이 바라보는 시선이 부담스러웠습니다. 그래서 아버지보다 잘해야 된다고 제 스스로 강박 관념을 가지고 있었습니다. 아버지께서도 저에게 "너는 친구들을 경쟁자로 생각하면 안 되고 나를 경쟁자로 생각하고 따라잡아야 한다."라고 늘 말씀하셨습니다. 이러한 부담감 때문에 '정말 내가 아버지를 뛰어넘을 수 있을까?'라는 의구심을 품으며 학교생활을 했습니다. 그리고 고 2 때 저의 목표가 세워졌습니다. 지금은 아버지의 아들로 불리지만 반드시 아버지를 뛰어넘어 저로 인해 아버지의 이름이 알려지게 하는 것입니다.

21세기의 예인

공연은 대중성, 예술성 등이 필수로 요구됩니다. 그런데 요즘 무대 공연의 입장료는 비싸지고 예술성은 침체되거나 퇴락하고 있는 것이 국악계의 현실입니다. 문화는 제자리에 머무르지 않고 꾸준히 변화합니다. 저희 아버지께서도 "예술가는 문화를 창조하고 발전하며 이끌어가야 한다."라고 말씀하셨습니다. 따라서 전통을 계승하되 전통을 토대로 현대의 문화와 공존하는 '온고지신'적인 정신으로 발전해야 한다고 생각합니다. 따라서 창극도 정통 창극뿐만 아니라 뮤지컬 배우와 소리꾼이 함께 어우러지고, 악기들도 한국의 악기와 서양 악기와 함께 어우러져 만들어 가는 '문화 다양성'을 추구하려고 계획을 짜고 있습니다. ○○국악원에 들어가 우두머리가 되어서 모든 사람을 이끌며 문화를 주도해 나가는 21세기 예인이 되고 싶습니다.

## 4. 질문 항목이 있는 대학원 학업 계획서

○○대학교 대학원 학업 계획서

- 지원자 성명: ○○○
- 학위 과정: 석사
- 학과/전공: 식품공학과 식품공학 전공
- 지원 전공: 식품공학대학원 식품미생물학 전공
- 진학 동기, 전공 분야에 대한 연구 계획, 졸업 후 희망, 기타 경력 및 기타 사항 등을 기술하여 주시기 바랍니다.

예문 11

왜 하필 식품공학도? 느낌 아니까~

고등학교 때 환경 동아리 활동을 통해 중국의 야광 돼지고기 사건을 접하게 되었습니다. 이것을 계기로 안전하지 못한 식품과 오염된 환경으로 인해 많은 사람이 질병에 걸려 생사를 오가는 모습을 보면서 먹을거리가 건강해야 인간이 건강하고 자연이 건강해진다는 사실을 깨달았습니다. 그 후로 꾸준히 식품공학도의 꿈을 키워 왔습니다. 대입 수시에서도 모든 학교의 식품공학과에 지원했고 그 결과 식품공학 분야에서 유명한 ○○대학교 식품공학부에 입학하게 되었습니다. 대학교에서 '식품과학개론', '식품미생물학', '인간과 미생물', '생화학' 등의 과목을 수강하면서 식품과 미생물에 대해 자세히 알게 되었고 미생물이 식품에 어떤 영향을 미치는지에 대해 관심을 가지게되었습니다. 또한 식품의약품안전처의 안전 모니터 활동, 농심 대학생 서포터즈 활동과 HACCP 팀장 과정 이수를 통해 식품 안전성의 중요함을 깨달을 수 있었습니다. 이런 활동들은 식품과 미생물 연구를 하고 싶은 제게 식품미생물학 분야의 전문가가 되어야겠다는 큰 확신과 동기 부여를 제공해 주었습니다. 앞으로 더 많이 배우고 연구할 수 있는 기회가 주어진다면 식품미생물학 분야를 연구하는 데 기여하고 싶습니다. 특히 유산균과 병원성 미생물이 식품에 미치는 영향을 집중적으로 연구함으로써 기능성 식품의 발전과 식품안전성의 발전에 기여하고 싶어서 이곳에 지원하게 되었습니다.

유산균과 병원성 미생물 연구

저는 유산균과 병원성 미생물이 식품에 미치는 영향에 대한 연구를 해 보고 싶습니다. 유산균은 발효 제품을 중심으로 장, 주류, 김치, 의약품 등 인류 생활에 광범위하게 활용되고 있습니다. 최근 들어 유산균이 생성하는 항균성 물질 및 다양한 생리 활성 물질과 관련된 항산화, 콜레스테롤 저하 물질 등의 다양한 기능에 대한 연구가 이루어지고 있는데, 비피더스 락티스, 람노서스 유산균 등 다양한 유산균 각각의 인체 조직 특이적 생리활성 특성을 연구하여 식품 산업에 접목하고 싶습니다. 또한 식품 내에 존재하는 E. coli O157, 헬리코박터 파일로리 등의 병원성 미생물의 인체 내에서의 상호 작용과 이들의 효과적인 억제를 위한 연구를 진행하고 싶습니다. 유산균의 조직 특이적 생리 활성 특성의 발견과 식품으로의 접목은 기능성 신제품의 개발 촉진 및 바이오 식품 산업의 활성화에 큰 기여를 할 수 있을 것으로 생각합니다. 또한 병원성 미생물의 억제 방법 연구를 통해 식품의 안정성을 보다 증진함으로써 식품 산업을 더욱 더 고부가 가치 산업으로 발전시킬 수 있을 것으로 기대하는 바입니다.

교수가 되어 지식의 사회 환원을!

식품미생물학 분야의 최고 권위자가 되기 위해 석사 학위를 받은 후 반드시 박사 과정으로 진학하고 해외 유학을 통해 미국의 Univ. of California, Davis에서 보다 심층적인 공부를 할 것입니다. 박사 학위 취득 후에는 한국식품연구원에서 그동안 배운 분야의 폭넓은 지식을 바탕으로 연구에 매진하여 식품 분야의 발전에 기여하고 싶습니다. 그 후 모교의 식품미생물학 교수가 되어 후배 양성에 힘을 쏟아 훌륭한 인재를 배출해 식품 분야의 눈부신 발전이 이루어질 수 있도록 최선을 다할 것입니다.

### 내 삶에 날개를 달아 준 오케스트라와 봉사 활동

고등학생 이전의 제 모습은 조금 힘든 일에도 쉽게 '포기'라는 단어를 떠올리고 자신만 생각하는 나약하고 욕심 많은 이기적인 인간이었습니다. 하지만 오케스트라 활동과 봉사활동을 통해 저는 새로운 사람으로 다시 태어날 수 있었습니다.

고등학교에 입학하면서 학교에서 색소폰이라는 악기를 배웠습니다. 공부를 중요시하던 학교였지만 저는 쉬는 시간, 점심시간마다 악기 연습실로 뛰어가서 연습했고 3개월 만에 교내 연주회에 올랐습니다. 처음으로 많은 사람 앞에 서서 긴장했지만 사람들에게 내 모습을 보여 준다는 생각에 뿌듯함을 느꼈습니다. 이 기세로 꿈에 그리던 학교 오케스트라 단원이 되었습니다. 오케스트라 활동은 생각보다 어려웠습니다. 수많은 악기의 완벽한 조화가 무엇보다 중요해서 한 사람만 실수해도 악단 전체에 큰 피해를 주게 됩니다. 어릴 때부터 악기를 배운 친구들과는 달리 학교에서 처음 악기를 시작한 저는 많이 실수했고 비난받았습니다. 자존심도 상하고 다른 단원에게 피해를 주고 싶지 않아서 남보다 더 많이 노력했습니다. 실수가 줄면서 멋진 연주회를 만들어 나갔고 서울시 오케스트라 대회에 참여하면서 더 큰 무대를 경험하였습니다. 다사다난한 고등학교 오케스트라 생활이 끝나고 대학교에서도 오케스트라 단원이 되었습니다. 고생하던 시절을 잘 넘기다 보니 이제 별 어려움 없이 활동하고 있습니다. 오케스트라는 정신적으로 어렸던 저를 크게 성숙하게 한 매개체입니다. 오케스트라 활동을 하면서 제 모습이 크게 달라졌습니다. 한 명의 단원이 욕심을 부려서 본인 악기의 소리만 크게 내면 다른 단원의 소리는 다 묻혀서 제대로 연주할 수 없습니다. 이를 통해 서로 조화가 중요하고 욕심을 버리고 많은 사람과 어울려 생활하는 것이 소중하다는 것을 깨달았습니다. 또한 어려운 고비를 잘 넘기고 많은 사람 앞에서 연주하며 큰 보람을 얻다 보니 나약했던 모습을 반성하면서 단단한 사람으로 거듭났고 성취감이 크게 향상되어 의욕 넘치는 사람으로 성장할 수 있었습니다. "매도 먼저 맞는 놈이 낫다."라는 말이 있듯이 뭐든지 처음 시작하는 것은 어렵고 힘들지만 시간이 지나면 큰 무기가 될 수 있음을 느꼈습니다. 이제 새로운 일에 두려움 없이 자신 있게 도전할 수 있는 큰 장점이 생겼습니다.

또한 중학교 때부터 시작한 봉사 활동을 대학에 입학해서도 꾸준히 하면서 큰 보람을 느꼈습니다. 치매에 걸린 분과 몸이 불편하신 분께 말벗을 해드리고 산책과 프로그램 진행 등 다양한 활동을 오랫동안 하면서 봉사의 진정한 의미와 더불어 사는 삶의 중요성을 배웠습니다. 과학을 비롯한 모든 학문은 인류를 위해 쓰이지 않으면 뜻을 이루었다 할 수 없습니다. "과학자는 조국이 있으나 과학에는 국경이 없다."라는 파스퇴르의 말처럼 과학기술은 국경 없이 넘나들어 세계 곳곳에 보급되고 누구나 익히고 발전시켜 그 국적이 모호하지만 그것을 연구하는 과학자는 분명한 국적을 가지고 있습니다. 어디서든 오직 인류를 위한 연구만을 생각하고 작은 봉사도 사회에 큰 힘이 된다는 자세로 연구해야 한다는 것을 봉사 활동을 통해 얻게 되었습니다.

PART
06

DAVINCI WRITING

# 문화·예술 비평문 쓰기

01 _ 문화·예술 비평문의 정의와 유형

02 _ 영화 선택과 취향

03 _ 영화 비평문 쓰기

01

# 문화·예술 비평문의 정의와 유형

문화·예술 비평문은 문화 현상 전반과 예술 작품에 대해 비판적으로 감상·평가하는 글이다. 문화·예술 비평문의 영역은 대단히 넓다. 현시대의 문화와 사회 현상에 관한 비평 글, 책을 읽은 뒤의 서평·무용·음악·영화·연극·사진·그림·드라마·광고 등을 감상한 후의 비평문, 여행을 다녀온 후의 여행기, 음식의 기호와 취향·패션에 대한 글 등 우리 삶과 주변의 모든 것을 대상으로 삼을 수 있다.

문화·예술 비평문은 까다로운 형식이 없는 자유로운 글이므로 부담이 적은 글쓰기 중의 하나이다. 형식이 엄격한 글은 규범을 지켜야 하기 때문에 필자의 개성이 드러나기 어렵다. 그러나 비교적 자유로운 형식의 글인 문화·예술 비평문은 개인의 생각과 가치관, 취향 등을 가장 잘 나타낼 수 있는 개성적인 글이다.

문화·예술 비평문을 쓰기 위해서는 우선적으로 비평 대상에 대한 배경이나 지식을 습득해 두는 것이 좋다. "아는 만큼 보인다."라는 말이 있는 것처럼 알아야만 이해하고 좋아하고 즐길 수 있기 때문이다. 만약 비평문의 대상이 문학 작품이라면 작가와 작품의 특성을, 영화라면 감독이나 연기자를, 오케스트라라면 그 오케스트라의 역사와 지휘자를, 여행이라면 그 국가나 도시의 역사와 특징 등을 미리 익힌 후 경험한다면 느끼는 바도 다양하고 더욱 깊이 이해할 수 있을 것이다. 이런 알찬 경험이 훌륭한 비평문을 쓸 수 있는 첫 번째 조건이 된다.

생각하기 1 자기가 가장 쓰고 싶은 문화 · 예술 비평문은 어떤 것이며 그 이유는 무엇인가?

생각하기 2 지금까지 읽은 문화 · 예술 비평문 중에서 가장 기억에 남는 글은 무엇이며, 그 글이 인상적인 이유를 설명해 보자.

02

# 영화 선택과 취향

문화·예술 비평문 쓰기의 예로 영화 비평문을 선택하였다.

영상 세대인 우리에게 영화는 아주 친근하다. 말도 할 줄 모르던 어린아이 때부터 TV의 만화 영화를 보기 시작하여 지금까지 본 영화는 대단히 많다. 앞으로도 몇 편의 영화를 보게 될지 모르겠지만 지금까지 본 것의 몇 배는 족히 넘을 것이다.

오늘날 영화는 사람들이 직접 표를 사고 영화관에 가서 관람하는, 가장 적극적으로 향유하는 예술의 한 장르이다. 영화는 나이를 불문하고 많은 사람이 관람하며 특히 노년에도 즐길 수 있는 여가 활동이다. 노인이 되어서 거동이 불편하고 눈이 어두워지면 책 읽기는 어려워도 집에서 영화 보기는 얼마든지 가능하다. 그러므로 영화는 아마 긴 세월을 우리와 함께할 것이며 우리 곁에 가장 마지막까지 남아서 기쁨을 줄 예술 장르 중의 하나일 것이다.

인간의 삶을 통틀어 영화를 보는 횟수가 많고 영화를 보는 기간이 길다는 것이 자명한 사실이라면 영화 감상에도 어떤 전략이 필요하다. 일생을 함께할 영화라면 영화에 대한 자신의 취향을 아는 것이 무엇보다도 중요하다. 자신의 영화에 대한 취향을 알려면 우선 자신이 영화를 선택하는 기준이 무엇인지를 잘 살펴보라. 잘 모르겠으면 자신이 본 영화 중에 기억에 남고 또다시 보고 싶은 영화가 무엇인지 목록을 작성해 보라. 자기가 좋아하는 영화가 어떤 것인지 알게 된다. 예를 들어, 특정한 몇몇 영화 감독을 좋아한다면 그 감독들이 만든 영화를 중심으로 영화를 감상하고, 특정 배우들을 선호한다면 그 배우들의 출연 영화를 중심으로 영화를 감상한다. 혹은 특정 장르, 특정 영화제 수상작을 중심으로 영화를 감상한다면 독특한 자기 취향이 형성되고, 그 영화들을 꾸준히 보게 되면 어느새 그 영화 분야에서만은 다른 사람들에 비해 전문적인 영화 관람자가 되어 있을 것이다. 그렇게 되면 자기 취향의 영화에 대해서는 누구보다도 많은 지식을 갖추게 되어 글쓰기도 용이할 것이다.

영화를 많이 접하다 보면 자연히 영화에 대한 대화도 자주 하게 된다. 영화를 보고 난 뒤에 자신이 영화에 대해 어떤 평을 했었는지 떠올려 보자. 자기가 좋아하고 관심이 가는 영화를 선택했을 때는 할 말도 많아진다. 그러나 그냥 시간을 보내기 위해 아무 영화나 봤을 경우에는 할 말은커녕 영화 관람 비용이 생각 날 때도 있다. 영화 한 편을 영화관에서 보려면 꽤 많은 시간과 돈을 소비한다. 그렇기 때문에 내가 좋아하고, 내 마음에 드는 영화를 선택해야 한다. 영화를 보기 전에 미리 영화 전문가의 영화에 대한 리뷰도 읽고 정보를 얻어서 신중하게 영화를 선택하는 습관과 자세가 필요하다.

**생각하기 3** 자신이 본 영화 중에 기억에 남는 영화 10편을 적어 보자.

생각하기 4 자신의 영화 취향에 대해 이야기해 보자.

03

# 영화 비평문 쓰기

영화 비평문 쓰기에 엄격하게 정해진 형식은 없지만 피해야 할 것들은 있다. 우선 영화 비평문에 쓰지 말아야 할 것이 무엇인지 생각해 보자.

첫째, 영화의 스토리를 모두 나열하지 말아야 한다. 전체 스토리 나열은 독자들과 앞으로 영화를 볼 사람들의 흥미를 빼앗는 일이며 가장 무성의한 비평문 쓰기에 해당한다. 이것은 스토리가 있는 모든 장르의 작품 비평에도 일맥상통한다.

둘째, 영화의 모든 부분에 대해 언급하지 말아야 한다. 영화의 주제, 형식, 구성, 감독, 연출, 배우, 카메라 등 영화 한 편에 나타난 모든 부분을 다루는 글은 개성도, 초점도 없는 글이 되고 만다. 이런 글은 매력과 특성이 없어서 결국 평범한 글이 될 뿐이다.

셋째, '대단한', '멋진', '훌륭한' 등의 피상적인 수식어를 나열하지 말아야 한다. 어떤 글이든 구체적으로 써야 한다. "그와 헤어질 때, 그녀의 슬픈 감정을 억제하는 연기가 좋았다."라고 쓴다면 배우의 연기가 어떻게 좋았는지 알 수 없다. 그러나 "그녀는 그와 헤어지면서 눈물을 감추기 위해 미간을 찌푸린 채 목을 뒤로 젖혀 하늘을 바라보았다."

라고 쓴다면 그 배우의 연기가 머릿속에 펼쳐지면서 독자들은 배우의 연기를 상상하게 될 것이다. 배우의 연기를 칭찬하고 싶을 때는 연기의 디테일한 부분을 구체적으로 설명해야 생생한 글이 될 수 있다.

넷째, 인터넷에 있는 영화에 대한 글들을 무조건 인용하지 말아야 한다. 인터넷에 떠도는 글들은 검증이 되지 않은 글인 경우가 많다. 그러므로 이런 글을 인용하다 보면 자신이 쓴 글의 신뢰도도 떨어질 수밖에 없다. 물론 질이 좋고, 매력적인 글들은 예외이다.

영화 비평문을 쓰기 위해서는 영화를 한 번 보는 것만으로는 부족하다. 두 번 이상 메모를 하면서 꼼꼼하게 영화를 봐야 한다. 처음에는 스토리를 중심으로 보고 다음에는 연기자 중심으로 본다든가 하는 식으로 영화의 특성에 초점을 맞추어서 메모를 하면서 본다. 이렇게 초점을 맞추어 집중적으로 본다면 미처 보지 못했던 것도 보이고 느끼지 못했던 것도 깨닫게 될 것이다.

## 1. 영화 비평문 쓰기의 소재 선택

영화 비평문은 어떤 소재를 선택해야 할까? 효과적인 글의 소재 선택 방법을 안다면 영화 비평문 쓰기가 한결 더 수월하고 즐겁게 글을 쓸 수 있다.

첫째, 제목이 주제를 함축하고 있는 영화에 주목하자. 이런 영화들은 제목만 가지고도 영화 비평문을 쓸 수 있다. 알레한드로 아메나바르 감독이 연출하고 니콜 키드먼이 주연한 2001년도 영화 「디 아더스(The Others)」를 예로 들어 보자. 'The Others'의 뜻은 '다른 것들'인데, 이 말을 사람에 빗대면 '타자들'이다. 즉, '나'가 아닌 '다른 존재들'이다.

타자란 '나'와 상대되는 말이며 '나'의 존재를 인식하게 하는 용어이다. 타자가 없다면 '나'도 존재할 수 없기 때문이다. 이 영화에서 타자는 인간을 가리킨다. 이제까지 인간은 의심할 여지없이 언제나 주체이며 '나'이며 주인공이었다. 그러나 「디 아더스」에서의 '나'는 귀신이고 주체이며 주인공인 반면, 오히려 인간이 '타자들'이다. 주객이 바뀐 것이다. 「디 아더스」 이전의 귀신이 등장하는 영화에서는 귀신이 타자이며 귀신은 인간에게 공포의 대상이었다. 그러나 이 영화에서는 귀신이 주체이며 귀신의 눈에는 귀신이 아닌 존재가 바로 타자이고 공포의 대상인 것이다. 그들은 바로 인간이다. 이제까지 인간의 눈에 비추어지는 귀신이 무섭다고 했을 뿐, 귀신들에게 인간이 어떻게 보이는가에 대해선 관심이 없었다.

우리가 언제나 타인이라고 부르면서 경계하고 소외하는 대상들이 있다. 그러나 이 영화는 인간에게도 인간을 타자라고 부르고 경계하는 대상이 있다는 사실을 일깨워 주는 영화이다. 여기에서 제목은 영화의 주제를 드러내는 중요한 역할을 한다. 「디 아더스」는 제목만 가지고도 영화에 담긴 철학과 시각을 풀어내어 한 편의 영화 비평문을 쓸 수 있다. 그러나 영화 제목이 단순히 장소를 지칭하는 「베를린」이나 「미드나이트 인 파리」, 영화에 등장하는 존재를 지칭하는 「괴물」이나 「아저씨」, 「버니」, 영화의 소재나 주제인 「관상」, 「아무르」 등 기타 특별한 의도나 상징을 읽을 수 없는 제목이라면 영화 비평문에서 아예 언급하지 않아도 된다.

둘째, 영화의 주제에 대해 쓸 수 있다. 주제는 영화를 통해 감독이 관객에게 전달하고자 하는 생각이다. 주제는 주로 영화의 스토리 라인과 결부되어 있기 때문에 스토리를 정밀하게 분석해야 한다.

2007년, 이창동 감독이 연출하고 전도연, 송강호가 주연한 「밀양」을 예로 들어 설명해 보자. 「밀양」은 소설가 이청준의 「벌레 이야기」라는 작품을 이창동 감독이 살을 덧붙여 각색한 영화이다. 「밀양」은 인간과 인간, 종교와 인간 사이에서 일어나는 용서가 주제이다. 이 영화는 인간을 용서하는 주체는 누구이며 용서는 누가 어떻게 해야 하는 것인가라는 문제를 심도 있게 다루었다.

주인공의 아이를 유괴하여 죽인 범인이 있다. 주인공은 범인을 용서하지 않았는데 범인은 감옥에서 기독교로 귀의하여 자신은 이미 신의 용서를 받았다며 평화로운 표정을 짓고 있다. 이에 주인공은 아직 피해자가 용서하지 않았는데 가해자를 용서한 신에 대해 회의하며 신에게 반항한다. 신의 용서와 인간의 용서 사이의 간극이라는 명제만을 가지고도 이 영화 전체를 설명할 수 있으며 한 편의 비평문을 쓸 수 있다.

다른 한편으로 「밀양」에 대해 '인간은 타인의 고통에 공감할 수 있는가?'라는 명제로도 비평문을 쓸 수 있으며, '기독교의 용서란 무엇인가?' 등의 주제로도 비평문을 쓸 수 있다. 이처럼 해석과 상징이 풍부한 영화일수록 영화 비평문을 쓸 수 있는 소재는 다양하다.

셋째, 감독에 대해 이야기할 수 있다. 영화 감독은 모두 자신만의 색깔을 지니고 있으며 그것은 감독이 바라보는 세계관과 맞물려 있다. 특정 장르를 고집하는 감독이 있는가 하면, 특정 소재를 집중적으로 연출하는 감독도 있다. 동일한 감독이라도 시간의 흐름에 따라 장르나 색깔이 변화를 거듭하기도 한다. 감독의 시선과 어떤 감독의 독특한 스타일, 선호하는 장르와 배우, 음악, 시대 등 감독에 대한 이야기도 비평문 쓰기에 많은 소재를 제공한다. 그러나 감독만의 이야기로는 영화 비평문이 될 수 없다. 감독에 대해서 이야기하고자 할 때에는 반드시 비평하려는 영화와 연결하여 서술해야 한다. 동일한 감독의 다른 작품과 비교, 분석하는 것도 영화 비평문 쓰기의 좋은 소재이다.

넷째, 배우의 연기에 대해 이야기 할 수 있다. 배우의 연기는 배우의 눈빛과 발성, 몸짓 연기 등 연기의 강점을 중심으로 서술한다. 연기에 대해서 언급할 때는 특정 장면을 예로 들어 구체적으로 서술해야 한다. 특히 인상적이었던 장면의 대사를 인용하면 더 생기 있는 비평문이 될 수 있다. 그리고 그 배우가 다른 영화에서 보여 준 연기와 비평 대상인 영화에서의 연기 차별성, 얼마나 새로운 연기를 보여 주는가 등을 구체적으로 서술할 수 있다.

다섯째, 등장인물의 캐릭터에 대해 이야기한다. 영화의 고유한 캐릭터를 상세하게 분석하면서 캐릭터의 개성을 서술한다. 그러나 캐릭터에 대한 서술은 무엇보다도 배우의 연기와 맞물려 있어야 한다. 캐릭터는 배우의 연기를 통해 드러나기 때문에 캐릭터는 인물 창조에 대단히 중요한 역할을 한다, 그러므로 캐릭터에 대해 서술할 때 배우의 연기력과 함께 서술한다면 좋은 비평문이 될 수 있다.

여섯째, 영화가 실화를 대상으로 했을 경우, 실제 사건과 영화에서 재해석된 의미를 함께 설명할 수 있다. 실화를 영화로 제작했을 경우에는 두 명의 주인공이 있기 때문에 (실화의 주인공과 영화의 주인공) 영화 비평문 쓰기의 소재는 더욱 더 풍부해진다. 예를 들면, 「살인의 추억」과 '화성 연쇄 살인 사건'을 비교한다든가, 「집으로 가는 길」과 '장미정 사건', 「변호인」과 '부림 사건' 등을 비교하면서 서술해 본다면 영화만 다룰 때보다 훨씬 다양하고 풍부한 비평문이 될 수 있다.

그 외에도 영화의 장르, 대사, 영상미, 의상, 직업, 음악, 컴퓨터 그래픽, 편집, 시나리오 작가 등 비평문에서 쓸 수 있는 소재는 무한히 많다. 영화는 다양한 요소가 모여 한 편의 작품을 만들어 내는 종합 예술이기 때문에 영화 비평문의 소재는 풍부하다.

앞에 언급한 소재들을 하나의 비평문에 모두 쓸 수는 없다. 그 영화를 가장 잘 설명할 수 있는 특징적인 소재를 하나, 혹은 몇 개를 조합해서 글을 쓴다면 깊이 있는 비평문을 쓸 수 있다. 영화의 주제와 감독, 혹은 제목과 주인공의 연기 등으로 조합하면 좋은 영화 비평문의 소재가 될 것이다.

## 2. 영화 비평문 쓰기의 예

영화 비평문 쓰기의 예를 보자.

1999년 프랑스의 미셸 오슬로 감독이 연출한 「프린스 앤 프린세스」가 영화 비평문 쓰기의 대상이다. 이 영화는 그림자 애니메이션으로 상영 시간은 70분이며 여섯 개의 에피소드로 이루어져 있다. 이 글에서는 세 번째 에피소드인 「마녀의 성」을 비평문 쓰기의 대상으로 삼는다. 상영 시간은 10분이다.

글을 쓰기 전에 학생이 쓴 「마녀의 성」 비평문을 읽고 장·단점을 꼼꼼히 살펴보자.

예문 1

### 빛의 재발견

강렬한 태양의 빛, 그 거대함 속에 우리는 생활하고 있다. 빛은 생활을 밝혀 주고, 일용할 양식이 자라는 에너지원이 되고, 살균 작용을 하고 온난한 기후를 제공한다. 이뿐만 아니라 현대 과학의 대체 에너지원으로서도 주목받고 있다.

이러한 빛의 다양한 기능을 우리는 유용하게 사용하고 있다. 하지만 빛의 이용에만 치우쳐 빛 고유의 아름다움이 우리들 마음에서 잊히고 있는 것은 아닐까? 저 강렬한 태양도 광활한 어둠의 우주에서는 스스로 빛을 발하는 작은 보석별 같은 아름다움의 존재이다.

우주 속에서의 태양과 마찬가지로 그림자 애니메이션 「마녀의 성」에서 어둠 속에서 참된 아름다움을 발휘하는 빛의 새로운 모습을 발견할 수 있었다.

「마녀의 성」은 주된 인물 및 사물들이 그림자로 표현되고, 배경이나 특수 효과들은 색을 가지고 있다. 빛에 의해 투영된 배경의 색들은 은은함을 보여 주며 마음을 편하게 해 준다. 영화 초반의 애니메이션 작업실은 짙은 빨강으로 차분한 작업 공간을 표현했고, 공주가 있던 궁전의 배경은 조금씩 다른 명도의 핑크들이 와플 모양을 이루며 그 아름다움을 뽐냈으며 외부 공간은 잔잔한 파랑으로 눈을 편안하게 한다. 그런데 내가 말하고자 하는 빛의 새로운 모습은 이런 은은함이 아니다. 내가 발견한 빛의 아름다움은 강렬함이다.

그 장면은 그림자 주인공들의 이야기가 익숙해져 갈 무렵 내 눈을 강하게 자극하며 나타났다. 마녀의 성을 불화살로 공격하는 장면에서 성으로 날아든 화살이 성 내부에 불타오르던 그 순간, 짙은 그림자에서 피어오르는 불꽃은 마음을 설레게 할 정도였다. 보색의 효과 때문이기도 하겠지만 영화 내용 중에 일관된 차분함을 보이던 것과는 전혀 다른, 스스로 빛을 발하는 아름다움이었다. 강렬한 빛으로 주의가 집중되던 순간 놀라운 감정의 변화가 일어났다. 서정적인 음악이 흐르며 타오르는 불꽃과 불을 끄려고 뛰어다니는 마녀의 모습이 슬프게 보이는 것이다. 오해받는 생활을 하던 마녀의 서글픔을 보여 주는 복선의 역할을 강렬한 빛으로 관중의 주의를 집중시키며 훌륭하게 해내고 있었던 것이다.

피어오르던 불꽃에 설레 마음이 가라앉을 무렵이었다. 벽면에 반짝이던 수정 빛은 호수에 비치는 마녀와 청년의 모습이나 맑은 호수보다 내 시선을 사로잡았다. 카메라가 줌 업 하듯이 벽면의 수정 빛들을 응시하고, 그중 하나의 빛을 응시했으며, 그것에 매료돼 주변이 보이질 않았다. 어둠 속에서 빛나는 아름다운 빛은 마녀의 마음속의 아름다움을 보여 주는 듯 했고, 성을 불태우는 빛을 용서하는 듯했다.

앞서 말한 내용들에서 빛이 중요한 순간에 주위를 환기하여 의미를 더욱 부각하는 역할을 하고 있음을 확인할 수 있다. 빛이 이런 역할을 할 수 있었던 것은 같은 사물을 새롭게 해석한 그림자 애니메이션의 매력이라 생각한다. 빛이 주인공이 되지 않고 배경이 되기 때문에 더 강렬함을 가졌던 것이다. 마녀의 성에서 발견한 빛의 새로움, 이는 논문 소재 발굴에 고심하던 나에게 아이디어 창출의 기본을 다시 한 번 깨닫게 해 주는 매력적인 빛이었다.

학생 글

〈예문 1〉의 비평문은 제목에서 보듯이 빛을 주제로 하여 영화 전체의 빛과 빛이 주는 효과를 분석하고 있다. 유려한 문체와 감각적인 표현들이 마치 아름다운 문학 작품을 읽고 있는 것 같다. 이 영화는 인물과 사물은 검정색 그림자로 표현하고 배경이 채색되어 있다. 그러므로 관람객들은 배경의 빛에 자연스럽게 눈길이 간다. 검정색의 베이스가 빛을 더욱 더 화려하게 만들어 주기 때문이다.

배경의 빛깔은 감독의 의도를 잘 보여 주고 있는데 필자는 빛의 화려함과 아름다움은 발견했지만 감독의 색깔 사용 의도를 파악하는 데까지 나아가진 못했다. 붉은빛, 푸른빛, 수정처럼 반짝이는 빛, 노란 불빛 등은 모두 마녀가 등장할 때에만 배경으로 나타난다. 예쁜 꽃들과 도서관의 책은 아름다움과 지식을 함께 겸비한 마녀를 위해서 화려한 채색으로 등장한다. 거기에다 마녀는 채식주의자다. 이는 우리가 예전부터 알고 있는 마녀와는 전혀 다른 이미지이다. 아름다운 첼로 음악도 마녀가 등장할 때에만 흘러나온다. 이 모든 것은 마녀를 부각하기 위하여 감독이 특별히 색깔을 입혀 연출한 것이다.

이 영화 비평문은 영화의 특정한 부분만을 선택하여 매우 꼼꼼한 관찰력으로 세밀히 분석하였다. 다른 사람들이 자칫 놓치기 쉬운 부분을 정확하고 예리하게 지적하였다.

문장력도 상당히 좋아서 아름답고 독특한 영화 비평문이 되었다. 굳이 흠을 잡자면 이 비평문은 영화를 보지 않은 사람은 이해하기가 어렵고 공감하기도 어렵다는 점이다. 빛이라는 하나의 소재에만 몰입했기 때문이다. 그러나 그만큼 개성이 넘치는 영화 비평문이라고 할 수 있다.

## 3. 「마녀의 성」 영화 비평문 쓰기

「마녀의 성」을 감상한 뒤 영화 비평문을 써 보기로 하자.

### 1) 계획하기

- 영화를 2~3번 보면서 메모한다.
- 원고 매수를 정한다. 예 A4 용지 1~2장
- 감독과 감독의 작품세계에 대해 조사한다. 예 미셸 오슬로
- 예상 독자를 정한다.
- 영화 비평문의 주제와 초점을 정한다. 예 생각의 힘, 편견, 영화 기법과 음악
- 글의 목표를 세운다. 예 영화의 내용에 담긴 의미와 메시지를 중심으로 쓴 후(글의 60%) 영화의 테크닉과 음악(글의 30%)에 대한 글로 마무리하여 의미 있고 부드러운 예술적 글쓰기를 목표로 한다.

### 2) 아이디어 생성하기

영화를 본 후 영화의 특성과 생각나는 것들을 나열해 본다.

예 밤의 도시, 그림자 애니메이션, 액자 구성, 바깥 이야기는 영화를 만드는 과정과 형식을 보여 줌, 할아버지, 소년과 소녀 등장, 소년과 소녀가 안 이야기의 주인공들로 분장, 안 이야기는 마녀와 용감한 소년의 이야기, 마녀의 성에 들어가면 공주와 결혼을 시켜 준다는 약속. 마녀의 성에 들어가는 방식, 왕자들의 공격, 고정 관념, 편견, 마녀는 방어 무기만을 사

용, 무기의 기발함, 화려하고 아름다운 마녀의 성, 꽃, 도서관, 호수, 지적이고 과학적이며 채식주의자인 마녀, 채식의 상징, 발명가, 공주와 마녀의 대비, 아름다운 색채와 음악, 반전, 영화의 주제, 부엉이, 그림자 애니메이션.

### 3) 아이디어 조직하기

앞의 아이디어 생성하기 자료를 가지고 글쓰기에 필요한 사항들을 나열한다. 자신이 가장 쓰고 싶은 부분, 가장 인상 깊었던 요소들을 글의 중심으로 삼는다. 글의 순서를 짠다. 몇 문단으로 할 것인지 대강 정하고 각 문단의 중심 문장을 하나씩 적는다. 아니면 글의 순서에 따라 아이디어 생성한 것을 적어 놓는 것도 글의 흐름을 잃지 않는 방법이다.

예
- 제목: 마녀의 성에는 마녀가 없다
- 글의 순서: 생각하는 청년 → 왕자들의 행동 → 성에 들어가기 → 마녀의 실제 모습 → 전통적인 마녀 상과 비교 → 편견을 버린 결과 → 영화의 기술적 특성 → 음악의 효과
- 각 문단의 중심 문장
  - 신중한 생각은 이성적인 행동의 전제조건이다.
  - 마녀는 마녀가 아니라 이상적인 여성이다.
  - 편견을 버리면 새로운 세계가 보인다.
  - 그림자 애니메이션은 기존의 영화와 다른 차별성을 지녔다.
  - 인간의 목소리를 닮았다는 무반주 첼로 음악은 마녀에 대한 편견을 제거하고 아름다운 영상을 한층 더 돋보이게 하였다.

### 4) 쓰기

아이디어 조직하기의 순서대로 글을 쓴다.

### 5) 고쳐쓰기

잘못 쓴 부분을 고치고 맞춤법, 띄어쓰기도 다시 한 번 확인한다.

생각하기 5

지금까지 읽은 영화 비평문 중에 가장 좋은 영화 비평문의 예를 들어 보고 그 이유를 설명해 보자.

생각하기 6

자신이 좋아하는 영화를 나열해 보고 영화 취향에 대해 서로 이야기해 보자.

생각하기 7 최근에 감명 깊게 본 영화의 비평문을 써 보자.

예문 2

■ 사진 비평문

## 자유로운 인간 만 레이

기발하고 독창적인 영혼, 초현실성 두드러진 사진들

1902년에 창간된 미술계의 가장 오래된 잡지 『아트뉴스』는 20세기를 대표하는 미술가 25인 중의 한 사람으로 1999년에 만 레이(Man Ray, 1890~1976)를 선정했다. 그의 이름을 말하면 떠올리게 되는 사진뿐 아니라 회화·조각·콜라주·아상블라주에 걸친 전방위적인 실험적 작업들과 함께, 나중에 나타나게 되는 행위미술과 개념미술의 원형을 보여 주기도 했다고 잡지는 썼다. 그러면서, '즐거움과 자유의 추구에 있어서' 모든 미술가에게 창조적 지성의 본보기가 된 그의 모토는 "내 앞에 만나게 되는 어떤 문이라도 열 것이고 그 문을 통해 난 어떤 길이라도 갈 것이다."였다고 덧붙였다.

만 레이, 「Kiki Odalisque」, 1925(© MAN RAY TRUST/ADAGP, Paris & SACK, Seoul, 2014).

만 레이는 1890년 미국서 태어나 서른 살까지 뉴욕에서 화가 겸 사진가로 활동하다 1920년경 파리로 건너가고, 거기서 양차 대전 사이의 20년 동안 유럽 예술계의 거의 모든 거장들과 교유하면서 그들의 초상 사진 작업을 했다. 1940년 제2차 세계 대전이 발발하고 독일군이 파리를 점령하자 미국으로 돌아와 할리우드에서 10년을 살다가, 다시 파리로 돌아가게 되고 거기서 86세에 사망하여 몽파르나스의 묘지에 묻힌다.

정해 둔 원칙이 없는 듯 행동했던 다다주의자

만 레이는 살아생전에 그리 큰 주목을 받지 못한 작가였다. 스스로도 밝힌 적이 있듯이 자신이 화가인지 사진가인지 그 애매한 정체성에 혼란을 겪은 적도 있었고 여러 사람으로부터 그런 분명치 못한 윤곽 때문에 오해를 받기도 했다. 10여 년간의 할리우드 생활에서 여러 강연에 초대되어 얘기할 기회가 있었는데, "사진이 예술인가?"라는 질문을 받고는 "예술은 사진이 아니다."라고 대답하기도 한다. 진지하고 심각한 것을 특유의 날렵함으로 통과해 간 한 본보기였다.

생활을 위해 초상 사진을 비싸게 팔아먹을 때는 자기 이름을 약간 과장되게 드러내기도 했지만, 이 사람은 처음부터 어떤 틀에 짜여진 것을 싫어했고 격식이나 이름 등에는 무심했다. 무언가 이것 아니면 안 된다고 정해 둔 원칙이 없는 듯이 보이는 사람이다. 그저 주어진 상황에 맞게 그때그때 쉽게 해치운다. 그런 성품은 첫 아내에게 버림받은 때의 대응에서도 잘 나타나는데, 아내가 다른 남자를 집으로 데려오자 스스로는 바로 옆집의 지하실로 거처를 옮겨 버리고 자기 일을 계속한다.

또 그의 유명한 조각 작품들이 거의 즉흥적으로 만들어진 것에서도 일상에 대한 그의 즉물적인 대응 태도를 알 수 있다. 전시회 당일 다리미와 압정을 철물점에서 사서 본드로 붙여 얼렁뚱땅 가볍게 만든 것이 그 유명한 「선물」이란 이름의 작품이다. 그걸 누군가가 전시회에서 훔쳐 가 버리자 별일 아니라는 듯이 또 사서 '작품'을 만든 것이 여러 번이었다.

뉴욕에서 20대를 보내면서 당시 미국으로 와 있던 마르셀 뒤샹과 만난다. 나중에 헤아릴 수 없이 많은 저명한 작가를 만나게 되지만 예술에 대한 생각에서 뒤샹은 만 레이에게 큰 영향을 끼쳤던 것 같다. 스스로 아주 감동받았다고 자서전에 쓴 거의 유일한 사람이 이 뒤샹이었다.

일생 동안 그들의 우정은 계속되는데, 만 레이보다 세 살 위였던 뒤샹은 인생과 예술에 있어서 스승과 같은 존재였던 것처럼 보인다. 피카소와의 교유와는 좋은 대조가 된다. 만 레이는 1913년의 뉴욕 아머리 쇼에서 뒤샹의 「계단을 내려오는 누드」를 처음 보게 된다. 작품이 아무리 좋아도 이름을 잘 붙여야 기억에 남고 유명해진다는 생각을 그때 하게 되었다고 나중에 밝히고 있다. 많은 작품에 붙인 기발한 이름들은 이때의 깊은 인상에서 비롯된 것이었다.

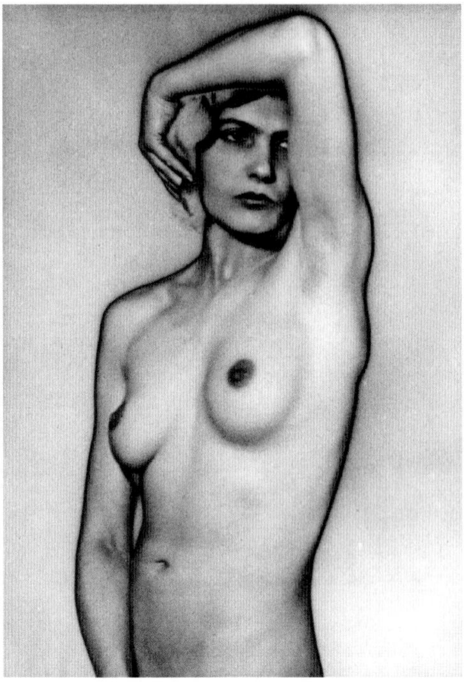

만 레이, 「Natacha」, 1930(© MAN RAY TRUST/ADAGP, Paris & SACK, Seoul, 2014).

만 레이는 초현실주의와 다다주의자로 곧잘 분류된다. 이 또한 무슨 큰 사명감이 나 소속감에서 그리된 것이 아니다. 그의 성품이 가진 원래부터의 일상성이나 즉물성 등이 1920년대의 파리 아방가르드들의 풍조와 맞아 떨어졌기 때문에 자연스럽게 휩쓸려 들어갔던 것뿐이었다.

초현실주의의 선구자격인 트리스탕 차라가 만 레이의 작업실 겸 침실인 호텔방으로 놀러 왔다가 우연히 보게 된 것이 만 레이가 그 당시 실수로 우연히 만들게 된 그 유명한 레이요그래프(rayograph)인데, 이로 인해 당시의 초현실주의자 그룹에 끼게 된다. 그 레이요그래프 역시 라즐로 모홀리-나기가 이미 비슷한 시기에 포토그램이라는 형식으로 활발히 작업하고 있던 것이었다. 대개 이런 정도의 가벼움이 그의 삶 전체에서 흐르고 있다.

만 레이를 말할 때는 늘 '몽파르나스의 키키'를 떠올리게 된다. 그의 유명한 사진인 「흑과 백」이나 「앵그르의 바이올린」 등에 나오는 여자로 그의 연인이자 모델이었다. 원래 화가들에게 인기 있던 모델이었는데 파리에 도착한 직후 만 레이의 연인이 되어 수년간 함께 살았다. 아주 다감하고 사랑스러운 여자로 질투심 역시 강해서, 여러 사람 앞에서 만 레이의 뺨을 수차례 때린 것으로 그의 자서전에 그려지고 있다.

키키 말고도 만 레이의 여자들은 아주 아름다웠던 것으로 유명하다. 맨해튼 거리를 걷다가 19세의 나이로 잡지 거물 콘드 내스트에게 발견되어 일약 스타 모델이 된 후 1920년대 말 파리로 건너와 만 레이의 조수 겸 연인이 되었던 사진가 리 밀러도 그랬고, 나중에 스물여섯 살의 나이 차이에 두 번째 부인이 되는 무용가 겸 모델 출신의 줄리엣 만 레이 역시 그렇다.

만 레이는 일생 동안 만 2천 점의 사진을 남겼다. 그가 마지막으로 살다간 몽파르나스의 스튜디오를 아내 줄리엣은 10여 년 동안 아무런 손도 대지 않고 그대로 보존했다. 거기서 만년의 만 레이는 거의 그림만 그렸다고 한다. 한 칸짜리 방이 전부였던 그의 마지막 보금자리이자 스튜디오를 촬영한 영화에는 독서대 겸용으로 쓰인 듯한 회전 식탁이 침대 곁에 달려 있는 장면이 나온다. 인화지를 거는 클립과 알전구와 정착액을 담은 포도주 병들이 나란히 서 있는 방 한 모퉁이도 나온다. 그는 죽을 때까지 여전히 사진가로 남아 있었다.

### 만 레이 특별전의 질 낮은 복사본은 실망스러워

만 레이의 부모는 러시아에서 이민 온 유태인이었다. 어릴 때 집에서 옷 가게를 했고 어머니는 재봉 일을 했다. 그래서 만 레이의 작품은 일생에 걸쳐 이 옷과 재봉틀, 바늘과 실, 다리미들과 연관되어 있다. 작가의 하(下)의식을 형성한 셈이다.

만 레이라는 이름 역시 당시 미국의 강한 반유태주의를 피하기 위해 개명한 것이었다. 이런 출생에 얽힌 사연은 나중에 파리를 탈출할 때 만나게 되는 독일군에 대한 느낌과 태도에 잘 나타난다. 속으로는 아주 역겹지만 기지와 위트로 위기를 잘 모면하고 유태인이라는 것은 일체 드러내지 않고 오로지 미국인으로만 행동한다. 독일군 장교에게 호감을 사 구하기 힘들던 자동차 연료를 그로부터 얻어 내기도 한다. 이런 장면은 당시 같은 시기 같은 장소에 있었던 그의 동족 발터 벤야민과는 좋은 대조를 보인다. 그는 거의 동일한 시기에 피레네 산맥을 넘다가 좌절하고 자살한다.

서울 예술의전당 한가람미술관에서 이뤄지고 있는 '만 레이 특별전'(2006. 11. 4.~12. 16.)에 대해 좀 얘기해야겠다. 우선 많은 작품이 전시돼 있다. 그리고 예술의 전당이라는 큰 전람회장에서 제법 큰 전시로 기획되었다. 그러나 간단히 말해서 그 질은 좋지 않다. 모더니즘 사진가들은 사진 한 장을 만들기 위해 수십 번씩 인화를 한다. 사진 인화와 형식적 품질에 대한 그들의 기준은 강박적일 정도였다. 그것은 오리지널 사진을 한 장만 보면 금세 알 수 있다. 만 레이의 사진 역시 원화의 아름다움은 비길 데가 없을 정도이다.

여러 가지 제약이 있겠지만 신문 인쇄보다 나을 것 없는 복사본을 걸어 놓는 데는 너무하지 않나 하는 생각이 든다. 물론 사진은 기계 복제된 예술임에 틀림없다. 하지만 사진사의 어느 시기에는 한 장의 사진을 만들기 위해 평균 150회의 인화를 했던 유진 스미스 같은 사진가도 있었고, 자신의 80회의 생일에 네거티브를 다 태워 버린 브레트 웨스턴 같은 사진가들도 있었음을 좀 생각해 주었으면 좋겠다.

김우룡(사진작가, 의사), http://www.kyosu.net/news/articleView.html?idxno=12141

예문 3

■ 영화 비평문

## 새로운 엔진을 장착했다

'봉준호의 세계'와 「설국열차」의 도킹, 그 결과는……

봉준호의 영화는 결국 스릴러다. 그리고 언제나 예기치 못한 상황들을 맞닥뜨리며 무언가를 찾아다닌다. 데뷔작 「플란다스의 개」(2000)의 아파트 관리 사무소 경리 박현남(배두나)은 실종된 강아지를 애타게 찾고, 「살인의 추억」(2003)의 시골 형사(송강호)와 도시 형사(김상경)는 연쇄 살인범을 찾기 위해 힘을 합치고, 「괴물」(2006)의 매점 아저씨 박강두(송강호)는 괴물이 끌고 간 하나뿐인 딸 현서(고아성)를 찾으려 한강변을 떠돌며, 「마더」(2009)의 엄마(김혜자)도 아들(원빈)의 살인 누명을 벗겨 주기 위해 스스로 범인을 찾기로 한다. 그럴 때 보통 정부와 경찰 등 공권력은 무능하다. 「에이리언」(1979)처럼 「설국열차」 역시 절대 권력자 윌포드(에드 해리스)가 이끄는 사기업의 세계다. 춥고 배고픈 사람들이 바글대는 빈민굴 같은 맨 뒤쪽 꼬리 칸의 젊은 지도자 커티스(크리스 에반스)는, 선택된 사람들이 술과 마약까지 즐기며 호화로운 객실을 뒹굴고 있는 앞쪽 칸을 향해 나아간다. 그렇게 기차의 심장인 엔진을 장악하기 위해 긴 세월 준비해 온 폭동을 일으킨다.

중요한 것은 그런 추적의 로드 무비에서, 인물들이 드디어 목표했던 것을 찾았을 때는 해소되는 그 무엇이 있어야 한다. 「괴물」 정도를 제외하고(괴물에게 수갑을 채울 수는 없는 노릇일 테니) 그의 다른 영화들은 결말에 이르러 모두 정당한 법 집행을 꿈꿨을 것이다. 그런데 봉준호는 「살인의 추억」처럼 배신감을 느낄 정도로 아예 해소해 주지 않거나, 「마더」처럼 영화 속 인물과 관객 모두를 속이면서까지 뒤틀리게 해소해 주며 거대한 반전을 줬다. 「설국열차」 역시 그의 다른 영화들과 마찬가지로 계속 이동하고 애타게 찾아다닌다는 점에서 기본적으로 같다. 어쩌면 다른 영화들과 달리 누구를 찾아야 하고, 그가 어디에 있는지 명확히 알고 있다는 점에서 가장 쉽다고도 말할 수 있겠다. 그러니까 「설국열차」는 그의 다른 영화들과 달리 나침반이 필요 없는 영화다. 하지만 「설국열차」의 핵심은 커티스가 열차의 꼬리 칸부터 엔진실까지 다다르는 그 지난한 과정이 종료됐을 때, 전혀 다른 해소의 상황에 직면한다는 것이다. 방향이 정해진 로드 무비이긴 하지만 그런 점에서 「설국열차」 역시 새로운 반전을 준비한 봉준호의 영화다. 어딘가 하나의 흐름처럼 느껴졌던 '봉준호의 세계'와 「설국열차」라는 새로운 열차 칸의 도킹이 그렇게 이뤄졌다고 느낀다.

봉준호의 영화는 늘 처음부터 수수께끼를 숨겨둔다. 「살인의 추억」에서 경운기를 타고 가는 형사 박두만을 아이들이 쫓는다. 속주머니에서 뭔가 꺼내려던 그는 느닷없이 주먹감자를 날린다. 이 장면은 아무리 형사인 나를 쫓아와 봐야 당신의 궁금증은 결국 풀리지 않을 것이라고 미리 얘기하는 것 같다. 심지어 얼마 지나지 않아 경찰서에서 강간 사건으로 조서를 쓰고 있는 두 남자를 보여주는 장면이 있는데, 누가 강간범이고 누가 피해자의 오빠인지 알려 주지 않는다. 범죄자의 얼굴을 한 사람은 딱 한명인데, 의외로 그가 아닐 수도 있을 것이다. 그러한 태도는 영화 속 박현규(박해일)가 범인일 것이라는, 아니 그가 범인이었으면 좋겠다는 암묵적 공감대를 결국 해소하지 않고 마무리된다.

### 100% 세트 영화, 비 내리는 장면이 없는 영화

「괴물」에서도 괴물을 맨 처음 발견한 사람은 한강 다리에서 투신자살하려는 남자다. 그는 뛰어내리기 직전 무언가(기형적으로 성장해 버린 괴물)를 발견한 것처럼 놀라는 표정을 짓지만 이내 평정을 되찾는다. 그리고 투신을 만류하려는 사람들을 향해 "잘들 살아."라고 말하고는 결국 뛰어내린다. 마치 '너희들은 이제 ×됐다'라는 저주처럼 들린다. 심지어 앞서 도입부에 등장하여 한강에 포름알데

히드를 흘려보내는, 그리하여 괴물을 만들어 낸 것이나 다름없는 연구원(김학선)은 홍상수의 「생활의 발견」(2002)에서 김경수(김상경)에게 "우리 사람 되기는 힘들어도 괴물은 되지 말자."라고 했던 춘천에 사는 선배다. 보통 봉준호 감독을 향해 '봉테일'이라고 얘기할 때 그것은 결국 지엽적인 소품이나 미술적 재현보다는, 그런 구조적인 측면에서 파악해야 맞을 것이다. 과거 그는 봉테일이라는 별명에 대해 "어딘가 사소한 것에 집착하는 감독처럼 들려 굉장히 싫은 별명"이라고 웃으며 말하기도 했다.

「설국열차」에서 보자면, 송강호가 연기하는 인물 '남궁민수'라는 이름부터가 어딘가 길게 이어진 기차 같다. 세 글자 이름이 1.85:1 같다면 네 글자 이름은 왠지 2.35:1처럼 느껴진다(물론 「설국열차」는 예상과 달리 1.85:1 스크린 사이즈로 완성됐으며, 이에 대해 그는 인터뷰에서 '체질적으로' 1.85:1에 더 맞는 것 같다고 얘기했다). 굳이 음절 하나를 하나의 열차 칸이라고 상상해 본다면, 영어식 발음으로 '냄 궁민수'로 알고 있던 그가 영화에 등장한 다음에는 '남궁 민수'로 밝혀진다. 그런 음절의 조합에서 괜히 「설국열차」라는 일직선의 구조를 한번 더 생각했다면 지나친 과장일까.

어쨌건 그는 이전에도 인물 내면의 풍경을 드러내는 긴 수평 트래킹 촬영의 묘미를 종종 드러내 왔다. 말하자면 그가 이른바 수평 트래킹의 묘미를 가장 잘 살려 낼 수 있는 '기차 영화'에 다다른 것은 묘한 운명적 느낌이랄까(실제로 그가 「설국열차」 원작을 접하고 영화화를 꿈꿨던 시기는 「괴물」을 만들기 전인 2004년으로 거슬러 올라간다). 「플란다스의 개」에서 백수나 다름없는 시간 강사 고윤주(이성재)가 걸어가는 방향과 반대로 방역차가 하얀 소독 연기를 길게 내뿜으며 지나갈 때, 「살인의 추억」에서 남장 여자가 살해된 '향숙'으로 분해 논에서 현장 검증을 시도할 때의 혼란을 고속 촬영으로 훑고 지나갈 때, 「괴물」에서 컨테이너에 잡혀 있던 강두가 바깥으로 나와 어처구니없이 바비큐 파티를 벌이고 있는 사람들을 헤치며 도망갈 때 어김없이 수평 트래킹이 이어졌다. 혹은 「괴물」 마지막 장면에서 강두와 그의 양아들이 지내는 눈밭의 매점을 보여 줄 때, 그것은 영락없이 「설국열차」에서 덩그러니 한 칸만 남은 열차의 잔해처럼 느껴진다.

「설국열차」가 이전 봉준호의 영화들과 근본적으로 다른 점은 로케이션의 운용이다. 단적으로 말하면, 봉준호의 영화가 가진 핵심적인 동력 중 하나는 바로 로케이션의 힘인데 「설국열차」는 100% 세트에서 촬영한 영화라 할 수 있다. 해외 배우와 스텝 등이 참여하는 글로벌 프로젝트라는 점보다, 어쩌면 그것이 「설국열차」에 탑승하기 위한 가장 중요한 키워드다. 그 스스로도 「설국열차」를 두고 "비장면이 없는 내 첫 번째 영화"라고 말한다. 지난해 가을경 『씨네 21』 873호 인터뷰에서 박찬욱 감독이 「설국열차」에 대한 기대를 "봉준호의 첫 번째 Sci-Fi 영화임과 동시에 이전과 달리 기술적으로 완벽하게 통제된 상황에서 그의 재능과 창의성이 어떻게 발휘됐는지 확인하는 재미가 클 것 같다."라고 말한 것도 같은 맥락이다. 그와 「살인의 추억」, 「괴물」, 「마더」까지 작업하고 「설국열차」의 프리프로덕션에도 깊이 참여한 류성희 미술감독의 경우 "「살인의 추억」 한 편을 작업하는 동안 자동차로 전국 방방곡곡 60,000km나 다녔다."라고 말했을 정도다. 가령 「살인의 추억」 도입부에서 맨 처음 시체가 발견되는 하수구 또한 한 장소가 아니었다. 심지어 하수구를 덮는 돌 뚜껑까지 따로 제작해 이곳저곳을 다녔으며, 그 주변의 잡초 또한 미술팀이 일부러 심어 놓은 것이었다. 「마더」에서 도준이 노상 방뇨를 하는 벽 또한 그저 시골 어딘가의 평범한 벽이 아니라 색깔부터 표면의 질감까지 미술팀이 세심하게 작업한 결과다. 그처럼 로케이션과 촬영현장의 '변수'는 언제나 그의 영화의 장점으로 작용해 왔기에 달라진 환경이 궁금한 것이다.

또한 「설국열차」는 '한국'이라는 현실감이 탈색된 작품이라는 것도 중요하다.

「플란다스의 개」의 아파트, 「살인의 추억」의 실화, 「괴물」의 한강, 「마더」의 모성애처럼 집중하는 대목은 다르다 할지라도 그의 영화는 언제나 우리가 발딛고 선 바로 이곳의 현실로부터 출발했다. 그러니까 미래의 지구 어느 곳을 상정한 프랑스 만화 원작을 영화화한다고 했을 때, 「설국열차」가 그의 가장 이질적인 영화가 될 것은 너무나 당연한 추론이었다. 열차에서 벌어지는 계급 투쟁의 양상이 2011년 월스트리트 시위(Occupy Wall Street, 빈부격차 심화와 금융 기관의 부도덕성에 반발하면서 미국 월스트리트에서 일어나 미국 전역으로 확대됐다가 뚜렷한 목표를 제시하지 못하는 한계를 극복하지 못하고 73일 만에 막을 내렸다)를 떠올리게 한다는 일부 비평, 환경 파괴로 인한 미래의 재앙이라는 막연한 양상 등 「설국열차」는 기본적으로 판타지의 세계를 그리고 있다. 그러다보니 이른바 봉준호의 색깔을 찾고자 하는 시도는 애초에 무력하게 끝날 수밖에 없다.

언젠가 다다를 엔진실을 향하여

「설국열차」가 기존 봉준호의 영화들로부터 가장 많이 이탈한 영화라 할지라도, 예상된 이질감 이상의 낯선 기분이 드는 것도 납득하지 못할 건 아니다. 거기에는 지난해 최동훈 감독의 「도둑들」(2012)이 「괴물」의 한국 영화 최고 흥행 기록을 깨고, 2주 앞서 개봉한 김용화 감독(봉준호, 최동훈과 함께 비평적으로든 흥행적으로든 어떤 '큰 실패'의 기록을 가진 적 없는)의 「미스터 고」가 만족스런 흥행을 거두지 못한 데서 오는 기대치가 계속 더 누진돼 왔기 때문이다. 단언컨대, 「설국열차」처럼 관객과 언론이 혼연일체가 되어 최고조의 '기대'를 내내 한 몸에 받은 영화가 지난 10년간 있었던가 싶을 정도다. 거기에는 봉준호의 영화가 다시 한 번 우리를 들었다 놓을 것이라는 순수한 팬의 입장과, 「설국열차」가 한국 영화라는 산업적 지형도 안에서 꼭 좀 성공했으면 좋겠다는 기이한 욕망이 섞여 있고, 그런 상반된 태도가 딱히 이상하게 느껴지지 않는 희귀한 경우이다. 말하자면 그것이 바로 '봉준호'의 영화이기 때문이다.

원작에서 「설국열차」는 이렇게 묘사된다. "잔인한 여행, 모두의 목적지는 한 곳. 공간을 집어삼키며 가고 또 간다. 그 이름은 설국열차. 언제나 죽음을 마주한다. 권태를 모르는 설국열차." 애초부터 봉준호는 바로 그 권태를 모르는 직진의 쾌감으로 순수한 액션 스릴러 영화를 만들고자 했다. 원작에서 드러나는 플래시백, 인물들의 교체, 챕터의 순환에 신경 쓰지 않고 「설국열차」는 그야말로 전자 게임에서 매 미션에 최선을 다해 '클리어'하듯 나아간다. TV드라마나 영화에서 한 번도 뺨을 맞아 본 적 없다는 배우 김혜자를 뺨 맞게 하면서까지 「마더」의 괴물 같은 엄마 김혜자를 만든 것처럼, 거의 밀랍 인형과도 같은 틸다 스윈튼의 창백한 아름다움을 멋지게 변형해 낸 솜씨도 놀랍다. 의외로 공간을 자유자재로 활용하는 것보다 원시적으로 힘 대 힘으로 맞부딪히는 액션의 쾌감도 좋다. 어쩌면 그 누구보다 자신의 자리로부터 가장 멀리 달아나려 한 사람이 봉준호 그 자신일 것이다.

커티스가 이끄는 일행이 어린아이들의 교실에 다다랐을 때, 이제껏 그의 영화에서 전혀 보지 못한 색채의 향연이 펼쳐진다. '필모그래피'라는 이름의 설국열차 안에서 봉준호가 「플란다스의 개」라는 꼬리 칸에서 출발했다면, 매번 새로운 문을 열어젖히며 나아가던 그가 바로 그 화려한 교실, 그러니까 설국열차 안에서도 가장 이색적으로 느껴지는 칸 정도에 도착한 게 아닐까. 그는 인터뷰에서도 "훗날 내 필모그래피를 쭉 보면 「설국열차」 이전까지를 나의 '초기작'으로 부를 수 있지 않을까?" 하고 말했다. 그렇게 그는 언젠가 다다르게 될 엔진실을 향해 여전히 묵묵히 전진하고 있다.

멜로 드라마 OUT 권력 구조 IN, 원작 만화 「설국열차」와의 비교

원작 「설국열차」가 각기 다른 성격을 지닌 3개의 챕터 '탈주자', '선발대', '횡단'으로 이뤄져 있다면, 영화 「설국열차」는 인물의 크나큰 교체 없이 오직 한 방

향을 직진으로만 나아간다. 원작처럼 플래시백도 없으며 결정적으로 기차 바깥으로 나가는 장면도 없다. 원작에서는 '정지 훈련'이라는 이름으로 기차가 정차하는 순간이 찾아온다. 그러니까 영화의 모든 사건은 기차 안에서만 이뤄진다. 원작에서는 주인공 프롤로프가 적들에게 쫓기던 중 유리를 총격으로 다 깨버리자, 그로 인해 여자친구 아들린이 얼어 죽는다는 설정도 있다. 그러고 보면 원작의 멜로 드라마적 요소들도 사라졌다. 그저 일치하는 점이라면 꼬리 칸과 엔진실이 양 끝에 있다는 것과 설국열차가 실제로 얼음을 부수며 달린다는 것이다. 제복을 입은 살인자들의 모습도 비슷하다.

가장 중요한 차이점이라면, 권력 구조라는 측면에서 원작은 열차 내에 평의회가 있다는 설정이지만 영화에서는 오로지 윌포드라는 절대 권력자의 존재가 중요하다. 전개 구조가 프랜시스 포드 코폴라의 「지옥의 묵시록」(1979)의 원작이기도 한 조셉 콘래드의 「암흑의 핵심」을 닮았다는 이야기가 거기서 유래한다. 윌포드는 어떤 이유로 특정한 아이들만을 거의 빼앗아 가듯 데려간다. 원작에서는 그저 추위에 견딜 수 있도록 훈련하기 위해 10~14살 아이들을 부모로부터 떼놓는 다. 그 훈련을 모든 아이들이 소화하는 것이 아니기에 비극이 발생한다. 그렇게 영화 「설국열차」는 사기업을 이끄는 한 개인의 욕망과 본성에 집중한다. 「에이리언」의 노스트로모호나 「토탈 리콜」(1990)의 화성이라는 공간과 비교해 볼 수도 있을 것이다.

주성철, http://www.cine21.com/news/view/mag_id/74031

예문 4

■ 문화 비평문

## '자존감'을 얻는 두 가지 길

> 겨울이 오면 모든 학생들이 / 노스 패딩을 입는다 / 왜 노스만 입을까 / 다른 패딩들도 많은데 / 노스는 비싼데, 담배빵 당하면 터지는데 / 노스는 간지템, 비싼 노스 안에 내 몸을 숨기고 / 무엇이라도 된 듯하게 당당하게 거리를 걷는다 / 한겨울엔 노스만 입어도 무서울 게 없다.
>
> 류연우, 「노스패딩」, 김상희 외 엮음, 『내일도 담임은 울 삘이다』(휴머니스트, 2012).

이 시는 2011년 서울북공업고등학교의 국어시간에 학생들이 제출한 작품들 가운데 하나다. 당시에 청소년들 사이에선 '노스페이스'라는 브랜드의 점퍼가 유행하고 있었다. 옷값이 상당히 부담스러운 수준이었지만, 청소년들 사이에서 그것은 필수품처럼 여겨졌다. 청소년들에게 그 점퍼는 무엇이었는가. 앞의 시에서 그 단서를 찾아본다. '내 몸을 숨기고', '당당하게' 그리고 '무서울 게 없다'라는 표현에 핵심이 담겨 있다.

실존주의 심리학자 카를로 스트렝거가 쓴 『시시함의 두려움(The Fear of Insignificance)』이라는 책이 있다. 자신이 하찮은 존재로 확인하게 되는 것에 대한 두려움을 의미한다. 사람은 다른 사람들과 자신을 견주기 마련인데, 지금 글로벌해진 시대에는 그 비교의 범위가 전 세계로 확장됐다. 우리는 매일 인터넷을 통해 엄청난 인물들을 접한다. 여러 분야에서 탁월한 성취를 한 전문가, 남다른 사업 수완으로 막대한 부를 거머쥔 비즈니스맨, 비범한 재능으로 세상을 깜짝 놀라게 하는 달인, 눈부신 미모로 사람들을 압도하면서 매력을 뿜어내는 연예인……. 그런 풍경들 앞에서 사람들은 위축된다.

우리는 행복해지기 위해 그 어느 시대보다도 많은 노력을 기울인다. 행복해져야 한다는 강박관념에 매여 사는 듯도 보인다. 그런데 우리가 추구하는 행복감의 정체는 과연 무엇인가. 그 대부분이 우월감으로 보인다. 내가 남보다 조금이라도 더 잘났다는 것을 스스로에게 그리고 타인에게 증명하는 데서 살맛을 느끼는 것이다. 그러다가도 내가 못났다는 것이 드러나면 곧바로 불행감에 빠져든다. 비교 속에서의 우위를 차지하고 그것을 인정받는 게임에 몰두하다 보면, 행복과 불행의 양극을 오가는 진자 운동에서 벗어나지 못한다. 그리고 내게 행복감을 주는 바로 그것이 불행의 원천이 되기도 한다.

저소득층 지역 주민들에게 강의를 하면서 어느 수강생으로부터 들은 이야기다. 자신이 인문학 공부를 하면서 달라진 점 한 가지를 말해 주었다. 그전에는 가끔 택시를 타고 귀가할 때 옆 동네에서 내려서 걸어갔다고 한다. 자기가 가난한 동네에 산다는 것을 기사에게 드러내기 싫어서였다. 그런데 이제는 탈 때 '당당하게' 행선지를 말하게 되었다는 것이다. 그분에게는 자기를 비하하는 마음을 거두고, 있는 그대로의 자기를 받아들이는 것이 결코 쉬운 일이 아니었다.

노숙인 인문학 강의에 참여했던 분들에게서도 비슷한 변화가 나타난다는 이야기를 듣는다. 처음에는 모자를 푹 뒤집어쓰고 상대방과 눈동자를 맞추지 않던 사람들이 시간이 지나면서 편안하게 서로를 바라볼 수 있게 된다고 한다. 어떤 노숙인은 1년 동안 진행된 인문학 수업이 마무리되는 즈음에 위암 말기 판정을 받았다. 강의가 모두 끝나고 야유회를 가게 되었는데, 그분은 거의 움직일 수 없는 지경이었지만 그곳에 참석했다. 그 자리에서 그분은 1년을 함께 걸어온 배움의 벗들에게 말했다고 한다. 정말로 여러분이 고맙다고. 그리고 내가 태어나서 누군가에게 진심으로 고맙다는 말을 처음 해 본 것이라고. 일주일 뒤에 그분은 숨을 거두셨다.

타인을 통해 자존감을 얻는 길은 두 가지가 있다. 하나는 자기보다 못하다고 여겨지는 사람들과의 비교 속에서 우월감을 느끼거나 과시하고 군림하는 것, 다른 하나는 우열의 관념에서 벗어나 마음을 나누고 함께 배우며 경험을 공유하는 것이다. 전자의 경우에 온갖 관심은 외형적인 것들에 치중하면서, 나 자신은 공허한 중심으로 남는다. 후자의 경우에는 나를 돌보는 힘이 자라난다. 역설적으로, 타인을 배려하고 인정하면서 이뤄지는 유대를 통해 자존감이 더욱 단단해진다. 인도의 잠언 시집 수바시따에는 이런 문구가 있다. "나 아닌 것들을 위해 마음을 나눌 줄 아는 사람은 아무리 험한 날이 닥쳐도 스스로 험해지지 않는다."

김찬호(성공회대학교 초빙 교수), 『경향신문』, 2013. 9. 6.

PART
07

DAVINCI WRITING

# 작품 해설문 쓰기

# 01

# 작품 감상과 해설

좋은 작품 해설문은 작품을 알리고 독자와 소통하는 데 도움을 준다. 예술 전공 학생들은 자신의 작품을 완성하고 나서 작품을 해설하는 데 어려움을 느끼는 경우가 많다. 예술 매체(작곡 작품이나 미술 작품 등)가 갖는 고유의 느낌을 언어로 표현하는 것이 쉽지 않기 때문이다. 그런데 자신의 작품을 글로 잘 해설할 수 있다면, 작품을 명확하게 알릴 수 있고 소통력을 높여 대중의 공감을 끌어낼 수 있다.

시각 이미지, 음악 리듬, 언어 중 어떤 것을 사용하든 예술 작품은 소통을 위한 매개체이다. 소통은 아는 것에서 느끼는 것으로 진화한다. 아는 것만으로는 마음을 움직일 수 없다. 공감을 하게 하는 것이 예술가의 목표이다. 그래서 스토리가 필요하고 작품 해설문이 필요하다. 그리고 그 느낌은 오감을 자극할 수 있는 표현을 통해서 선명하게 전달해야 한다. 그러므로 실제 작품 해설문의 내용을 알아보고 자신의 작품을 대상으로 작품 해설문을 작성해 보자.

먼저 작품의 제목을 생각해 보자. 사람들은 전시회에서 작품을 볼 때 멀리서 작품부터 감상할까, 아니면 작품 옆 아래에 조그맣게 붙여진 제목부터 읽을까? 여기 두 작품이 있다. 하나는 뒤샹, 하나는 몬드리안의 작품이다. 뒤샹의 작품 제목은 「계단을 내려오는 누드」이고, 다른 하나는 몬드리안의 「무제」이다. 이 작품은 둘 다 추상 회화의 영역에 속한다. 그런데 아마 여러분은 「계단을 내려오는 누드」라는 제목을 보고서는 동공을 크게 해서 유심히 그림의 형태를 살필 것이다. 반면, 「무제」라는 제목을 읽고는 무심해질지도 모른다. 같은 추상 회화이지만, 왜 「계단을 내려오는 누드」가 더 관심을 끌까?

혹시 그 이유가 제목 때문은 아닐까. 「계단을 내려오는 누드」라는 제목에 스토리가 있기 때문에 사람들의 마음이 더 많이 움직이지 않을까. 「무제」라는 작품을 대하면, 사람들은 더 이상 의미를 부여하려고 노력하지 않거나 부담스러워하기 쉽다. 작가의 최초 의도가 자유롭게 상상에 맡기는 것이었을지는 모르겠다. 하지만 작품에 꼭 맞는 제목을 붙이거나 상상력을 자극하는 제목을 붙이는 것이 작품을 매개로 작가와 관람객의 소통에 적합한 경우가 더 많다. 이는 스토리에 대한 사람들의 기본 욕구 때문이기도 하다.

스토리의 힘은 비단 작품 제목에 한정된 것은 아니다. 대학가에서 잘 팔리는 책 중에 『스토리가 스펙을 이긴다』 등 스토리의 중요성을 이야기하는 책이 많다. 이러한 책들은 학생들에게 단순 스펙 쌓기에 몰두하지 말고 나만의 이야기(경력 혹은 이력)를 만들고 경험을 만들라고 말한다. 한 사람의 이야기는 그 사

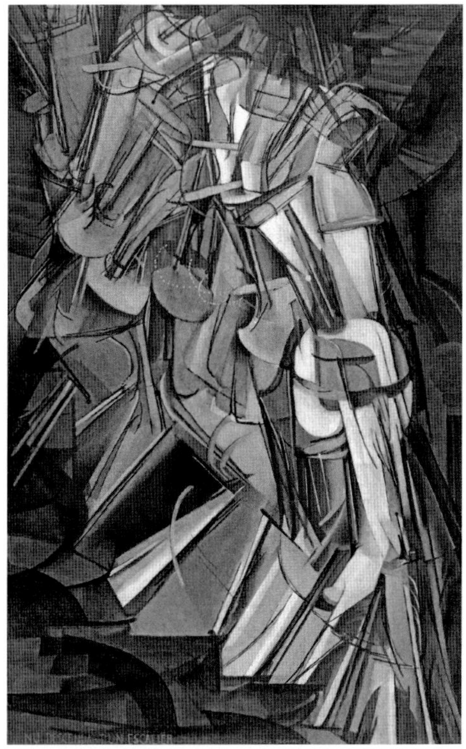

뒤샹, 「계단을 내려오는 누드」(© 위키피디아, Tim Evanson).

몬드리안, 「무제」.

람의 경험과 삶에 대한 자세를 응축해 보여 주기 때문이다. 그리고 이 이야기가 사람의 마음을 움직인다.

도자 작품의 경우, 스케치를 하고 나서 가마에서 작품을 구워 내고 완성은 했는데, 작품 제목 없이 작품명에 번호가 매겨진 것을 종종 발견하곤 한다. 도자 작품뿐 아니라, 작곡, 조소 등의 예술 작품의 경우 「무제」라는 제목으로 혹은 「No. 1」, 「No. 2」, 「No. 3」 등의 번호만 달고 나오는 경우가 종종 있다. 그런데 한번 생각해 보자. 「무제」라는 제목의 작품 중에 기억나는 작품이 있는지를. 오히려 거장들의 작품 중에 제목이 없는 경우, 일부러 후세에서 부제를 붙여 주는 경우도 있다. 소통을 위해서 언어를 매개로 사람들의 상상력을 자극하는 제목을 제시하는 것이 번호만 붙여서 관람객을 맞는 것보다는 더 낫기 때문이다.

작곡 등의 음악 작업이나 미술 작업을 할 때 구상 단계에서 설정한 제목이 이미 있을 수도 있고 아니면, 작품을 놓고 제목을 선정하는 경우도 있다. 순서는 중요하지가 않다. 그러나 제목 만들기에 시간을 들이는 것은 작품에 대해 좀 더 깊게 생각하는 계기를 제공하므로 좋은 제목을 만드는 데 시간을 들여 보자.

제목 붙이기뿐만 아니라 작품 해설문도 소통의 관점에서 대중이나 주변인의 의견을 받아들여 해설을 해 보는 것이 좋다. 작품을 일단 완성하고 내놓는다는 것은 사람들과 소통하겠다는 것이기 때문에 다른 사람들의 의견을 적극적으로 받아들일 필요도 있다. 그래서 글을 쓰기 전에 다른 사람들을 대상으로 말로 해설을 먼저 해 보는 것이 도움이 된다. 그러고 나서 글로 옮기는 작업을 진행하면 된다.

예술 작업도 궁극적으로는 예술을 통해 사람들을 이해하고 설득해 내는 것이 목표이다. 그러므로 큐레이터를, 비평가를, 비엔날레 심사 위원을, 관람객을 설득해 낼 수 있는 작품 해설문을 작성하는 방법에 대해 알아보고 글을 작성해 보자.

02

## 작품 해설문의 내용

작품 해설문은 작품에 대해 설명하고 의미를 부여하는 작업이다. 작품 해설문에 들어가야 할 내용은 세 가지이다. 첫째는 작품 창작 의도와 배경, 둘째는 작품 내용의 주제와 제목의 의미, 셋째는 작품의 효과이다. 이 세 가지 과정에서 어느 것이든 이야기를 통해서 서술을 한다면, 글을 읽는 사람들의 마음을 움직여 작품을 느끼게 할 수 있다.

작품 해설은 일단, 나의 견해에서 출발한다. 자신의 작품을 해설하는 것이기 때문에 창작 동기나 배경은 잘 알고 있으므로 그 내용을 먼저 정리한다. 그러고 나서는 다른 사람의 의견을 종합한다. 마지막으로 나의 작업과 비슷한 종류의 작업을 하는 작가들의 작품과 나의 작품을 비교해 본다. 작업 성격이 비슷한 사람들에 대한 평가가 어떤 방식으로 이뤄지는지를 관찰하면, 여러분의 작품 해설문을 쓰는 데도 도움이 된다. 또한 나의 작품과 비슷한 다른 작가의 작품 해설에서 아이디어를 얻을 수도 있다. 구체적으로 작품 해설문의 내용을 정리해 보면 다음과 같다.

## 1. 작업 동기를 써라

작업 동기나 작품의 모티프 등을 스토리로 설명한다. 최초에 이 작품을 어떻게 생각해 냈는지 등의 스토리는 작품을 이해하는 출발점이 되므로 작업 동기를 서술하는 것이 좋다.

## 2. 작품의 소재 및 작업 과정을 서술하라

작품의 소재나 작업 과정을 설명하여 작품에 대한 이해를 확장한다. 생소한 소재가 아니라 할지라도 작업 과정을 통해 작품의 탄생 과정을 이해시키는 것이 좋다.

## 3. 작품의 주제를 설명하라

작품의 주제를 설명해야 한다. 여러 주제를 끌어낼 수 있는 작품의 경우는 해설문에서도 작품의 의미를 다양하게 제시하는 것이 좋다.

## 4. 작품과 작품의 조형미를 시각적으로 묘사하라

작품에 대한 시각적 묘사를 통해 작품을 생생하게 전달할 수 있다.

## 5. 향후 관련 작품에 대한 계획을 설명하라

작품을 연작 형태로 계획하거나 자신의 고유한 작업 주제가 있는 경우 향후 작품에 대한 계획 설명도 작품 해설문에 포함한다.

자, 그러면 이러한 원칙을 바탕으로 네이버캐스트에 발표된 비평가들의 글과 학생들이 쓴 글을 살펴보고 작품 해설문을 어떻게 쓸지 생각해 보자. 먼저 기성 작가들의 작품에 대한 해설문을 살펴보면서 앞서 설명했던 내용을 생각해 보자.

### 예문 1

■ 작품에 대한 시각적 묘사

빛을 내며 서서히 펼쳐지는 거대한 기계 꽃, 마치 물속을 헤엄치듯 허공 위에서 지느러미를 유연하게 흐느적거리는 기계 생물. 스테인리스 스틸 부속이나 작은 톱니바퀴, 모터 등으로 정교하게 만들어진 기계 생명체들이 하얀 전시장 안에서 서서히 움직이는 모습은 신기함을 넘어 유혹적이기까지 하다.

장승연, 「기계 생명체 창조자: 미술가 최우람」,
http://navercast.naver.com/contents.nhn?rid=5&contents_id=1585

### 예문 2

■ 작업 동기 스토리로 보여 주기

최우람의 조부는 우리나라 최초의 자동차인 '시발자동차'를 만든 최무성 씨다. 그리고 부모 둘 다 미대를 졸업했기에, 그는 아마도 어려서부터 자연스레 과학과 미술에 대한 호기심을 키워 나갔던 것 같다고 말한다. …… 그리고 잠시 잊고 있었던 기계에 대한 관심이 다시 그의 머릿속에 꽉 차게 된 것은 ○○대 조소과 3학년 당시 조형 실기 시간에 주어진 '미술 작품에 움직이는 요소 넣기'라는 과제를 풀어 가면서부터다. "이거다, 싶었어요. 바로 기계를 사용해서 적극적으로 움직이는 작품을 생각하게 된 거죠."

장승연, 「기계 생명체 창조자: 미술가 최우람」,
http://navercast.naver.com/contents.nhn?rid=5&contents_id=1585

예문 3

■ 미래 작업 설명 및 기대

조만간 '우람'이라는 학명을 가진, 어떤 새로운 기계 생명체가 우리 앞에 출현하게 될지 기대해 보자.

장승연, 「기계 생명체 창조자: 미술가 최우람」,
http://navercast.naver.com/contents.nhn?rid=5&contents_id=1585

예문 4

■ 소재 및 작업 과정 설명

사진이면 사진, 조각이면 조각이지 왜 권오상의 작품은 굳이 '사진 조각'이라는 특별한 용어로 불리는 걸까. 쉽게 설명하자면 권오상의 작품은 사진을 이어 붙여 만든 입체 형상이기 때문이다. 방식은 이렇다. 먼저 한 명의 모델을 머리끝부터 발끝까지 부분부분 나눠 사진으로 촬영한다. 다음엔 압축된 스티로폼의 일종인 아이소핑크를 실제 사람 크기로 조각한 후 그 위에 사진을 차례로 붙여 나간다. 이렇게 부분 촬영된 사진을 이어 붙여 하나의 전체를 구성하는 방식은 보는 이로 하여금 '신기하다' 혹은 '만들기 정말 힘들었겠다'는 즉각적인 반응을 자아낸다.

장승연, 「기계 생명체 창조자: 미술가 최우람」,
http://navercast.naver.com/contents.nhn?rid=5&contents_id=1585

예문 5

■ 시각적 묘사 및 설명

이 작품은 제목이 보여 주는 것과 같이 회색부터 검은색에 이르는 단일한 색조의 변화로만 이루어져 있다. 커튼과 벽의 하단을 가로지른 수평선, 거리를 두고 걸려 있는 두 개의 액자와 마룻바닥은 전체 화면을 다양한 크기의 직사각형으로 분할하고, 그 직선들 가운데를 노부인의 실루엣이 만들어 낸 우아한 곡선이 가로지르고 있다. 노부인의 드레스와 무겁게 떨어진 검은 커튼은 화면을 좌우로 양분하며 어느 한 방향으로도 치우치지 않는 균형을 이룬다.

우정아, 「회색과 검은색의 편곡: 화가의 어머니: 제임스 애벗 맥닐 휘슬러」, http://navercast.naver.com/contents.nhn?contents_id=3939

다음은 학생 작품 해설문의 예이다. 자신이 자기의 작품을 대상으로 객관적으로 작품 해설문을 작성했다.

「숨(하늘로 1398)」은 어머니에 대한 그리움을 나타내고 있다. 작가는 돌아가신 어머니에 대한 그리움에서 작품을 시작했다고 말한다. 이 작품은 모성의 상징적인 그림이 된 제임스 휘슬러의 작품과 비교될 수 있겠다. 제임스 휘슬러의 「화가의 어머니」라는 작품도 선과 색채의 조형미 때문에 많은 사람들이 좋아하는데, 「숨(하늘로 1398)」의 경우도 발레리나의 몸선에서 조형미를 읽을 수 있고 삶과 죽음을 연결하는 느낌도 주기 때문이다.

「변태 시리즈」는 성장이나 깨달음에 관한 이야기이다. 조형적으로는 최우람의 작품과 닮아 있다. 최우람의 작품에 대한 해설의 큰 주류는 '기계에 생명을 불어넣는다'는 것이다. 철이라는 딱딱한 소재로 작업을 하지만, 철에 생명을 불어넣은 듯한 작품이기 때문에 붙여진 별명이다. 「변태 시리즈」의 작가도 소재는 다르지만, 성추행 등의 사회적 이슈를 헝겊 인형으로 공간에 매달아서 생명이 불어넣어지기를 바란다는 점에서 비슷하다. 이 경우 최우람의 작품과 비교해도

김은선, 「숨(하늘로 1398)」, 나무, 2010.

공현진, 「변태 시리즈」, mixed media, 2010.

「Nostalgia」, 38×45, acrylics on canvas, 2010.

좋겠고, 독자적인 설명을 해도 좋다.

「Nostalgia」는 스타를 소재로 작업을 하는 권오상의 작품과 비교할 수 있을 듯하다. 물론 앤디 워홀의 흉내 내기에서 출발한 부분을 소재로 삼아도 좋다.

### 예문 6

■ 개인적인 스토리로 작업 동기와 주제 전달

"사실 얼마 전에 엄마가 갑작스럽게 돌아가셨어요. 엄마만 생각하다 보니까 나온 작품이 이거였죠." 우리는 한 사람이 죽으면 그 사람에 대한 기억이 죽는 순간을 기점으로 생전과 다른 의미로 새롭게 새겨진다. 그것은 좋든 싫든 그 사람과의 관계가 아주 가까울수록 마음속에 선명하게 남는데, 기억이 변하는 여러 가지 이유 중에 하나는 그 사람이 살아 있을 때 자신이 그 사람에게 했던 크거나 사소하게 잘못한 행동에 대한 죄책감 때문에 이루어진다. 그렇게 변한 기억은 그 숨을 거둔 사람을 아름답게 기억하도록 만들곤 한다. 그 때문에 작가는 돌아가신 그녀의 어머니를 아름다운 발레리나로 표현한 것이 아닐까.

「숨(하늘로 1398)」

### 예문 7

■ 주제 강조와 미래 작업

"엄마의 죽음을 인정하고 나서 다시 생각해 보니까 엄마가 아름다웠었구나, 하고 느껴졌죠. 앞으로도 죽음을 주제로 한 작업을 다른 재료나 표현으로 계속 하고 싶어요."라고 대답했다.

모든 '숨'은 영원할 수 없다. 우리는 그 '숨'이 멎을 때 비로소 그의 아름다움을 깨닫는다. 앞으로도 계속될 그녀의 죽음에 관한 생각과 아름답고도 슬픈 작품을 기대해 보자.

「숨(하늘로 1398)」

### 예문 8

■ 작품의 시각적 묘사

여기 하얀색 인형들이 있다. 안고 잠자기엔 작지만 두고두고 보고 싶은 인형이 아닐 수 없다. 인형들은 붉고 푸른빛들로 둘러쌓여 있는데 그것이 흡사 변신하는 모습처럼 보이기도 한다. 그런데 인형들의 표정은 뭔가 알 수 없이 천박하고 음흉하다. 변태 같은 이 인형 작품들은 실제로 「변태 시리즈」라는 이름으로 전시되고 있다.

「변태 시리즈」

### 예문 9

■ 제목 설명과 주제 연결

'변태'라는 캐릭터는 그야말로 변태일 수도 있고, 소위 오타쿠적인 느낌의 그것으로 볼 수도 있다. 일반적인 개념은 그러한데, 작가는 여기서 그 개념을 완전히 뒤집는다. 변태라는 말의 또 다른 뜻이 바로 '동물이 성장하는 과정에서 큰 형태 변화를 거쳐 성체가 되는 현상'이다. 이는 동물이 변태하여 성체가 된다는 말이다. 작가는 이 개념으로 아동 성폭력에 관한 문제에 조심스럽게 접근한다.

작품에 쓰인 LED 조명은 변태 인형들을 조금은 환상적으로 보이도록 유도하고 있다. 마치 만화 주인공이 변신하는 모습을 연상시키듯 작가는 성범죄자들의 캐릭터가 변신(변태)하여 비로소 '성장'하고 '성체'가 되길 염원한다. 작가의 이러한 재치 있는 설정은 실제로 대중들로 하여금 거부감 없이 작품을 감상할 수 있게 도와준다.

「변태 시리즈」

### 예문 10

■ 작업 동기 설명

작가에게 있어 시아준수란 정신적인 지주임과 동시에 플라토닉한 사랑을 경험하게 해 준, 작가의 인생에 한 획을 그은 사람이라고 한다. 해외 유학 시절 외지 생활에 적응하지 못하고 있을 때, 그의 노래가 가장 위로가 되었다고 한다. 또한 받지 못하지만 주기만 하는 사랑도 충분히 기쁠 수 있다는 걸 깨닫게 해 주어 정신적으로 성장할 수 있었다고 작가는 말한다. 그는 작가의 작품 세계에 많은 영향을 준 것이다.

「Nostalgia」

### 예문 11

■ 기성 작가 작품과 비교 설명

작가의 시아준수는 앤디 워홀의 마릴린 먼로와 비슷하면서도 전혀 다른 의미로 해석된다. 먼저 두 작가의 공통점은 예술과 거리가 멀 것 같은 '스타'라는 주제를 예술로 승화시켰다. 앤디 워홀은 마릴린 먼로를 다양한 매개체로 그녀를 접하지만 실제로는 너무나도 거리가 먼, 가질 수 없는 절대적인 인물이라는 이미지로 작품을 만들었다. 현대인들에게 있어서 스타란 대중들이 실제 삶에서 채워지지 않은 욕망을 신화적인 존재로부터 대리 만족을 얻어 내는 대상으로 생각한 것이다. 워홀이 생각한 스타란 피와 살을 가진 자연인으로 존재 가치를 갖는 것이 아니라 자신의 작품으로 표현된 이미지처럼 형상으로 존재하는 것으로 생각했다. 반면, 작가의 시아준수는 그를 대중적인 스타가 아닌 자신의 소중한 사람임을 작품을 통하여 나타내었다. 스타를 상품이 아닌 소중한 한 사람으로 보고, 그 사람에 대한 감정을 담아 그린 것이다.

「Nostalgia」

03

# 작품 해설문 쓰는 방법

『다섯 가지만 알면 나도 스토리텔링 전문가』라는 책에서는 스토리를 '하나의 사실을 감정이라는 포장으로 감싼 것'[1]이라고 말한다. 어떤 사실을 기억나게 하는 것은 그 사건에 대한 느낌을 통해서이기 때문이다. 즉, 감정에 닻을 놓아 사람의 마음을 움직이는 것이 스토리인 것이다.

그런데 여기서 스토리가 꼭 할리우드식 재밌는 이야기일 필요는 없다. 아주 사소한 느낌을 전달하는 이야기라 할지라도 작품을 해설하는 데 도움이 될 수 있다. 즉, 한 사람이 어떤 대상에 대해 느끼는 감정을 서술하는 것도 자신의 경험을 이야기로 구성한다면 해설문을 읽는 사람의 마음을 움직이므로 도움이 된다. 그런데 여기서 중요한 것은 '주체의 변화'이다. 어떤 이야기나 사건을 통해서 느낌이 어떻게 변화했는지 알려 줘야 한다. 변화와 성장은 사람들에게 감동을 주기 때문이다. 이것이 스토리가 갖는 힘이

---

1) 리처드 맥스웰 · 로버트 딕먼, 『다섯 가지만 알면 나도 스토리텔링 전문가』, 전행선 옮김(지식노마드, 2008), 15쪽.

다. 그러면 어떻게 하면, 이야기를 좀 더 생생하게 전달할 수 있을까?

## 1. 주제는 가장 본질적인 것을 선택하라

작품을 구상하기 전에 이미 작품의 주제에 대해 고민했을 것이다. 그런데 작품을 언어로 해석할 때는 여러 가지로 생각이 뻗기 마련이다. 이 경우 가장 본질적인 핵심 내용을 주제로 선택해야 한다.

## 2. 이야기에 시간성과 공간성을 부여하라

자신의 경험을 통해 작품 동기를 서술할 때는 자신의 이야기에 시간과 공간을 구체적으로 보여 주는 것이 글을 읽는 사람이 그 이야기로 더 쉽게 빠져들게 한다. 그러므로 시간과 장소, 사건의 세부 등을 상세하게 설명하는 것이 도움이 된다.

## 3. 서술어에 변화를 주어라

작품 해설문을 쓸 때 개념어 중심이 아니라 서술어 중심으로 표현을 다양하게 하는 것이 글을 생동감 있게 만든다. 감성이나 행위를 나타내는 말을 서술어로 표현해 보자.

## 4. 독자에게 리듬을 주어라

의미 전달에만 치중해서 개념어를 나열하여 글을 쓰는 것보다는 개념어와 형상어의 리듬을 만들어 주는 것이 독자가 글을 시각적으로 개념적으로 이해하는 데 도움을 준다. 형상어와 개념어의 변화 리듬을 통해 독자의 뇌를 긴장시키고 이완시켜서 리듬을 느끼도록 해 준다.

## 5. 최소한의 어휘로 전달하라

글을 쓸 때는 가능한 짧은 문장에 의미를 명확하게 담아내는 것이 중요하다. 설명하고자 하는 주제가 하나 있다면, 핵심어 이외의 나머지 불필요한 요소들은 가능한 없애는 것이 좋다.

자, 그러면 실제 작품 사진을 보면서 작품 해설을 위한 이야기를 만들어 보자. 먼저 형상어를 중심으로 키워드를 선정해 보자.

- 「숨(하늘로 1398)」: 나무, 춤, 오르기(비상), 솟아오르다, 날아오르다 → 숨은 뭔가 따뜻한 그리움을 보여 준다.
- 「변태시리즈」: 인형, 불안, 뒤틀리다, 매달리다 → 제목에서 유추하지 않더라도 불안한 모습을 볼 수 있다.
- 「Nostalgia」: 그리움, 미소, 웃는다, 따뜻하다 → 그리고 이 작품에서는 한 사람의 웃음이 환하게 세상을 비추는 느낌이다.

개념어와 형상어를 리듬감 있게 결합한 글이 문학적 글이다. 이 세 가지 작품에 적용해서 서술어를 활용하면, '솟아오르다, 뒤틀리다, 웃는다' 등이다. 그리고 이러한 서술어를 물질 명사와 결합하면 '몸이 솟아오른다.', '인형들의 몸이 뒤틀린다.', '사진속의 그가 웃는다.'가 된다. 그리고 그다음에 주제와 연결한다. '어머니의 몸이 솟아올라 하늘나라로 가 버렸다. 어머니가 그립다', '인형들의 몸이 뒤틀린다. 인형들은 변태 행위를 하고 있다. 왜, 이들은 이런 행동을 하는 걸까? 그들이 변할 수는 없을까?', 마지막으로 '사진 속의 그가 웃는다. 시아준수는 나에게 스타가 아니다. 그의 웃음은 나를 숨 쉴 수 있게 한다. 그의 미소는 나의 힘이다.' 등으로 연결하면 된다. 오감을 이용해서 이렇게 시각적 형상화 작업을 하면, 스토리를 더욱 실감 나게 만들어 준다.

또 서술어를 동원한 묘사는 독자들이 감각적인 형상을 머릿속에 떠올리게 하기 때문에 기억에 더 오래 남는 효과도 있다. 그리고 중간 중간 독자들이 잠시 뇌의 긴장을 풀어 주는 효과도 갖게 한다.

앞에서 살폈듯이, 작품 해설문을 쓸 때 스토리를 어떻게 활용할 것인가는 작품의 이해와 공감을 위해 필수적이다. 스토리는 사실에 감정을 부여해서 사람의 마음을 움직이기 때문이다. 이러한 요소를 잘 살려서 작품 해설문을 작성해 보자.

04

# 작품 해설문 쓰기 연습

| 작품 해설문 쓰기 | |
|---|---|
| 제목 | • 핵심 키워드나 주제가 들어갈 것(「무제」라는 제목 금지)<br><br>• 작품을 새롭게 볼 수 있게 하는 제목을 사용할 것<br><br>• 영어가 들어가거나 문장형 제목도 좋음 |

| | |
|---|---|
| 형식에 따른 내용 구분 | • 서론: 작품의 키워드를 알려 줄 것<br>예 정체성, 이별, 사랑, 무속, 부활 등<br><br>서론 요약:<br><br>• 본론: 구체적인 작품 해설을 중심으로 서술하기<br><br>①<br><br>②<br><br>③<br><br>• 결론: 작가의 후속 작품이나 가능성에 대한 기대를 중심으로 서술하기(가능한 작가를 극찬하기)<br><br>결론 요약: |

| | |
|---|---|
| 작품 해설 | • 대상 작품의 기본 재료 설명(작품의 재료, 제작 방법)<br><br>• 창작 시의 작가의 생각이나 감응 정도를 서술할 것<br>예 "작가는 이 작품을 제작할 당시 정체성 문제를 가장 깊이 고민했다고 한다."<br><br>• 작품에 대한 의미화(키워드를 중심으로 의미화하기) |
| 서술 방법 | • 제3자가 되어 자신을 인터뷰하고 글을 쓰는 형식<br>예 "이 작품은 ……" 혹은 "광대의 죽음(작품명)은 ……" 등으로 서술하기<br><br>• 인용할 때는 풀어서 서술하기<br>예 "백남준은 이 작품을 21세기의 가장 위대한 작품이라고 말한다." |

예문 12

「숨(하늘로 1398)」

김은선, 「숨(하늘로 1398)」, 나무, 2010.

모든 생명을 가진 것들은 언젠가는 죽음을 맞이하고 그 생명이 동물이든 사람이든 그 죽은 이의 곁엔 언제나 애도하는 누군가가 있다. 그중 사람들이 자신의 주변 누군가가 죽으면 하는 말 중에 '숨을 거두셨습니다.'와 '부디 하늘에선 행복해.'라는 말이 있는데, 작가는 이런 말들이 숨을 거둔 사람을 보다 아름답게 표현하면서도 그 사람이 이생에서 못한 그 무언가를 천국에서는 마음껏 해 보라는 안녕을 기원하는 아주 슬픈 말이라고 했다. 그녀의 이번 「숨(하늘로 1398)」이라는 작품은 죽음이 주제인 작품이므로 나무는 한 죽음의 슬픔을 표현하기에 아주 적합하다.

"사실 얼마 전에 엄마가 갑작스럽게 돌아가셨어요. 엄마만 생각하다 보니까 나온 작품이 이거였죠." 우리는 한 사람이 죽으면 그 사람에 대한 기억이 죽는 순간을 기점으로 생전과 다른 의미로 새롭게 새겨진다. 그것은 좋든 싫든 그 사람과의 관계가 아주 가까울수록 마음속에 선명하게 남는데, 기억이 변하는 여러 가지 이유 중에 하나는 그 사람이 살아 있을 때 자신이 그 사람에게 했던 크거나 사소하게 잘못한 행동에 대한 죄책감 때문에 이루어진다. 그렇게 변한 기억은 그 숨을 거둔 사람을 아름답게 기억하도록 만들곤 한다. 그 때문에 작가는 돌아가신 그녀의 어머니를 아름다운 발레리나로 표현한 것이 아닐까.

「숨(하늘로 1398)」은 첫눈에 봤을 때 '아름답다'는 느낌을 받는다. 발레리나와 그 뒤의 커다란 꽃, 그리고 벚꽃이 흩날리면서 떨어지는 듯한 퍼즐 조각들, 아름다운 요소들이 들어가 있기 때문이다. 발레리나의 위로 곧게 뻗고 있는 오른

팔과 날개 짓을 하는 왼팔, 그리고 공중에 떠 있는 두 발 끝. 늘씬한 팔과 다리와 잘록한 허리를 가지고 있어 지금 시대의 아름다운 여성을 상징하므로 아름다움을 표현하기에 발레리나는 적합하고, 자유롭게 구부리고 뻗을 수 있는 유연한 몸짓을 연출해 사람이 숨을 거둔 후에 하늘로 향하는 듯한 모습을 아름답게 형상화했다.

사람이건 동물이건 죽은 이는 흔적을 남기고 우리 곁을 떠난다. 남겨진 우리는 그 사람의 흔적을 기억하며 3일이라는 아주 짧은 시간 동안 슬픔을 나눈 채, 다시 그 사람을 가슴에 묻어 두고 세상을 바쁘게 살아간다. "작품을 만들면서 정말 엄마 생각을 많이 했어요. 그래서 더 열심히 작업했죠. 엄마를 조금이라도 더 오래 기억하고 싶었어요." 시간은 사라져 버린 사람을 점점 잊게 하겠지만, 잠시 잊은 것일 뿐, 가슴 속엔 영원히 남아 있어 우리는 의식적으로나 무의식적으로 그 사람을 기억한다.

이 작품은 특이하게도 발레리나의 형태가 모두 퍼즐로 이루어져 있다. 하지만 이 퍼즐은 그저 발레리나의 형태를 나타낼 뿐 사각형의 틀은 없다. 이것은 죽음으로 인해 세상의 틀에서 벗어난 것을 의미하며 흩어져 떨어지고 있는 퍼즐은 숨을 거둬 하늘로 올라가고 있는 그녀가 세상에 흔적을 남기고 사라짐을 의미한다.

"엄마가 화초 키우는 걸 굉장히 좋아하셨죠. 아직도 그 많은 화초들이 죽지 않고 살아 있어요. 그것들도 엄마의 흔적들 중 하나죠." 발레리나의 뒤에 있는 꽃은 숨을 거둔 그녀의 친모를 상징한다. 그리고 작가는 배경으로 아주 큰 네 조각의 퍼즐을 만들었다. 그러나 그 네 조각을 나누는 대신 전체를 조각도로 하나하나 터치를 넣었다. 꽃잎의 길이나 크기의 다름, 그리고 퍼즐 안의 꼼꼼한 터치 하나하나로 인해 그녀의 작품은 아름다움과 슬픔이 한층 높아진다.

작가는 이 작품의 주 제목은 '숨'이고 부제는 '하늘로 1398'이다. 주 제목의 '숨'은 '숨을 거두다'라는 말을 할 때 쓰는 '숨'을 뜻하며, 부제의 '1398'은 납골

당에 안치된 그녀의 어머니 자리의 번호로 돌아가신 그녀의 새로운 이름을 뜻해, '하늘로 1398'은 '하늘로 가신 어머니'라고 말한다.

작가에게 앞으로의 작품 활동 계획을 질문하자 그녀는 이렇게 대답한다. "엄마의 흔적을 오랫동안 기억하며 애도하고 싶어 이 작품을 만들기 시작했는데, 이번 작품을 만들면서 모든 것은 영원할 수 없다는 것과 죽음 앞에 인간은 너무나 나약해진다는 것을 인식하게 되었어요. 그렇게 엄마의 죽음을 인정하고 나서 다시 생각해 보니까 엄마가 아름다웠었구나, 하고 느껴졌죠. 앞으로도 죽음을 주제로 한 작업을 다른 재료나 표현으로 계속 하고 싶어요."

모든 '숨'은 영원할 수 없다. 우리는 그 '숨'이 멎을 때 비로소 그의 아름다움을 깨닫는다. 앞으로도 계속될 그녀의 죽음에 관한 생각과 아름답고도 슬픈 작품을 기대해 보자.

예문 13

## 「변태 시리즈」

공현진, 「변태 시리즈」, mixed media, 2010.

여기 하얀색 인형들이 있다. 안고 잠자기엔 작지만 두고두고 보고 싶은 인형이 아닐 수 없다. 인형들은 붉고 푸른빛들로 둘러쌓여 있는데 그것이 흡사 변신하는 모습처럼 보이기도 한다. 그런데 인형들의 표정은 뭔가 알 수 없이 천박하고 음흉하다. 변태 같은 이 인형 작품들은 실제로 「변태 시리즈」라는 이름으로 전시되고 있다.

이 작품은 현대 사회에서 이슈화되는 문제들에 항상 깊은 관심을 갖고 있는 작가 공현진의 작품이다. 작가는 이 작품을 통해 우리에게 많은 메시지를 전달한다. 작품을 계획할 당시, 작가는 가장 이슈화 되고 있던 아동 성범죄 사건을 접하며 그것을 비판할 수 있는 무언가를 계획한다. 작가는 아이들이 평소에 가지고 노는 '인형'이라는 친숙한 사물을 선정했다. 거기에 성범죄자들을 희화화해 작가만의 방식으로 캐리커처한 후, 변태 인형이라는 캐릭터를 탄생시켰다.

'변태'라는 캐릭터는 그야말로 변태일 수도 있고, 소위 오타쿠적인 느낌의 그것으로 볼 수도 있다. 일반적인 개념은 그러한데, 작가는 여기서 그 개념을 완전히 뒤집는다. 변태라는 말의 또 다른 뜻이 바로 '동물이 성장하는 과정에서 큰 형태 변화를 거쳐 성체가 되는 현상'이다. 이는 동물이 변태하여 성체가 된다는 말이다. 작가는 이 개념으로 아동 성폭력에 관한 문제에 조심스럽게 접근한다.

작가는 여러 가지 천을 이용해 인형을 스케치하고 손바느질을 한다. 작품을 자세히 보면 변태 인형들의 몸통이 생닭과 유사함을 발견할 수 있는데, 이는 작가가 생각하는 변태에 대한 느낌을 동물로 빗대어 풍자했음을 나타낸다. 공현진 작가는 자신의 작업이 대중들에게 너무나 심각하게 보이지는 않을지 염려했다. 이번 개념 자체도 충분히 심각하기 때문에 작가는 아예 만화적인 요소를 가미한다.

작품에 쓰인 LED 조명은 변태 인형들을 조금은 환상적으로 보이도록 유도하고 있다. 마치 만화 주인공이 변신하는 모습을 연상시키듯 작가는 성범죄자들의 캐릭터가 변신(변태)하여 비로소 '성장'하고 '성체'가 되길 염원한다. 작가의 이러한 재치 있는 설정은 실제로 대중들로 하여금 거부감 없이 작품을 감상할 수 있게 도와준다. 공현진 작가는 이러한 점에서 사회에 대한 현실 반영을 거북하지 않으면서도 매우 독창적으로 표현하는 작가로 유명하다. 그녀는 같은 개념을 다루는 동시대의 작가들과는 다르게, 그녀만의 위트 있는 해석 방법으로 대중들에게 어필한다. 또한 그녀의 「변태 시리즈」전을 통해 우리는 아동 성범죄에 대해 다시 한번 생각하게 된다.

피해 아동들에겐 언젠가 스스로 일어서야 하는 날이 올 것이다. 우리는 그들에게 너무 가까이 가지도, 너무 멀리 있지도 않으며 그들의 상처에 오랫동안 관심을 가져주는 것이 필요하다. 그녀가 항상 이런 현실 사회에 따뜻한 관심을 갖고 독창적으로 표현해 낸다면 대중이 공감할 수 있고 소통할 수 있는 작업이 나올 것으로 기대된다. 그녀 역시 자신의 작품을 통해 비로소 '성장'하는 것이다.

부록

DAVINCI WRITING

# 한글 맞춤법

## 제1장 총칙

**제1항** 한글 맞춤법은 표준어를 소리대로 적되, 어법에 맞도록 함을 원칙으로 한다.

**제2항** 문장의 각 단어는 띄어 씀을 원칙으로 한다.

**제3항** 외래어는 '외래어 표기법'에 따라 적는다.

## 제2장 자모

**제4항** 한글 자모의 수는 스물넉 자로 하고, 그 순서와 이름은 다음과 같이 정한다.

ㄱ(기역) ㄴ(니은) ㄷ(디귿) ㄹ(리을) ㅁ(미음)
ㅂ(비읍) ㅅ(시옷) ㅇ(이응) ㅈ(지읒) ㅊ(치읓)
ㅋ(키읔) ㅌ(티읕) ㅍ(피읖) ㅎ(히읗)
ㅏ(아) ㅑ(야) ㅓ(어) ㅕ(여) ㅗ(오)
ㅛ(요) ㅜ(우) ㅠ(유) ㅡ(으) ㅣ(이)

[붙임 1] 위의 자모로써 적을 수 없는 소리는 두 개 이상의 자모를 어울러서 적되, 그 순서와 이름은 다음과 같이 정한다.

ㄲ(쌍기역) ㄸ(쌍디귿) ㅃ(쌍비읍) ㅆ(쌍시옷) ㅉ(쌍지읒)
ㅐ(애) ㅒ(얘) ㅔ(에) ㅖ(예) ㅘ(와) ㅙ(왜)
ㅚ(외) ㅝ(워) ㅞ(웨) ㅟ(위) ㅢ(의)

[붙임 2] 사전에 올릴 적의 자모 순서는 다음과 같이 정한다.

자음 ㄱ ㄲ ㄴ ㄷ ㄸ ㄹ ㅁ ㅂ ㅃ ㅅ ㅆ
ㅇ ㅈ ㅉ ㅊ ㅋ ㅌ ㅍ ㅎ

모음 ㅏ ㅐ ㅑ ㅒ ㅓ ㅔ ㅕ ㅖ ㅗ ㅘ ㅙ
ㅚ ㅛ ㅜ ㅝ ㅞ ㅟ ㅠ ㅡ ㅢ ㅣ

## 제3장 소리에 관한 것

### 제1절 된소리

**제5항** 한 단어 안에서 뚜렷한 까닭 없이 나는 된소리는 다음 음절의 첫소리를 된소리로 적는다.

1. 두 모음 사이에서 나는 된소리

| | | | |
|---|---|---|---|
| 소쩍새 | 어깨 | 오빠 | 으뜸 |
| 아끼다 | 기쁘다 | 깨끗하다 | 어떠하다 |
| 해쓱하다 | 가끔 | 거꾸로 | 부썩 |
| 어찌 | 이따금 | | |

2. 'ㄴ, ㄹ, ㅁ, ㅇ' 받침 뒤에서 나는 된소리

| | | | |
|---|---|---|---|
| 산뜻하다 | 잔뜩 | 살짝 | 훨씬 |
| 담뿍 | 움찔 | 몽땅 | 엉뚱하다 |

다만, 'ㄱ, ㅂ' 받침 뒤에서 나는 된소리는, 같은 음절이나 비슷한 음절이 겹쳐 나는 경우가 아니면 된소리로 적지 아니한다.

| | | | |
|---|---|---|---|
| 국수 | 깍두기 | 딱지 | 색시 |
| 싹둑(~싹둑) | 법석 | 갑자기 | 몹시 |

### 제2절 구개음화

**제6항** 'ㄷ, ㅌ' 받침 뒤에 종속적 관계를 가진 '-이(-)'나 '-히-'가 올 적에는 그 'ㄷ, ㅌ'이 'ㅈ, ㅊ'으로 소리나더라도 'ㄷ, ㅌ'으로 적는다(ㄱ을 취하고 ㄴ을 버림).

| ㄱ | ㄴ | ㄱ | ㄴ |
|---|---|---|---|
| 맏이 | 마지 | 핥이다 | 할치다 |
| 해돋이 | 해도지 | 걷히다 | 거치다 |
| 굳이 | 구지 | 닫히다 | 다치다 |

| | | | |
|---|---|---|---|
| 같이 | 가치 | 묻히다 | 무치다 |
| 끝이 | 끄치 | | |

### 제3절 'ㄷ' 소리 받침

**제7항** 'ㄷ' 소리로 나는 받침 중에서 'ㄷ'으로 적을 근거가 없는 것은 'ㅅ'으로 적는다.

| | | | | |
|---|---|---|---|---|
| 덧저고리 | 돗자리 | 엇셈 | 웃어른 | 핫옷 |
| 무릇 | 사뭇 | 얼핏 | 자칫하면 | 뭇(衆) |
| 옛 | 첫 | 헛 | | |

### 제4절 모음

**제8항** '계, 례, 몌, 폐, 혜'의 'ㅖ'는 'ㅔ'로 소리나는 경우가 있더라도 'ㅖ'로 적는다(ㄱ을 취하고, ㄴ을 버림).

| ㄱ | ㄴ | ㄱ | ㄴ |
|---|---|---|---|
| 계수(桂樹) | 게수 | 혜택(惠澤) | 헤택 |
| 사례(謝禮) | 사레 | 계집 | 게집 |
| 연몌(連袂) | 연메 | 핑계 | 핑게 |
| 폐품(廢品) | 페품 | 계시다 | 게시다 |

다만, 다음 말은 본음대로 적는다.

게송(偈頌)　　게시판(揭示板)　　휴게실(休憩室)

**제9항** '의'나, 자음을 첫소리로 가지고 있는 음절의 'ㅢ'는 'ㅣ'로 소리가 나는 경우가 있더라도 'ㅢ'로 적는다(ㄱ을 취하고, ㄴ을 버림).

| ㄱ | ㄴ | ㄱ | ㄴ |
|---|---|---|---|
| 의의(意義) | 의이 | 닁큼 | 닝큼 |
| 본의(本義) | 본이 | 띄어쓰기 | 띠어쓰기 |
| 무늬[紋] | 무니 | 씌어 | 씨어 |

| 보늬 | 보니 | 틔어 | 티어 |
|---|---|---|---|
| 오늬 | 오니 | 희망(希望) | 히망 |
| 하늬바람 | 하니바람 | 희다 | 히다 |
| 늴리리 | 닐리리 | 유희(遊戲) | 유히 |

## 제5절 두음 법칙

**제10항** 한자음 '녀, 뇨, 뉴, 니'가 단어 첫머리에 올 적에는 두음 법칙에 따라 '여, 요, 유, 이'로 적는다(ㄱ을 취하고, ㄴ을 버림).

| ㄱ | ㄴ | ㄱ | ㄴ |
|---|---|---|---|
| 여자(女子) | 녀자 | 유대(紐帶) | 뉴대 |
| 연세(年歲) | 년세 | 이토(泥土) | 니토 |
| 요소(尿素) | 뇨소 | 익명(匿名) | 닉명 |

다만, 다음과 같이 의존 명사에서는 '냐, 녀' 음을 인정한다.

냥(兩)　　냥쭝(兩-)　　년(年)(몇 년)

[붙임 1] 단어의 첫머리 이외의 경우에는 본음대로 적는다.

남녀(男女)　　당뇨(糖尿)　　결뉴(結紐)　　은닉(隱匿)

[붙임 2] 접두사처럼 쓰이는 한자가 붙어서 된 말이나 합성어에서, 뒷말의 첫소리가 'ㄴ' 소리로 나더라도 두음법칙에 따라 적는다.

신여성(新女性)　　공염불(空念佛)　　남존여비(男尊女卑)

[붙임 3] 둘 이상의 단어로 이루어진 고유 명사를 붙여 쓰는 경우에도 [붙임 2]에 준하여 적는다

한국여자대학　　대한요소비료회사

**제11항** 한자음 '랴, 려, 례, 료, 류, 리'가 단어의 첫머리에 올 적에는 두음법칙에 따라

'야, 여, 예, 요, 유, 이'로 적는다(ㄱ을 취하고, ㄴ을 버림).

| ㄱ | ㄴ | ㄱ | ㄴ |
|---|---|---|---|
| 양심(良心) | 량심 | 용궁(龍宮) | 룡궁 |
| 역사(歷史) | 력사 | 유행(流行) | 류행 |
| 예의(禮儀) | 례의 | 이발(理髮) | 리발 |

다만, 다음과 같은 의존 명사는 본음대로 적는다.

리(里): 몇 리냐?

리(理): 그럴 리가 없다.

[붙임 1] 단어의 첫머리 이외의 경우에는 본음대로 적는다.

| | | | |
|---|---|---|---|
| 개량(改良) | 선량(善良) | 수력(水力) | 협력(協力) |
| 사례(謝禮) | 혼례(婚禮) | 와룡(臥龍) | 쌍룡(雙龍) |
| 하류(下流) | 급류(急流) | 도리(道理) | 진리(眞理) |

다만, 모음이나 'ㄴ' 받침 뒤에 이어지는 '렬, 률'은 '열, 율'로 적는다(ㄱ을 취하고, ㄴ을 버림).

| ㄱ | ㄴ | ㄱ | ㄴ |
|---|---|---|---|
| 나열(羅列) | 나렬 | 분열(分裂) | 분렬 |
| 치열(齒列) | 치렬 | 선열(先烈) | 선렬 |
| 비열(卑劣) | 비렬 | 진열(陳列) | 진렬 |
| 규율(規律) | 규률 | 선율(旋律) | 선률 |
| 비율(比率) | 비률 | 전율(戰慄) | 전률 |
| 실패율(失敗率) | 실패률 | 백분율(百分率) | 백분률 |

[붙임 2] 외자로 된 이름을 성에 붙여 쓸 경우에도 본음대로 적을 수 있다.

| | | | |
|---|---|---|---|
| 신립(申砬) | 최린(崔麟) | 채륜(蔡倫) | 하륜(河崙) |

[붙임 3] 준말에서 본음으로 소리나는 것은 본음대로 적는다.

국련(국제연합)　　대한교련(대한교육연합회)

[붙임 4] 접두사처럼 쓰이는 한자가 붙어서 된 말이나 합성어에서 뒷말의 첫소리가 'ㄴ' 또는 'ㄹ' 소리로 나더라도 두음 법칙에 따라 적는다.

역이용(逆利用)　　연이율(年利率)　　열역학(熱力學)　　해외여행(海外旅行)

[붙임 5] 둘 이상의 단어로 이루어진 고유명사를 붙여 쓰는 경우나 십진법에 따라 쓰는 수(數)도 [붙임 4]에 준하여 적는다.

서울여관　　신흥이발관　　육천육백육십육(六千六百六十六)

**제12항** 한자음 '라, 래, 로, 뢰, 루, 르'가 단어의 첫머리에 올 적에는 두음법칙에 따라 '나, 내, 노, 뇌, 누, 느'로 적는다(ㄱ을 취하고, ㄴ을 버림).

| ㄱ | ㄴ | ㄱ | ㄴ |
|---|---|---|---|
| 낙원(樂園) | 락원 | 뇌성(雷聲) | 뢰성 |
| 내일(來日) | 래일 | 누각(樓閣) | 루각 |
| 노인(老人) | 로인 | 능묘(陵墓) | 릉묘 |

[붙임 1] 단어의 첫머리 이외의 경우에는 본음대로 적는다.

| | | | |
|---|---|---|---|
| 쾌락(快樂) | 극락(極樂) | 거래(去來) | 왕래(往來) |
| 부로(父老) | 연로(年老) | 지뢰(地雷) | 낙뢰(落雷) |
| 고루(高樓) | 광한루(廣寒樓) | 가정란(家庭欄) | 동구릉(東九陵) |

[붙임 2] 접두사처럼 쓰이는 한자가 붙어서 된 단어는 뒷말을 두음 법칙에 따라 적는다.

내내월(來來月)　　상노인(上老人)　　중노동(重勞動)　　비논리적(非論理的)

## 제6절 겹쳐 나는 소리

**제13항** 한 단어 안에서 같은 음절이나 비슷한 음절이 겹쳐 나는 부분은 같은 글자로 적는다(ㄱ을 취하고, ㄴ을 버림).

| ㄱ | ㄴ | ㄱ | ㄴ |
|---|---|---|---|
| 딱딱 | 딱닥 | 꼿꼿하다 | 꼿곳하다 |
| 쌕쌕 | 쌕색 | 놀놀하다 | 놀롤하다 |
| 씩씩 | 씩식 | 눅눅하다 | 능눅하다 |
| 똑딱똑딱 | 똑닥똑닥 | 밋밋하다 | 민밋하다 |
| 쓱싹쓱싹 | 쓱삭쓱삭 | 싹싹하다 | 싹삭하다 |
| 연연불망(戀戀不忘) | 연련불망 | 쌉쌀하다 | 쌉살하다 |
| 유유상종(類類相從) | 유류상종 | 씁쓸하다 | 씁슬하다 |
| 누누이(屢屢-) | 누루이 | 짭짤하다 | 짭잘하다 |

## 제4장 형태에 관한 것

### 제1절 체언과 조사

**제14항** 체언은 조사와 구별하여 적는다.

| | | | | |
|---|---|---|---|---|
| 떡이 | 떡을 | 떡에 | 떡도 | 떡만 |
| 손이 | 손을 | 손에 | 손도 | 손만 |
| 팔이 | 팔을 | 팔에 | 팔도 | 팔만 |
| 밤이 | 밤을 | 밤에 | 밤도 | 밤만 |
| 집이 | 집을 | 집에 | 집도 | 집만 |
| 옷이 | 옷을 | 옷에 | 옷도 | 옷만 |
| 콩이 | 콩을 | 콩에 | 콩도 | 콩만 |
| 낮이 | 낮을 | 낮에 | 낮도 | 낮만 |
| 꽃이 | 꽃을 | 꽃에 | 꽃도 | 꽃만 |
| 밭이 | 밭을 | 밭에 | 밭도 | 밭만 |
| 앞이 | 앞을 | 앞에 | 앞도 | 앞만 |
| 밖이 | 밖을 | 밖에 | 밖도 | 밖만 |

| | | | | |
|---|---|---|---|---|
| 넋 | 넋을 | 넋에 | 넋도 | 넋만 |
| 흙이 | 흙을 | 흙에 | 흙도 | 흙만 |
| 삶이 | 삶을 | 삶에 | 삶도 | 삶만 |
| 여덟이 | 여덟을 | 여덟에 | 여덟도 | 여덟만 |
| 곬이 | 곬을 | 곬에 | 곬도 | 곬만 |
| 값이 | 값을 | 값에 | 값도 | 값만 |

## 제2절 어간과 어미

**제15항** 용언의 어간과 어미는 구별하여 적는다.

| | | | |
|---|---|---|---|
| 먹다 | 먹고 | 먹어 | 먹으니 |
| 신다 | 신고 | 신어 | 신으니 |
| 믿다 | 믿고 | 믿어 | 믿으니 |
| 울다 | 울고 | 울어 | (우니) |
| 넘다 | 넘고 | 넘어 | 넘으니 |
| 입다 | 입고 | 입어 | 입으니 |
| 웃다 | 웃고 | 웃어 | 웃으니 |
| 찾다 | 찾고 | 찾아 | 찾으니 |
| 좇다 | 좇고 | 좇아 | 좇으니 |
| 같다 | 같고 | 같아 | 같으니 |
| 높다 | 높고 | 높아 | 높으니 |
| 좋다 | 좋고 | 좋아 | 좋으니 |
| 깎다 | 깎고 | 깎아 | 깎으니 |
| 앉다 | 앉고 | 앉아 | 앉으니 |
| 많다 | 많고 | 많아 | 많으니 |
| 늙다 | 늙고 | 늙어 | 늙으니 |
| 젊다 | 젊고 | 젊어 | 젊으니 |

| | | | |
|---|---|---|---|
| 넓다 | 넓고 | 넓어 | 넓으니 |
| 훑다 | 훑고 | 훑어 | 훑으니 |
| 읊다 | 읊고 | 읊어 | 읊으니 |
| 옳다 | 옳고 | 옳아 | 옳으니 |
| 없다 | 없고 | 없어 | 없으니 |
| 있다 | 있고 | 있어 | 있으니 |

[붙임 1] 두 개의 용언이 어울려 한 개의 용언이 될 적에, 앞말의 본뜻이 유지되고 있는 것은 그 원형을 밝히어 적고, 그 본뜻에서 멀어진 것은 밝히어 적지 아니한다.

(1) 앞말의 본뜻이 유지되고 있는 것

| | | | |
|---|---|---|---|
| 넘어지다 | 늘어나다 | 늘어지다 | 돌아가다 |
| 되짚어가다 | 들어가다 | 떨어지다 | 벌어지다 |
| 엎어지다 | 접어들다 | 틀어지다 | 흩어지다 |

(2) 본뜻에서 멀어진 것

| | | |
|---|---|---|
| 드러나다 | 사라지다 | 쓰러지다 |

[붙임 2] 종결형에서 사용되는 어미 '-오'는 '요'로 소리 나는 경우가 있더라도 그 원형을 밝혀 '오'로 적는다(ㄱ을 취하고, ㄴ을 버림).

| ㄱ | ㄴ |
|---|---|
| 이것이 책이오. | 이것은 책이요. |
| 이리로 오시오. | 이리로 오시요. |
| 이것은 책이 아니오. | 이것은 책이 아니요. |

[붙임 3] 연결형에서 사용되는 '이요'는 '이요'로 적는다(ㄱ을 취하고, ㄴ을 버림).

| ㄱ | ㄴ |
|---|---|
| 이것은 책이요, 저것은 붓이요, 또 저것은 먹이다. | 이것은 책이오, 저것은 붓이오, 또 저것은 먹이다. |

**第16항** 어간의 끝 음절 모음이 'ㅏ, ㅗ'일 적에는 어미를 '-아'로 적고, 그 밖의 모음일 적에는 '-어'로 적는다.

1. '-아'로 적는 경우

| | | |
|---|---|---|
| 나아 | 나아도 | 나아서 |
| 막아 | 막아도 | 막아서 |
| 얇아 | 얇아도 | 얇아서 |
| 돌아 | 돌아도 | 돌아서 |
| 보아 | 보아도 | 보아서 |

2. '-어'로 적는 경우

| | | |
|---|---|---|
| 개어 | 개어도 | 개어서 |
| 겪어 | 겪어도 | 겪어서 |
| 되어 | 되어도 | 되어서 |
| 베어 | 베어도 | 베어서 |
| 쉬어 | 쉬어도 | 쉬어서 |
| 저어 | 저어도 | 저어서 |
| 주어 | 주어도 | 주어서 |
| 피어 | 피어도 | 피어서 |
| 희어 | 희어도 | 희어서 |

**第17항** 어미 뒤에 덧붙는 조사 '-요'는 '-요'로 적는다.

| | |
|---|---|
| 읽어 | 읽어요 |
| 참으리 | 참으리요 |
| 좋지 | 좋지요 |

**第18항** 다음과 같은 용언들은 어미가 바뀔 경우, 그 어간이나 어미가 원칙에 벗어나

면 벗어나는 대로 적는다.

1. 어간의 끝 'ㄹ'이 줄어질 적

갈다: 가니 간 갑니다 가시다 가오

놀다: 노니 논 놉니다 노시다 노오

불다: 부니 분 붑니다 부시다 부오

둥글다: 둥그니 둥근 둥급니다 둥그시다 둥그오

어질다: 어지니 어진 어집니다 어지시다 어지오

[붙임] 다음과 같은 말에서도 'ㄹ'이 준 대로 적는다.

마지못하다 마지않다 (하)다마다 (하)자마자

(하)지 마라 (하)지 마(아)

2. 어간의 끝 'ㅅ'이 줄어질 적

긋다: 그어 그으니 그었다

낫다: 나아 나으니 나았다

잇다: 이어 이으니 이었다

짓다: 지어 지으니 지었다

3. 어간의 끝 'ㅎ'이 줄어질 적

그렇다: 그러니 그럴 그러면 그럽니다 그러오

까맣다: 까마니 까말 까마면 까맙니다 까마오

동그랗다: 동그라니 동그랄 동그라면 도그랍니다 동그라오

퍼렇다: 퍼러니 퍼럴 퍼러면 퍼럽니다 퍼러오

하얗다: 하야니 하얄 하야면 하얍니다 하야오

4. 어간의 끝 'ㅜ, ㅡ'가 줄어질 적

푸다: 퍼 펐다

끄다: 꺼 껐다

| | | |
|---|---|---|
| 담그다: | 담가 | 담갔다 |
| 따르다: | 따라 | 따랐다 |
| 뜨다: | 떠 | 떴다 |
| 크다: | 커 | 컸다 |
| 고프다: | 고파 | 고팠다 |
| 바쁘다: | 바빠 | 바빴다 |

5. 어간의 끝 'ㄷ'이 'ㄹ'로 바뀔 적

| | | | |
|---|---|---|---|
| 걷다[步]: | 걸어 | 걸으니 | 걸었다 |
| 듣다[聽]: | 들어 | 들으니 | 들었다 |
| 묻다[問]: | 물어 | 물으니 | 물었다 |
| 싣다[載]: | 실어 | 실으니 | 실었다 |

6. 어간의 끝 'ㅂ'이 'ㅜ'로 바뀔 적

| | | | |
|---|---|---|---|
| 깁다: | 기워 | 기우니 | 기웠다 |
| 굽다[炙]: | 구워 | 구우니 | 구웠다 |
| 가깝다: | 가까워 | 가까우니 | 가까웠다 |
| 괴롭다: | 괴로워 | 괴로우니 | 괴로웠다 |
| 맵다: | 매워 | 매우니 | 매웠다 |
| 무겁다: | 무거워 | 무거우니 | 무거웠다 |
| 밉다: | 미워 | 미우니 | 미웠다 |
| 쉽다: | 쉬워 | 쉬우니 | 쉬웠다 |

다만 '돕-, 곱-'과 같은 단음절 어간에 어미 '-아'가 결합되어 '와'로 소리나는 것은 '-와'로 적는다.

| | | | | |
|---|---|---|---|---|
| 돕다[助]: | 도와 | 도와서 | 도와도 | 도왔다 |
| 곱다[麗]: | 고와 | 고와서 | 고와도 | 고왔다 |

7. '하다'의 활용에서 어미 '-아'가 '-여'로 바뀔 적

하다: 하여 하여서 하여도 하여라 하였다

8. 어간의 끝 음절 '르'뒤에 오는 어미 '-어'가 '-러'로 바뀔 적

이르다[至]: 이르러 이르렀다

노르다: 노르러 노르렀다

누르다: 누르러 누르렀다

푸르다: 푸르러 푸르렀다

9. 어간의 끝 음절 '르'의 'ㅡ'가 줄고, 그 뒤에 오는 어미 '-아/-어'가 '-라/-러'로 바뀔 적

가르다: 갈라 갈랐다

거르다: 걸러 걸렀다

구르다: 굴러 굴렀다

벼르다: 별러 별렀다

부르다: 불러 불렀다

오르다: 올라 올랐다

이르다: 일러 일렀다

지르다: 질러 질렀다

## 제3절 접미사가 붙어서 된 말

**제19항** 어간에 '-이'나 '-음/-ㅁ'이 붙어서 명사로 된 것과 '-이'나 '-히'가 붙어서 부사로 된 것은 그 어간의 원형을 밝히어 적는다.

1. '-이'가 붙어서 명사로 된 것

길이 깊이 높이 다듬이 땀받이 달맞이

먹이 미닫이 벌이 벼훑이 살림살이 쇠붙이

2. '-음/-ㅁ'이 붙어서 명사로 된 것

걸음 묶음 믿음 얼음 엮음 울음 웃음
졸음 죽음 앎 만듦

3. '-이'가 붙어서 부사로 된 것

같이 굳이 길이 높이 많이 실없이
좋이 짓궂이

4. '-히'가 붙어서 부사로 된 것

밝히 익히 작히

다만, 어간에 '-이'나 '-음'이 붙어서 명사로 바뀐 것이라도 그 어간의 뜻과 멀어진 것은 그 원형을 밝히어 적지 아니한다.

굽도리 다리[髢] 목거리(목병) 무녀리
코끼리 거름(비료) 고름[膿] 노름(도박)

[붙임] 어간에 '-이'나 '음' 이외의 모음으로 시작된 접미사가 붙어서 다른 품사로 바뀐 것은 그 어간의 원형을 밝히어 적지 아니한다.

(1) 명사로 바뀐 것

귀머거리 까마귀 너머 뜨더귀
마감 마개 마중 무덤
비렁뱅이 쓰레기 올가미 주검

(2) 부사로 바뀐 것

거뭇거뭇 너무 도로 뜨덤뜨덤 바투
불긋불긋 비로소 오긋오긋 자주 차마

(3) 조사로 바뀌어 뜻이 달라진 것

나마 부터 조차

**제20항** 명사 뒤에 '-이'가 붙어서 된 말은 그 명사의 원형을 밝히어 적는다.

1. 부사로 된 것

| | | | |
|---|---|---|---|
| 곳곳이 | 낱낱이 | 몫몫이 | 샅샅이 |
| 앞앞이 | 집집이 | | |

2. 명사로 된 것

| | | | |
|---|---|---|---|
| 곰배팔이 | 바둑이 | 삼발이 | 애꾸눈이 |
| 육손이 | 절뚝발이/절름발이 | | |

[붙임] '-이' 이외의 모음으로 시작된 접미사가 붙어서 된 말은 그 명사의 원형을 밝히어 적지 아니한다.

| | | | |
|---|---|---|---|
| 꼬락서니 | 끄트머리 | 모가치 | 바가치 |
| 바깥 | 사타구니 | 싸라기 | 이파리 |
| 지붕 | 지푸라기 | 짜개 | |

**제21항** 명사나 혹은 용언의 어간 뒤에 자음으로 시작된 접미사가 붙어서 된 말은 그 명사나 어간의 원형을 밝히어 적는다.

1. 명사 뒤에 자음으로 시작된 접미사가 붙어서 된 것

| | | | |
|---|---|---|---|
| 값지다 | 홑지다 | 넋두리 | 빛깔 |
| 옆댕이 | 잎사귀 | | |

2. 어간 뒤에 자음으로 시작된 접미사가 붙어서 된 것

| | | | |
|---|---|---|---|
| 낚시 | 늙정이 | 덮개 | 뜯게질 |
| 갉작갉작하다 | 갉작거리다 | 뜯적거리다 | 뜯적뜯적하다 |
| 굵다랗다 | 굵직하다 | 깊숙하다 | 넓적하다 |
| 높다랗다 | 늙수그레하다 | 얽죽얽죽하다 | |

다만, 다음과 같은 말은 소리대로 적는다.

(1) 겹받침의 끝소리가 드러나지 아니하는 것

할짝거리다 널따랗다 널찍하다 말끔하다
말쑥하다 말짱하다 실쭉하다 실큼하다
얄따랗다 얄팍하다 짤따랗다 짤막하다
실컷

(2) 어원이 분명하지 아니하거나 본뜻에서 멀어진 것

넙치 올무 골막하다 납작하다

**제22항** 용언의 어간에 다음과 같은 접미사들이 붙어서 이루어진 말들은 그 어간을 밝히어 적는다.

1. '-기-, -리-, -이-, -히-, -구-, -우-, -추-, -으키-, -이키-, -애-'가 붙는 것

맡기다 옮기다 웃기다 쫓기다 뚫리다
울리다 낚이다 쌓이다 핥이다 굳히다
굽히다 넓히다 앉히다 얽히다 잡히다
돋구다 솟구다 돋우다 갖추다 곧추다
맞추다 일으키다 돌이키다 없애다

다만, '-이-, -히-, -우-'가 붙어서 된 말이라도 본뜻에서 멀어진 것은 소리대로 적는다.

도리다(칼로 ~) 드리다(용돈을 ~) 고치다
바치다(세금을 ~) 부치다(편지를 ~) 거두다
미루다 이루다

2. '-치-, -뜨리-, -트리-'가 붙는 것

놓치다 덮치다 떠받치다 받치다 밭치다

부딪치다 뻗치다 엎치다

부딪뜨리다/부딪트리다 쏟뜨리다/쏟트리다

젖뜨리다/젖트리다 찢뜨리다/찢트리다

흩뜨리다/흩트리다

[붙임] '-업-, -읍-, -브-'가 붙어서 된 말은 소리대로 적는다.

미덥다 우습다 미쁘다

**제23항** '-하다'나 '-거리다'가 붙는 어근에 '-이'가 붙어서 명사가 된 것은 그 원형을 밝히어 적는다(ㄱ을 취하고 ㄴ을 버림).

| ㄱ | ㄴ | ㄱ | ㄴ |
|---|---|---|---|
| 깔쭉이 | 깔쭈기 | 살살이 | 살사리 |
| 꿀꿀이 | 꿀구리 | 쌕쌕이 | 쌕쌔기 |
| 눈깜짝이 | 눈깜짜기 | 오뚝이 | 오뚜기 |
| 더펄이 | 더퍼리 | 코납작이 | 코납자기 |
| 배불뚝이 | 배불뚜기 | 푸석이 | 푸서기 |
| 삐죽이 | 삐주기 | 홀쭉이 | 홀쭈기 |

[붙임] '-하다'나 '-거리다'가 붙을 수 없는 어근에 '-이'나 또는 다른 모음으로 시작되는 접미사가 붙어서 명사가 된 것은 그 원형을 밝히어 적지 아니한다.

개구리 귀뚜라미 기러기 깍두기

꽹과리 날라리 누더기 동그라미

두드러기 딱따구리 매미 부스러기

뻐꾸기 얼루기 칼싹두기

**제24항** '-거리다'가 붙을 수 있는 시늉말 어근에 '-이다'가 붙어서 된 용언은 그 어근을 밝히어 적는다(ㄱ을 취하고 ㄴ을 버림).

| ㄱ | ㄴ | ㄱ | ㄴ |
|---|---|---|---|
| 깜짝이다 | 깜짜기다 | 속삭이다 | 속사기다 |
| 꾸벅이다 | 꾸버기다 | 숙덕이다 | 숙더기다 |
| 끄덕이다 | 끄더기다 | 울먹이다 | 울머기다 |
| 뒤척이다 | 뒤처기다 | 움직이다 | 움지기다 |
| 들먹이다 | 들머기다 | 지껄이다 | 지꺼리다 |
| 망설이다 | 망서리다 | 퍼덕이다 | 퍼더기다 |
| 번득이다 | 번드기다 | 허덕이다 | 허더기다 |
| 번쩍이다 | 번쩌기다 | 헐떡이다 | 헐떠기다 |

**제25항** '-하다'가 붙는 어근에 '-히'나 '-이'가 붙어서 부사가 되거나, 부사에 '-이'가 붙어서 뜻을 더하는 경우에는 그 어근이나 부사의 원형을 밝히어 적는다.

1. '-하다'가 붙는 어근에 '-히'나 '-이'가 붙는 경우

급히 꾸준히 도저히 딱히
어렴풋이 깨끗이

[붙임] '-하다'가 붙지 않는 경우에는 반드시 소리대로 적는다.

갑자기 반드시(꼭) 슬며시

2. 부사에 '-이'가 붙어서 역시 부사가 되는 경우

곰곰이 더욱이 생긋이 오뚝이
일찍이 해죽이

**제26항** '-하다'나 '- 없다'가 붙어서 된 용언은 그 '-하다'나 '없다'를 밝히어 적는다.

1. '-하다'가 붙어서 용언이 된 것

딱하다 숱하다 착하다 텁텁하다 푹하다

2. '-없다'가 붙어서 용언이 된 것

부질없다　　상없다　　시름없다　　열없다
하염없다

## 제4절 합성어 및 접두사가 붙은 말

**제27항** 둘 이상의 단어가 어울리거나 접두사가 붙어서 이루어진 말은 각각 그 원형을 밝히어 적는다.

국말이　　꺾꽂이　　꽃잎　　끝장
물난리　　밑천　　부엌일　　싫증
옷안　　웃옷　　젖몸살　　첫아들
칼날　　팥알　　헛웃음　　홀아비
홑어멈　　흙내　　값없다　　겉늙다
굶주리다　　낮잡다　　맞먹다　　받내다
벋놓다　　빗나가다　　빛나다　　새파랗다
샛노랗다　　시꺼멓다　　싯누렇다　　엇나가다
엎누르다　　엿듣다　　옻오르다　　짓이기다
헛되다

[붙임 1] 어원은 분명하나 소리만 특이하게 변한 것은 변한 대로 적는다.

할아버지　　할아범

[붙임 2] 어원이 분명하지 아니한 것은 원형을 밝히어 적지 아니한다.

골병　　골탕　　끌탕　　며칠　　아재비
오라비　　업신여기다　　부리나케

[붙임 3] '이[齒, 蝨]'가 합성어나 이에 준하는 말에서 '니' 또는 '리'로 소리날 때에는 '니'로 적는다.

간니　　덧니　　사랑니　　송곳니　　앞니

| | | | | |
|---|---|---|---|---|
| 어금니 | 윗니 | 젖니 | 톱니 | 틀니 |
| 가랑니 | 머릿니 | | | |

**제28항** 끝소리가 'ㄹ'인 말과 딴 말이 어울릴 적에 'ㄹ' 소리가 나지 아니하는 것은 아니 나는 대로 적는다.

| | | |
|---|---|---|
| 다달이(달-달-이) | 따님(딸-님) | 마되(말-되) |
| 마소(말-소) | 무자위(물-자위) | 바느질(바늘-질) |
| 부나비(불-나비) | 부삽(불-삽) | 부손(불-손) |
| 소나무(솔-나무) | 싸전(쌀-전) | 여닫이(열-닫이) |
| 우짖다(울-짖다) | 화살(활-살) | |

**제29항** 끝소리가 'ㄹ'인 말과 딴 말이 어울릴 적에 'ㄹ' 소리가 'ㄷ' 소리로 나는 것은 'ㄷ'으로 적는다.

| | | |
|---|---|---|
| 반짇고리(바느질~) | 사흗날(사흘~) | 삼짇날(삼질~) |
| 섣달(설~) | 숟가락(술~) | 이튿날(이틀~) |
| 잗주름(잘~) | 푿소(풀~) | 섣부르다(설~) |
| 잗다듬다(잘~) | 잗다랗다(잘~) | |

**제30항** 사이시옷은 다음과 같은 경우에 받치어 적는다.

1. 순우리말로 된 합성어로서 앞말이 모음으로 끝난 경우

(1) 뒷말의 첫소리가 된소리로 나는 것

| | | | | |
|---|---|---|---|---|
| 고랫재 | 귓밥 | 나룻배 | 나뭇가지 | 냇가 |
| 댓가지 | 뒷갈망 | 맷돌 | 머릿기름 | 모깃불 |
| 못자리 | 바닷가 | 뱃길 | 볏가리 | 부싯돌 |
| 선짓국 | 쇳조각 | 아랫집 | 우렁잇속 | 잇자국 |
| 잿더미 | 조갯살 | 찻집 | 쳇바퀴 | 킷값 |

핏대 햇볕 혓바늘

(2) 뒷말의 첫소리 'ㄴ, ㅁ' 앞에서 'ㄴ' 소리가 덧나는 것

멧나물 아랫니 텃마당 아랫마을 뒷머리

잇몸 깻묵 냇물 빗물

(3) 뒷말의 첫소리 모음 앞에서 'ㄴㄴ'소리가 덧나는 것

도래깻열 뒷윷 두렛일 뒷일 뒷입맛

베갯잇 욧잇 깻잎 나뭇잎 댓잎

2. 순우리말과 한자어로 된 합성어로서 앞말이 모음으로 끝난 경우

(1) 뒷말의 첫소리가 된소리로 나는 것

귓병 머릿방 뱃병 봇둑 사잣밥

샛강 아랫방 자릿세 전셋집 찻잔

찻종 촛국 콧병 탯줄 텃세

핏기 햇수 횟가루 횟배

(2) 뒷말의 첫소리 'ㄴ, ㅁ' 앞에서 'ㄴ' 소리가 덧나는 것

곗날 제삿날 훗날 툇마루 양칫물

(3) 뒷말의 첫소리 모음 앞에서 'ㄴㄴ'소리가 덧나는 것

가욋일 사삿일 예삿일 훗일

3. 두 음절로 된 다음 한자어

곳간(庫間) 셋방(貰房) 숫자(數字) 찻간(車間)

툇간(退間) 횟수(回數)

**제31항** 두 말이 어울릴 적에 'ㅂ' 소리나 'ㅎ' 소리가 덧나는 것은 소리대로 적는다.

1. 'ㅂ' 소리가 덧나는 것

댑싸리(대ㅂ싸리) 멥쌀(메ㅂ쌀) 볍씨(벼ㅂ씨)

입때(이ㅂ때) 입쌀(이ㅂ쌀) 접때(저ㅂ때)

좁쌀(조ㅂ쌀)

2. 'ㅎ' 소리가 덧나는 것

| | | |
|---|---|---|
| 머리카락(머리ㅎ가락) | 살코기(살ㅎ고기) | 수캐(수ㅎ개) |
| 수컷(수ㅎ것) | 수탉(수ㅎ닭) | 안팎(안ㅎ밖) |
| 암캐(암ㅎ개) | 암컷(암ㅎ것) | 암탉(암ㅎ닭) |

## 제5절 준말

**제32항** 단어의 끝모음이 줄어지고 자음만 남은 것은 그 앞의 음절에 받침으로 적는다.

| 본말 | 준말 | 본말 | 준말 |
|---|---|---|---|
| 기러기야 | 기럭아 | 온가지 | 온갖 |
| 어제그저께 | 엊그저께 | 가지고, 가지지 | 갖고, 갖지 |
| 어제저녁 | 엊저녁 | 디디고, 디디지 | 딛고, 딛지 |

**제33항** 체언과 조사가 어울려 줄어지는 경우에는 준 대로 적는다.

| 본말 | 준말 | 본말 | 준말 |
|---|---|---|---|
| 그것은 | 그건 | 너는 | 넌 |
| 그것이 | 그게 | 너를 | 널 |
| 그것으로 | 그걸로 | 무엇을 | 뭣을/무얼/뭘 |
| 나는 | 난 | 무엇이 | 뭣이/무에 |
| 나를 | 날 | | |

**제34항** 모음 'ㅏ, ㅓ'로 끝난 어간에 '-아/-어, -았-/-었-'이 어울릴 적에는 준 대로 적는다.

| 본말 | 준말 | 본말 | 준말 |
|---|---|---|---|
| 가아 | 가 | 가았다 | 갔다 |
| 나아 | 나 | 나았다 | 났다 |

| | | | |
|---|---|---|---|
| 타아 | 타 | 타았다 | 탔다 |
| 서어 | 서 | 서었다 | 섰다 |
| 켜어 | 켜 | 켜었다 | 켰다 |
| 펴어 | 펴 | 펴었다 | 폈다 |

[붙임 1] 'ㅐ, ㅔ' 뒤에 '-어, -었-'이 어울려 줄 적에는 준 대로 적는다.

| 본말 | 준말 | 본말 | 준말 |
|---|---|---|---|
| 개어 | 개 | 개었다 | 갰다 |
| 내어 | 내 | 내었다 | 냈다 |
| 베어 | 베 | 베었다 | 벴다 |
| 세어 | 세 | 세었다 | 셌다 |

[붙임 2] '하여'가 한 음절로 줄어서 '해'로 될 적에는 준 대로 적는다.

| 본말 | 준말 | 본말 | 준말 |
|---|---|---|---|
| 하여 | 해 | 하였다 | 했다 |
| 더하여 | 더해 | 더하였다 | 더했다 |
| 흔하여 | 흔해 | 흔하였다 | 흔했다 |

**제35항** 모음 'ㅗ, ㅜ'로 끝난 어간에 '-아/-어, -았-/-었-'이 어울려 'ㅘ/ㅝ, ㅘㅆ/ㅝㅆ'으로 될 때에는 준 대로 적는다.

| 본말 | 준말 | 본말 | 준말 |
|---|---|---|---|
| 꼬아 | 꽈 | 꼬았다 | 꽜다 |
| 보아 | 봐 | 보았다 | 봤다 |
| 쏘아 | 쏴 | 쏘았다 | 쐈다 |
| 두어 | 둬 | 두었다 | 뒀다 |
| 쑤어 | 쒀 | 쑤었다 | 쒔다 |
| 주어 | 줘 | 주었다 | 줬다 |

[붙임 1] '놓아'가 '놔'로 줄 적에는 준 대로 적는다.

[붙임 2] 'ㅚ' 뒤에 '-어, -었-'이 어울려 'ㅙ, ㅙㅆ'으로 될 적에도 준 대로 적는다.

| 본말 | 준말 | 본말 | 준말 |
|---|---|---|---|
| 괴어 | 괘 | 괴었다 | 괬다 |
| 되어 | 돼 | 되었다 | 됐다 |
| 뵈어 | 봬 | 뵈었다 | 뵀다 |
| 쇠어 | 쇄 | 쇠었다 | 쇘다 |
| 쐬어 | 쐐 | 쐬었다 | 쐤다 |

**제36항** 'ㅣ' 뒤에 '-어'가 와서 'ㅕ'로 줄 적에는 준 대로 적는다.

| 본말 | 준말 | 본말 | 준말 |
|---|---|---|---|
| 가지어 | 가져 | 가지었다 | 가졌다 |
| 견디어 | 견뎌 | 견디었다 | 견뎠다 |
| 다니어 | 다녀 | 다니었다 | 다녔다 |
| 막히어 | 막혀 | 막히었다 | 막혔다 |
| 버티어 | 버텨 | 버티었다 | 버텼다 |
| 치이어 | 치여 | 치이었다 | 치였다 |

**제37항** 'ㅏ, ㅕ, ㅗ, ㅜ, ㅡ'로 끝난 어간에 '-이-'가 와서 각각 'ㅐ, ㅖ, ㅚ, ㅟ, ㅢ'로 줄 적에는 준 대로 적는다.

| 본말 | 준말 | 본말 | 준말 |
|---|---|---|---|
| 싸이다 | 쌔다 | 누이다 | 뉘다 |
| 펴이다 | 폐다 | 뜨이다 | 띄다 |
| 보이다 | 뵈다 | 쓰이다 | 씌다 |

**제38항** 'ㅏ, ㅗ, ㅜ, ㅡ' 뒤에 '-이어'가 어울려 줄어질 적에는 준 대로 적는다.

| 본말 | 준말 | 본말 | 준말 |
|---|---|---|---|
| 싸이어 | 쌔여 싸여 | 뜨이어 | 띄어 |
| 보이어 | 뵈어 보여 | 쓰이어 | 씌어 쓰여 |
| 쏘이어 | 쐬어 쏘여 | 트이어 | 틔어 트여 |
| 누이어 | 뉘어 누여 | | |

**제39항** 어미 '-지' 뒤에 '않-'이 어울려 '-잖-'이 될 적과 '-하지' 뒤에 '않-'이 어울려 '찮-'이 될 적에는 준 대로 적는다.

| 본말 | 준말 | 본말 | 준말 |
|---|---|---|---|
| 그렇지 않은 | 그렇잖은 | 만만하지 않다 | 만만찮다 |
| 적지 않은 | 적잖은 | 변변하지 않다 | 변변찮다 |

**제40항** 어간의 끝음절 '하'의 'ㅏ'가 줄고 'ㅎ'이 다음 음절의 첫소리와 어울려 거센소리로 될 적에는 거센소리로 적는다.

| 본말 | 준말 | 본말 | 준말 |
|---|---|---|---|
| 간편하게 | 간편케 | 다정하다 | 다정타 |
| 연구하도록 | 연구토록 | 정결하다 | 정결타 |
| 가하다 | 가타 | 흔하다 | 흔타 |

[붙임 1] 'ㅎ'이 어간의 끝소리로 굳어진 것은 받침으로 적는다.

| | | | |
|---|---|---|---|
| 않다 | 않고 | 않지 | 않든지 |
| 그렇다 | 그렇고 | 그렇지 | 그렇든지 |
| 아무렇다 | 아무렇고 | 아무렇지 | 아무렇든지 |
| 어떻다 | 어떻고 | 어떻지 | 어떻든지 |
| 이렇다 | 이렇고 | 이렇지 | 이렇든지 |
| 저렇다 | 저렇고 | 저렇지 | 저렇든지 |

[붙임 2] 어간의 끝음절 '하'가 아주 줄 적에는 준 대로 적는다.

| 본말 | 준말 |
| --- | --- |
| 거북하지 | 거북지 |
| 생각하건대 | 생각건대 |
| 생각하다 못해 | 생각다 못해 |
| 깨끗하지 않다 | 깨끗지 않다 |
| 넉넉하지 않다 | 넉넉지 않다 |
| 못하지 않다 | 못지않다 |
| 섭섭하지 않다 | 섭섭지 않다 |
| 익숙하지 않다 | 익숙지 않다 |

[붙임 3] 다음과 같은 부사는 소리대로 적는다.

| | | | |
| --- | --- | --- | --- |
| 결단코 | 결코 | 기필코 | 무심코 |
| 아무튼 | 요컨대 | 정녕코 | 필연코 |
| 하마터면 | 하여튼 | 한사코 | |

## 제5장 띄어쓰기

### 제1절 조사

**제41항** 조사는 그 앞말에 붙여 쓴다.

| | | | | |
| --- | --- | --- | --- | --- |
| 꽃이 | 꽃마저 | 꽃밖에 | 꽃에서부터 | 꽃으로만 |
| 꽃이나마 | 꽃이다 | 꽃입니다 | 꽃처럼 | 어디까지나 |
| 거기도 | 멀리는 | 웃고만 | | |

### 제2절 의존 명사, 단위를 나타내는 명사 및 열거하는 말 등

**제42항** 의존 명사는 띄어 쓴다.

| | |
|---|---|
| 아는 것이 힘이다. | 나도 할 수 있다. |
| 먹을 만큼 먹어라. | 아는 이를 만났다. |
| 네가 뜻한 바를 알겠다. | 그가 떠난 지가 오래다. |

**제43항** 단위를 나타내는 명사는 띄어 쓴다.

| | | | |
|---|---|---|---|
| 한 개 | 차 한 대 | 금 서 돈 | 소 한 마리 |
| 옷 한 벌 | 열 살 | 조기 한 손 | 연필 한 자루 |
| 버선 한 죽 | 집 한 채 | 신 두 켤레 | 북어 한 쾌 |

다만, 순서를 나타내는 경우나 숫자와 어울리어 쓰이는 경우에는 붙여 쓸 수 있다.

| | | | |
|---|---|---|---|
| 두시 삼십분 오초 | 제일과 | 삼학년 | 육층 |
| 1446년 10월 9일 | 2대대 | 16동 502호 | 제1실습실 |
| 80원 | 10개 | 7미터 | |

**제44항** 수를 적을 적에는 '만(萬)' 단위로 띄어 쓴다.

십이억 삼천사백오십육만 칠천팔백구십팔

12억 3456만 7898

**제45항** 두 말을 이어 주거나 열거할 적에 쓰이는 다음의 말들은 띄어 쓴다.

| | |
|---|---|
| 국장 겸 과장 | 열 내지 스물 |
| 청군 대 백군 | 책상, 걸상 등이 있다 |
| 이사장 및 이사들 | 사과, 배, 귤 등등 |
| 사과, 배 등속 | 부산, 광주 등지 |

**제46항** 단음절로 된 단어가 연이어 나타날 적에는 붙여 쓸 수 있다.

| | |
|---|---|
| 그때 그곳 | 좀더 큰것 |
| 이말 저말 | 한잎 두잎 |

## 제3절 보조 용언

**제47항** 보조 용언은 띄어 씀을 원칙으로 하되, 경우에 따라 붙여 씀도 허용한다(ㄱ을 취하고 ㄴ을 버림).

| ㄱ | ㄴ |
|---|---|
| 불이 꺼져 간다. | 불이 꺼져간다. |
| 내 힘으로 막아 낸다. | 내 힘으로 막아낸다. |
| 어머니를 도와 드린다. | 어머니를 도와드린다. |
| 그릇을 깨뜨려 버렸다. | 그릇을 깨뜨려버렸다. |
| 비가 올 듯하다. | 비가 올듯하다. |
| 그 일은 할 만하다. | 그 일은 할만하다. |
| 일이 될 법하다. | 일이 될법하다. |
| 비가 올 성싶다. | 비가 올성싶다. |
| 잘 아는 척한다. | 잘 아는척한다. |

다만, 앞말에 조사가 붙거나 앞말이 합성 동사인 경우, 그리고 중간에 조사가 들어갈 적에는 그 뒤에 오는 보조 용언은 띄어 쓴다.

잘도 놀아만 나는구나!　　책을 읽어도 보고…….
네가 덤벼들어 보아라.　　강물에 떠내려가 버렸다.
그가 올 듯도 하다.　　잘난 체를 한다.

## 제4절 고유 명사 및 전문 용어

**제48항** 성과 이름, 성과 호 등은 붙여 쓰고, 이에 덧붙는 호칭어, 관직명 등은 띄어 쓴다.

김양수(金良洙)　　서화담(徐花潭)
채영신 씨　　최치원 선생
박동식 박사　　충무공 이순신 장군

다만, 성과 이름, 성과 호를 분명히 구분할 필요가 있을 경우에는 띄어 쓸 수 있다.

| | |
|---|---|
| 남궁억/남궁 억 | 독고준/독고 준 |
| 황보지봉(皇甫芝峰)/황보 지봉 | |

**제49항** 성명 이외의 고유명사는 단어별로 띄어 씀을 원칙으로 하되, 단위별로 띄어 쓸 수 있다(ㄱ을 원칙으로 하고 ㄴ을 허용함).

| ㄱ | ㄴ |
|---|---|
| 대한 중학교 | 대한중학교 |
| 한국 대학교 사범 대학 | 한국대학교 사범대학 |

**제50항** 전문 용어는 단어별로 띄어 씀을 원칙으로 하되, 붙여 쓸 수 있다(ㄱ을 원칙으로 하고 ㄴ을 허용함).

| ㄱ | ㄴ |
|---|---|
| 만성 골수성 백혈병 | 만성골수성백혈병 |
| 중거리 탄도 유도탄 | 중거리탄도유도탄 |

## 제6장 그 밖의 것

**제51항** 부사의 끝음절이 분명히 '이'로만 나는 것은 '-이'로 적고, '히'로만 나거나 '이'나 '히'로 나는 것은 '히-'로 적는다.

1. '이'로만 나는 것

| | | | | |
|---|---|---|---|---|
| 가붓이 | 깨끗이 | 나붓이 | 느긋이 | 둥긋이 |
| 따뜻이 | 반듯이 | 버젓이 | 산뜻이 | 의젓이 |
| 가까이 | 고이 | 날카로이 | 대수로이 | 많이 |
| 적이 | 헛되이 | 겹겹이 | 번번이 | 일일이 |

집집이 틈틈이 번거로이

2. '히'로만 나는 것

극히 급히 딱히 속히 작히
족히 특히 엄격히 정확히

3. '이, 히'로 나는 것

솔직히 가만히 간편히 나른히 무단히
각별히 소홀히 쓸쓸히 정결히 과감히
꼼꼼히 심히 열심히 급급히 답답히
섭섭히 공평히 능히 당당히 분명히
상당히 조용히 간소히 고요히 도저히

**제52항** 한자어에서 본음으로도 나고 속음으로도 나는 것은 각각 그 소리에 따라 적는다.

| 본음으로 나는 것 | 속음으로 나는 것 |
|---|---|
| 승낙(承諾) | 수락(受諾), 쾌락(快諾), 허락(許諾) |
| 만난(萬難) | 곤란(困難), 논란(論難) |
| 안녕(安寧) | 의령(宜寧), 회령(會寧) |
| 분노(忿怒) | 대로(大怒), 희로애락(喜怒哀樂) |
| 토론(討論) | 의논(議論) |
| 오륙십(五六十) | 오뉴월, 유월(六月) |
| 목재(木材) | 모과(木瓜) |
| 십일(十日) | 시방정토(十方淨土), 시왕(十王), 시월(十月) |
| 팔일(八日) | 초파일(初八日) |

**제53항** 다음과 같은 어미는 예사소리로 적는다(ㄱ을 취하고, ㄴ을 버림).

| ㄱ | ㄴ | ㄱ | ㄴ |
|---|---|---|---|
| -(으)ㄹ거나 | -(으)ㄹ꺼나 | -(으)ㄹ지니라 | -(으)ㄹ찌니라 |
| -(으)ㄹ걸 | -(으)ㄹ껄 | -(으)ㄹ지라도 | -(으)ㄹ찌라도 |
| -(으)ㄹ게 | -(으)ㄹ께 | -(으)ㄹ지어다 | -(으)ㄹ찌어다 |
| -(으)ㄹ세 | -(으)ㄹ쎄 | -(으)ㄹ지언정 | -(으)ㄹ찌언정 |
| -(으)ㄹ세라 | -(으)ㄹ쎄라 | -(으)ㄹ진대 | -(으)ㄹ찐대 |
| -(으)ㄹ수록 | -(으)ㄹ쑤록 | -(으)ㄹ진저 | -(으)ㄹ찐저 |
| -(으)ㄹ시 | -(으)ㄹ씨 | -올시다 | -올씨다 |
| -(으)ㄹ지 | -(으)ㄹ찌 | | |

다만, 의문을 나타내는 다음 어미들은 된소리로 적는다.

-(으)ㄹ까?　　-(으)ㄹ꼬?　　-(스)ㅂ니까?

-(으)리까?　　-(으)ㄹ쏘냐?

**제54항** 다음과 같은 접미사는 된소리로 적는다(ㄱ을 취하고 ㄴ을 버림).

| ㄱ | ㄴ | ㄱ | ㄴ |
|---|---|---|---|
| 심부름꾼 | 심부름군 | 귀때기 | 귓대기 |
| 익살꾼 | 익살군 | 볼때기 | 볼대기 |
| 일꾼 | 일군 | 판자때기 | 판잣대기 |
| 장꾼 | 장군 | 뒤꿈치 | 뒷굼치 |
| 장난꾼 | 장난군 | 팔꿈치 | 팔굼치 |
| 지게꾼 | 지겟군 | 이마빼기 | 이맛배기 |
| 때깔 | 땟깔 | 코빼기 | 콧배기 |
| 빛깔 | 빛갈 | 객쩍다 | 객적다 |
| 성깔 | 성갈 | 겸연쩍다 | 겸연적다 |

**제55항** 두 가지로 구별하여 적던 다음 말들은 한 가지로 적는다(ㄱ을 취하고 ㄴ을 버림).

| ㄱ | ㄴ |
|---|---|
| 맞추다(입을 맞춘다. 양복을 맞춘다) | 마추다 |
| 뻗치다(다리를 뻗친다. 멀리 뻗친다) | 뻐치다 |

**제56항** '-더라, -던'과 '-든지'는 다음과 같이 적는다.

1. 지난 일을 나타내는 어미는 '-더라, -던'으로 적는다(ㄱ을 취하고 ㄴ을 버림).

| ㄱ | ㄴ |
|---|---|
| 지난겨울은 몹시 춥더라. | 지난겨울은 몹시 춥드라. |
| 깊던 물이 얕아졌다. | 깊든 물이 얕아졌다. |
| 그렇게 좋던가? | 그렇게 좋든가? |
| 그 사람 말 잘하던데! | 그 사람 말 잘하든데! |
| 얼마나 놀랐던지 몰라. | 얼마나 놀랐든지 몰라. |

2. 물건이나 일의 내용을 가리지 아니하는 뜻을 나타내는 조사와 어미는 '(-)든지'로 적는다(ㄱ을 취하고 ㄴ을 버림).

| ㄱ | ㄴ |
|---|---|
| 배든지 사과든지 마음대로 먹어라. | 배던지 사과던지 마음대로 먹어라. |
| 가든지 오든지 마음대로 해라. | 가던지 오던지 마음대로 해라. |

**제57항** 다음 말들은 각각 구별하여 적는다.

| | |
|---|---|
| 가름 | 둘로 가름 |
| 갈음 | 새 책상으로 갈음하였다. |
| 거름 | 풀을 썩인 거름 |
| 걸음 | 빠른 걸음 |
| 거치다 | 영월을 거쳐 왔다. |

| | |
|---|---|
| 걷히다 | 외상값이 잘 걷힌다. |
| 걷잡다 | 걷잡을 수 없는 상태 |
| 겉잡다 | 겉잡아서 이틀 걸릴 일 |
| 그러므로(그러니까) | 그는 부지런하다. 그러므로 잘 산다. |
| 그럼으로(써)<br>(그렇게 하는 것으로) | 그는 열심히 공부한다. 그럼으로(써) 은혜에 보답한다. |
| 노름 | 노름판이 벌어졌다. |
| 놀음(놀이) | 즐거운 놀음 |
| 느리다 | 진도가 너무 느리다. |
| 늘이다 | 고무줄을 늘인다. |
| 늘리다 | 수출량을 더 늘린다. |
| 다리다 | 옷을 다린다. |
| 달이다 | 약을 달인다. |
| 다치다 | 부주의로 손을 다쳤다. |
| 닫히다 | 문이 저절로 닫혔다. |
| 닫치다 | 문을 힘껏 닫쳤다. |
| 마치다 | 벌써 일을 마쳤다. |
| 맞히다 | 여러 문제를 더 맞혔다. |
| 목거리 | 목거리가 덧났다. |
| 목걸이 | 금 목걸이, 은 목걸이 |
| 바치다 | 나라를 위해 목숨을 바쳤다. |
| 받치다 | 우산을 받치고 간다. |

| | |
|---|---|
| | 책받침을 받친다 |
| 받히다 | 쇠뿔에 받혔다. |
| 밭치다 | 술을 체에 밭친다. |
| 반드시 | 약속은 반드시 지켜라. |
| 반듯이 | 고개를 반듯이 들어라. |
| 부딪치다 | 차와 차가 마주 부딪쳤다. |
| 부딪히다 | 마차가 화물차에 부딪혔다. |
| 부치다 | 힘이 부치는 일이다. |
| | 편지를 부치다. |
| | 논밭을 부친다. |
| | 빈대떡을 부친다. |
| | 식목일에 부치는 글 |
| | 회의에 부치는 안건 |
| | 인쇄에 부치는 원고 |
| | 삼촌 집에 숙식을 부친다. |
| 붙이다 | 우표를 붙이다. |
| | 책상을 벽에 붙였다. |
| | 흥정을 붙인다. |
| | 불을 붙인다. |
| | 감시원을 붙인다. |
| | 조건을 붙인다. |
| | 취미를 붙인다. |
| | 별명을 붙인다. |
| 시키다 | 일을 시킨다. |

| | |
|---|---|
| 식히다 | 끓인 물을 식히다. |
| 아름 | 세 아름 되는 둘레 |
| 알음 | 전부터 알음이 있는 사이 |
| 앎 | 앎이 힘이다. |
| 안치다 | 밥을 안친다. |
| 앉히다 | 윗자리에 앉힌다. |
| 어름 | 경계선 어름에서 일어난 현상 |
| 얼음 | 얼음이 얼었다. |
| 이따가 | 이따가 오너라. |
| 있다가 | 돈은 있다가도 없다. |
| 저리다 | 다친 다리가 저린다. |
| 절이다 | 김장 배추를 절인다. |
| 조리다 | 생선을 조린다. 통조림, 병조림 |
| 졸이다 | 마음을 졸인다. |
| 주리다 | 여러 날을 주렸다. |
| 줄이다 | 비용을 줄인다. |
| 하노라고 | 하노라고 한 것이 이 모양이다. |
| 하느라고 | 공부하느라고 밤을 새웠다. |
| -느니보다(어미) | 나를 찾아오느니보다 집에 있거라 |
| -는 이보다(의존 명사) | 오는 이가 가는 이보다 많다. |
| -(으)리만큼(어미) | 그가 나를 미워하리만큼 내가 그에게 잘못한 일이 없다. |

| | |
|---|---|
| -(으)ㄹ 이만큼(의존 명사) | 찬성할 이도 반대할 이만큼이나 많을 것이다. |
| -(으)러(목적) | 공부하러 간다. |
| -(으)려(의도) | 서울 가려 한다. |
| -(으)로서(자격) | 사람으로서 그럴 수는 없다. |
| -(으)로써(수단) | 닭으로써 꿩을 대신했다. |
| -(으)므로(어미) | 그가 나를 믿으므로 나도 그를 믿는다. |
| (-ㅁ, -음)으로(써)(조사) | 그는 믿음으로(써) 산 보람을 느꼈다. |

## 제7장 문장 부호

문장 부호의 이름과 그 사용법은 다음과 같이 정한다.

### 가. 마침표[終止符]

1. 온점(.), 고리점(。)

가로쓰기에는 온점, 세로쓰기에는 고리점을 쓴다.

(1) 서술, 명령, 청유 등을 나타내는 문장의 끝에 쓴다.

젊은이는 나라의 기둥이다.

황금 보기를 돌같이 하라.

집으로 돌아가자.

다만, 표제어나 표어에는 쓰지 않는다.

압록강은 흐른다(표제어)

꺼진 불도 다시 보자(표어)

(2) 아라비아 숫자만으로 연월일을 표시할 적에 쓴다.

1919. 3. 1. (1919년 3월 1일)

(3) 표시 문자 다음에 쓴다.

1. 마침표　　　　　ㄱ. 물음표　　　가. 인명

(4) 준말을 나타내는 데 쓴다.

서. 1987. 3. 5. (서기)

2. 물음표(?)

의심이나 물음을 나타낸다.

(1) 직접 질문할 때에 쓴다.

이제 가면 언제 돌아오니?

이름이 뭐지?

(2) 반어나 수사 의문(修辭疑問)을 나타낼 때 쓴다.

제가 감히 거역할 리가 있습니까?

이게 은혜에 대한 보답이냐?

남북통일이 되면 얼마나 좋을까?

(3) 특정한 어구 또는 그 내용에 대하여 의심이나 빈정거림, 비웃음 등을 표시할 때, 또는 적절한 말을 쓰기 어려운 경우에 소괄호 안에 쓴다.

그것 참 훌륭한(?) 태도야.

우리 집 고양이가 가출(?)을 했어요.

[붙임 1] 한 문장에서 몇 개의 선택적인 물음이 겹쳤을 때에는 맨 끝의 물음에만 쓰지만, 각각 독립된 물음인 경우에는 물음마다 쓴다.

너는 한국인이냐, 중국인이냐?

너는 언제 왔니? 어디서 왔니? 무엇하러?

[붙임 2] 의문형 어미로 끝나는 문장이라도 의문의 정도가 약할 때에는 물음표 대신 온점(또는 고리점)을 쓸 수도 있다.

이 일을 도대체 어쩐단 말이냐.

아무도 그 일에 찬성하지 않을 거야. 혹 미친 사람이면 모를까.

### 3. 느낌표(!)

감탄이나 놀람, 부르짖음, 명령 등 강한 느낌을 나타낸다.

(1) 느낌을 힘차게 나타내기 위해 감탄사나 감탄형 종결 어미 다음에 쓴다.

앗!

아, 달이 밝구나!

(2) 강한 명령문 또는 청유문에 쓴다.

지금 즉시 대답해!

부디 몸조심하도록!

(3) 감정을 넣어 다른 사람을 부르거나 대답할 적에 쓴다.

춘향아!

예, 도련님!

(4) 물음의 말로써 놀람이나 항의의 뜻을 나타내는 경우에 쓴다.

이게 누구야!

내가 왜 나빠!

[붙임] 감탄형 어미로 끝나는 문장이라도 감탄의 정도가 약할 때에는 느낌표 대신 온점(또는 고리점)을 쓸 수도 있다.

개구리가 나온 것을 보니, 봄이 오긴 왔구나.

## 나. 쉼표[休止符]

### 1. 반점(,), 모점(、)

가로쓰기에는 반점, 세로쓰기에는 모점을 쓴다.

문장 안에서 짧은 휴지를 나타낸다.

(1) 같은 자격의 어구가 열거될 때에 쓴다.

근면, 검소, 협동은 우리 겨레의 미덕이다.

충청도의 계룡산, 전라도의 내장산, 강원도의 설악산은 모두 국립 공원이다.

다만, 조사로 연결될 적에는 쓰지 않는다.

매화와 난초와 국화와 대나무를 사군자라고 한다.

(2) 짝을 지어 구별할 필요가 있을 때에 쓴다.

닭과 지네, 개와 고양이는 상극이다.

(3) 바로 다음의 말을 꾸미지 않을 때에 쓴다.

슬픈 사연을 간직한, 경주 불국사의 무영탑.

성질 급한, 철수의 누이동생이 화를 내었다.

(4) 대등하거나 종속적인 절이 이어질 때에 절 사이에 쓴다.

콩 심으면 콩 나고, 팥 심으면 팥 난다.

흰 눈이 내리니, 경치가 더욱 아름답다.

(5) 부르는 말이나 대답하는 말 뒤에 쓴다.

얘야, 이리 오너라.

예, 지금 가겠습니다.

(6) 제시어 다음에 쓴다.

빵, 빵이 인생의 전부이더냐?

용기, 이것이야말로 무엇과도 바꿀 수 없는 젊은이의 자산이다.

(7) 도치된 문장에 쓴다.

이리 오세요, 어머님.

다시 보자, 한강수야.

(8) 가벼운 감탄을 나타내는 말 뒤에 쓴다.

아, 깜빡 잊었구나.

(9) 문장 첫머리의 접속이나 연결을 나타내는 말 다음에 쓴다.

첫째, 몸이 튼튼해야 된다.

아무튼, 나는 집에 돌아가겠다.

다만, 일반적으로 쓰이는 접속어(그러나, 그러므로, 그리고, 그런데 등) 뒤에는 쓰지 않음을 원칙으로 한다.

그러나 너는 실망할 필요가 없다.

(10) 문장 중간에 끼어든[1] 구절 앞뒤에 쓴다.

나는, 솔직히 말하면, 그 말이 별로 탐탁하지 않소.

철수는 미소를 띠고, 속으로는 화가 치밀었지만, 그들을 맞았다.

(11) 되풀이를 피하기 위하여 한 부분을 줄일 때에 쓴다.

여름에는 바다에서, 겨울에는 산에서 휴가를 즐겼다.

(12) 문맥상 끊어 읽어야 할 곳에 쓴다.

갑돌이가 울면서, 떠나는 갑순이를 배웅했다.

갑돌이가, 울면서 떠나는 갑순이를 배웅했다.

철수가, 내가 제일 좋아하는 친구이다.

남을 괴롭히는 사람들은, 만약 그들이 다른 사람에게 괴롭힘을 당해 본다면, 남을 괴롭히는 일이 얼마나 나쁜 일인지 깨달을 것이다.

(13) 숫자를 나열할 때에 쓴다.

1, 2, 3, 4

(14) 수의 폭이나 개략의 수를 나타낼 때에 쓴다.

5, 6 세기　　　　6, 7 개

(15) 수의 자릿점을 나타낼 때에 쓴다.

14,314

2. 가운뎃점( · )

열거된 여러 단위가 대등하거나 밀접한 관계임을 나타낸다.

(1) 쉼표로 열거된 어구가 다시 여러 단위로 나누어질 때에 쓴다.

철수 · 영이, 영수 · 순이가 서로 짝이 되어 윷놀이를 하였다.

공주 · 논산, 천안 · 아산 · 천원 등 각 지역구에서 2 명씩 국회 의원을 뽑는다.

---

1) 이 경우, '끼어들다'냐 '끼여들다'냐에 대하여 논란의 여지가 있으나, 여기에서는 고시본대로 두기로 한다. 이하 같다.

시장에 가서 사과 · 배 · 복숭아, 고추 · 마늘 · 파, 조기 · 명태 · 고등어를 샀다.

(2) 특정한 의미를 가지는 날을 나타내는 숫자에 쓴다.

3 · 1 운동　　　　　8 · 15 광복

(3) 같은 계열의 단어 사이에 쓴다.

경북 방언의 조사 · 연구

충북 · 충남 두 도를 합하여 충청도라고 한다.

동사 · 형용사를 합하여 용언이라고 한다.

3. 쌍점(:)

(1) 내포되는 종류를 들 적에 쓴다.

문장 부호: 마침표, 쉼표, 따옴표, 묶음표 등.

문방사우: 붓, 먹, 벼루, 종이.

(2) 소표제 뒤에 간단한 설명이 붙을 때에 쓴다.

일시: 1984년 10월 15일 10시.

마침표: 문장이 끝남을 나타낸다.

(3) 저자명 다음에 저서명을 적을 때에 쓴다.

정약용: 목민심서, 경세유표.

주시경: 국어 문법, 서울 박문 서관, 1910.

(4) 시(時)와 분(分), 장(章)과 절(節) 따위를 구별할 때나, 둘 이상을 대비할 때에 쓴다.

오전 10:20 (오전 10시 20분)

요한 3:16 (요한복음 3장 16절)[2]

대비 65:60 (65 대 60)

---

2) 이 규정집에서 '편(編) · 부(部) · 장(章) · 항(項)'이 아라비아 숫자와 결합하여 쓰이는 경우 등은 편의상 띄어쓰기의 허용 쪽을 따라 붙여 썼으나,(일러두기의 3번을 참조함.) 이 용례는 고시본대로 보이기로 한다.

4. 빗금( / )

(1) 대응, 대립되거나 대등한 것을 함께 보이는 단어와 구, 절 사이에 쓴다.

남궁만/남궁 만　　　　　　백이십오 원/125원

착한 사람/악한 사람　　　　맞닥뜨리다/맞닥트리다

(2) 분수를 나타낼 때에 쓰기도 한다.

3/4 분기　　　　　　3/20

## 다. 따옴표[引用符]

1. 큰따옴표(“ ”), 겹낫표(『 』)

가로쓰기에는 큰따옴표, 세로쓰기에는 겹낫표를 쓴다.

대화, 인용, 특별 어구 따위를 나타낸다.

(1) 글 가운데서 직접 대화를 표시할 때에 쓴다.

“전기가 없었을 때는 어떻게 책을 보았을까?”

“그야 등잔불을 켜고 보았겠지.”

(2) 남의 말을 인용할 경우에 쓴다.

예로부터 “민심은 천심이다.”라고 하였다.

“사람은 사회적 동물이다.”라고 말한 학자가 있다.

2. 작은따옴표(‘ ’), 낫표(「 」)

가로쓰기에는 작은따옴표, 세로쓰기에는 낫표를 쓴다.

(1) 따온 말 가운데 다시 따온 말이 들어 있을 때에 쓴다.

“여러분! 침착해야 합니다. ‘하늘이 무너져도 솟아날 구멍이 있다.’고 합니다.”

(2) 마음속으로 한 말을 적을 때에 쓴다.

‘만약 내가 이런 모습으로 돌아간다면, 모두들 깜짝 놀라겠지.’

[붙임] 문장에서 중요한 부분을 두드러지게 하기 위해 드러냄표 대신에 쓰기도 한다.

지금 필요한 것은 ‘지식’이 아니라 ‘실천’입니다.

'배부른 돼지'보다는 '배고픈 소크라테스'가 되겠다.

## 라. 묶음표[括弧符]

### 1. 소괄호(( ))

(1) 원어, 연대, 주석, 설명 등을 넣을 적에 쓴다.

커피(coffee)는 기호 식품이다.

3 · 1 운동(1919) 당시 나는 중학생이었다.

'무정(無情)'은 춘원(6 · 25 때 납북)의 작품이다.

니체(독일의 철학자)는 이렇게 말했다.

(2) 특히 기호 또는 기호적인 구실을 하는 문자, 단어, 구에 쓴다.

(1) 주어　　　　(ㄱ) 명사　　　　(라) 소리에 관한 것

(3) 빈자리임을 나타낼 적에 쓴다.

우리나라의 수도는 (　　)이다.

### 2. 중괄호({ })

여러 단위를 동등하게 묶어서 보일 때에 쓴다.

주격조사 { 이 / 가 }　　　　국가의 3요소 { 국토 / 국민 / 주권 }

### 3. 대괄호([ ])

(1) 묶음표 안의 말이 바깥 말과 음이 다를 때에 쓴다.

나이[年歲]　　　　낱말[單語]　　　　手足[손발]

(2) 묶음표 안에 또 묶음표가 있을 때에 쓴다.

명령에 있어서의 불확실[단호(斷乎)하지 못함]은 복종에 있어서의 불확실[모호(模糊)함]을 낳는다.

## 마. 이음표[連結符]

### 1. 줄표(—)

이미 말한 내용을 다른 말로 부연하거나 보충함을 나타낸다.

(1) 문장 중간에 앞의 내용에 대해 부연하는 말이 끼어들 때 쓴다.

그 신동은 네 살에—보통 아이 같으면 천자문도 모를 나이에—벌써 시를 지었다.

(2) 앞의 말을 정정 또는 변명하는 말이 이어질 때 쓴다.

어머님께 말했다가—아니, 말씀드렸다가—꾸중만 들었다.

이건 내 것이니까—아니, 내가 처음 발견한 것이니까—절대로 양보할 수가 없다.

### 2. 붙임표(-)

(1) 사전, 논문 등에서 합성어를 나타낼 적에, 또는 접사나 어미임을 나타낼 적에 쓴다.

| | |
|---|---|
| 겨울-나그네 | 불-구경 |
| 손-발 | 휘-날리다 |
| 슬기-롭다 | -(으)ㄹ걸 |

(2) 외래어와 고유어 또는 한자어가 결합되는 경우에 쓴다.

| | |
|---|---|
| 나일론-실 | 디-장조 |
| 빛-에너지 | 염화-칼륨 |

### 3. 물결표(~)

(1) '내지'라는 뜻에 쓴다.

9월 15일~9월 25일

(2) 어떤 말의 앞이나 뒤에 들어갈 말 대신 쓴다.

새마을: ~ 운동 ~ 노래

-가(家): 음악~ 미술~

바. 드러냄표[顯在符]

1. 드러냄표( ˙ , ˚ )[3]

˙ 이나 ˚ 을 가로쓰기에는 글자 위에, 세로쓰기에는 글자 오른쪽에 쓴다. 문장 내용 중에서 주의가 미쳐야 할 곳이나 중요한 부분을 특별히 드러내 보일 때 쓴다.

한글의 본 이름은 훈민정음이다.

중요한 것은 왜 사느냐가 아니라 어떻게 사느냐 하는 문제이다.

[붙임] 가로쓰기에서는 밑줄( ____, ~~~~~~)을 치기도 한다.

다음 보기에서 명사가 아닌 것은?

사. 안드러냄표[潛在符]

1. 숨김표(××, ○○)

알면서도 고의로 드러내지 않음을 나타낸다.

(1) 금기어나 공공연히 쓰기 어려운 비속어의 경우, 그 글자의 수효만큼 쓴다.

배운 사람 입에서 어찌 ○○○란 말이 나올 수 있느냐?

그 말을 듣는 순간 ×××란 말이 목구멍까지 치밀었다.

(2) 비밀을 유지할 사항일 경우, 그 글자의 수효만큼 쓴다.

육군 ○○부대 ○○○명이 작전에 참가하였다.

그 모임의 참석자는 김×× 씨, 정×× 씨 등 5명이었다.

2. 빠짐표(□)

글자의 자리를 비워 둠을 나타낸다.

(1) 옛 비문이나 서적 등에서 글자가 분명하지 않을 때에 그 글자의 수효만큼 쓴다.

---

3) 고시본에는 ( ˚ , ˙ )의 순으로 되어 있으나, 사용법에 대한 규정문이나 용례에서 ' ˙ '을 앞세웠으므로 이와 같이 제시하였다.

大師爲法主□□賴之大□薦 (옛 비문)

(2) 글자가 들어가야 할 자리를 나타낼 때 쓴다.

훈민정음의 초성 중에서 아음(牙音)은 □□□의 석 자다.

3. 줄임표(……)

(1) 할 말을 줄였을 때에 쓴다.

"어디 나하고 한번……." 하고 철수가 나섰다.

(2) 말이 없음을 나타낼 때에 쓴다.

"빨리 말해!"

"……."